GERENCIAMENTO DE PROJETOS

www.editorasaraiva.com.br

Carlos Magno da S. Xavier

GERENCIAMENTO DE PROJETOS

como definir e controlar o escopo do projeto

4ª edição

Atualizado para a 6ª edição do Guia PMBOK®

saraiva uni

SOMOS EDUCAÇÃO | saraiva uni

Av. das Nações Unidas, 7221, 1º Andar, Setor B
Pinheiros – São Paulo – SP – CEP: 05425-902

SAC | 0800-0117875
De 2ª a 6ª, das 8h às 18h
www.editorasaraiva.com.br/contato

Diretoria executiva Flávia Alves Bravin
Diretoria editorial Renata Pascual Müller
Gerência editorial Rita de Cássia S. Puoço
Aquisições Fernando Alves (coord.)
Julia D'Allevo
Edição Ana Laura Valerio
Neto Bach
Thiago Fraga
Produção editorial Alline Garcia Bullara
Amanda M. Loyola
Daniela Nogueira Secondo
Serviços editoriais Juliana Bojczuk Fermino

Preparação Alessandra Miranda de Sá
Revisão Crayon Editorial
Diagramação Crayon Editorial
Capa Valter Botosso Jr.
Impressão e acabamento Bartira

ERP 352.972.004.001

ISBN 978-85-53131-18-1

DADOS INTERNACIONAIS DE CATALOGAÇÃO NA PUBLICAÇÃO (CIP)
BIBLIOTECÁRIA RESPONSÁVEL: ALINE GRAZIELE BENITEZ CRB-1/3129

X786g Xavier, Carlos Magno da S.
4.ed. Gerenciamento de projetos: como definir e controlar o escopo do projeto / Carlos Magno da S. Xavier. – 4.ed. – São Paulo: Saraiva Educação, 2018.

Inclui bibliografia.
ISBN: 978-85-53131-18-1.

1. Gerenciamento de projetos. 2. Estrutura e análise - projeto. I. Título.

CDD-658.404
CDU-37.091.313

Índice para catálogo sistemático:
1. Gerenciamento de projetos
2. Estrutura e análise de projetos

4ª edição

EDITAR 10809 CL 651741 CAE 627714

AGRADECIMENTOS

À MINHA ESPOSA, KÁTIA, e às minhas filhas, Ana Luiza, Andressa e Alessandra, pelo incondicional apoio às minhas atividades profissionais.

AO MEU GRANDE amigo Guilherme Pereira Lima, que, com sua competência e experiência profissional em gerenciamento de projetos, foi um colaborador incansável na revisão do texto deste livro.

A CLÁUDIO QUADRAT, por contribuir a esta obra com um artigo sobre critérios e métodos de seleção de projetos.

A MARIANA REIS RIBEIRO, pela sua colaboração na redação do Capítulo 5.

A PAUL DINSMORE, pela honra que me distinguiu ao aceitar o convite para prefaciar este livro.

AOS COLEGAS DA COMUNIDADE de gerenciamento de projetos, pela constante troca de ideias e experiências pela internet e em eventos, assim como pelo envio de dezenas de exemplos de Estruturas Analíticas de Projetos (EAPs) para publicação neste livro.

AOS MEUS PREZADOS alunos e alunas de cursos de MBA da Fundação Getulio Vargas e de treinamentos para turmas abertas e *in company*, com os quais sempre aprendi na troca de experiências.

À MARINHA DO BRASIL, responsável por boa parte da minha formação e experiência profissional.

À EDITORA SARAIVA, pela confiança e pelo interesse em meu trabalho.

SOBRE O AUTOR

CARLOS MAGNO DA SILVA XAVIER foi eleito uma das cinco personalidades brasileiras da década na área de Gerenciamento de Projetos, título recebido no 8º Encontro Nacional de Profissionais em Gerenciamento de Projetos, em junho de 2010. É doutor em Administração de Empresas pela Universidad Nacional de Rosario (UNR), título validado pela Universidade Federal do Rio de Janeiro (UFRJ), e mestre em Sistemas e Computação pelo Instituto Militar de Engenharia (IME). É capitão de mar e guerra da reserva da Marinha do Brasil e sócio-diretor do Grupo Beware, especializado em gerenciamento de processos, projetos, programas e portfólio. Com mais de 20 anos de experiência profissional, prestou consultorias na área de sistematização de gerenciamento de processos, projetos, programas e portfólio para várias organizações, como TIM, Eletronuclear, BR Distribuidora, Eletropaulo, Marinha do Brasil, Iguatemi, Emgepron, SESC-Rio, Petrobras, entre outras.

É também autor e coautor de 17 livros, entre eles *Metodologia de gerenciamento de projetos – Methodware®*, que recebeu em 2010 o prêmio Livro Brasileiro da Década, o que o consagrou como a melhor publicação brasileira da década na área de Gerenciamento de Projetos. É certificado como Project Management Professional (PMP) pelo Project Management Institute (PMI) e professor de cursos MBA da Fundação Getulio Vargas (FGV), da UFRJ e da Fundação Dom Cabral (FDC). Sua tese de doutorado, "As balas de prata no gerenciamento de projetos", recebeu o prêmio de Projeto Acadêmico do Ano de 2014, durante o 9º Congresso Brasileiro de Gerenciamento de Projetos.

Foi vice-presidente de Comunicação do PMI-Rio na gestão 2006-2007 e líder do grupo PMI-Rio no Terceiro Setor de 2003 a 2007.

PREFÁCIO À 3ª EDIÇÃO

NA DÉCADA DE 1980, quando o Comitê de Normas do Project Management Institute (PMI) ousou expandir o clássico trinômio de gerenciamento de projetos (Tempo–Custo–Qualidade), houve consenso imediato em torno de uma nova área que se vislumbrava: a de Escopo. Apesar de a literatura da época supervalorizar o consagrado trinômio, afirmando que projetos bem-sucedidos são aqueles executados dentro do prazo, abaixo do orçamento e em conformidade com as especificações de qualidade, era evidente aos membros do Comitê que variações no escopo teriam forte impacto em cada uma das áreas clássicas. Logo, deduziu-se que não seria suficiente gerenciar as áreas de Tempo, Custo e Qualidade sem levar em conta a influência do componente Escopo. O Escopo do projeto também teria de ser gerenciado, pois suas variações fatalmente teriam um impacto marcante nos outros três elementos.

Além do Escopo, outras áreas também foram citadas em um Relatório Especial no *Project Management Journal*, em agosto de 1983: Recursos Humanos e Comunicações. A publicação desse relatório deu origem ao histórico documento The Project Management Body of Knowledge (PMBOK®), lançado pelo PMI em 1987, que ainda incluiu as áreas de Riscos e Aquisições. Na versão de 1996 do PMBOK®, foi reconhecida formalmente a existência de outra área – Integração – e, em 2013, mais uma: Partes Interessadas (ou *Stakeholders*).

Assim, o universo de conhecimento sobre gerenciamento de projetos passou das três áreas clássicas para uma nova composição, constituída por dez áreas. Dessas, o Escopo apresenta-se como uma espécie de "ponto de partida", situando-se em posição de destaque pela sua importância peculiar. O gerenciamento de escopo, que inclui o consagrado conceito *Work Breakdown Structure* (WBS), ou Estrutura Analítica do Projeto (EAP), mantém-se, portanto, em clara evidência.

Carlos Magno, grande instrutor e consultor na área de projetos e dedicado voluntário às atividades do *chapter* do PMI, no Rio de Janeiro e em nível nacional, apresenta uma obra que, além de conter capítulos introdutórios sobre gerenciamento, aborda com singular clareza os processos de gerenciamento de escopo propostos pelo Guia PMBOK®. Apresenta, ainda, estudos de caso, exercícios e exemplos de ciclo de vida de projetos e, principalmente, de EAPs para vários tipos de projeto. O Capítulo 7, que detalha o processo de elaboração de uma EAP, é de particular destaque, pois delineia o procedimento passo a passo, com exemplos e regras de validação.

Fico extremamente feliz com a iniciativa do colega de profissão Carlos Magno, de tratar com grande profundidade o gerenciamento de escopo, agregando, assim, mais este livro primoroso à coletânea da literatura profissional brasileira. Com muita honra, recomendo esta obra ao público crescente que se interessa pelo assunto, pois ela contém valiosos subsídios e conceitos que levarão o leitor a atingir seus objetivos ao gerenciar seus projetos.

Paul Campbell Dinsmore, PMP
Fellow do PMI, diretor da Educational Foundation do PMI e ex-membro do Comitê de Normas responsável pela revisão do Guia PMBOK®.

SUMÁRIO

CAPÍTULO 1

A GERÊNCIA DE PROJETOS

Gerentes de projetos efetivos e bem-sucedidos são como mestres de bateria de escolas de samba: não precisam saber tocar todos os instrumentos, mas devem obter o melhor de seus especialistas.

1.1 INTRODUÇÃO

Gerência de Projetos (GP) é um ramo da Ciência da Administração que trata do planejamento, da execução e do controle de projetos. O gerenciamento de projetos é o ato de gerir e executar a gerência. Em um mercado com dezenas de ofertas de cada tipo de produto, é o cliente que dita o sucesso das empresas, e isso tem levado as organizações a viver em permanente estado de mudança, seja lançando novos produtos ou melhorando o atual, seja ampliando ou modificando a linha de produção, seja, ainda, realizando mudanças administrativas. Todas as mudanças visam tornar a empresa mais competitiva. Cada uma dessas mudanças é um empreendimento ou projeto, isto é, um esforço temporário (possui data de início e término), que tem por finalidade gerar um produto ou serviço com características peculiares que o diferenciem de outros que, eventualmente, já tenham sido produzidos. Assim, navegar na arena de negócios exige, atualmente, domínio das mais modernas práticas de gerenciamento de projetos.

Vamos tomar um excitante passeio de cruzeiro pelo oceano como exemplo. Ao embarcar, você vai aos andares mais altos e checa a suntuosidade dos aposentos e a beleza dos bufês, ou vai para baixo e inspeciona a sala de máquinas, os geradores, o casco do navio, e entrevista o comandante e sua tripulação? É natural que atente primeiro para o conforto e o prazer; no entanto, são os demais mecanismos da embarcação que o manterão flutuando e vivo, afinal.

No gerenciamento de projetos, você se depara com uma situação parecida. É difícil imaginar o que pode falhar e, daí, dar início a uma investigação. Algumas vezes, chega a ser impossível obter respostas diretas. O desconhecimento, porém, não elimina os riscos. O planejamento e controle do projeto determinarão se você afundará, nadará ou navegará.

Executar projetos de maneira cada vez mais eficiente é um recurso essencial para a sobrevivência da empresa moderna. Saber planejar e executar projetos é uma necessidade real em qualquer ramo de atividade. O assunto é tão importante que várias organizações se especializaram na gerência de projetos. O novo ambiente de negócios, caracterizado pela pulverização de equipes, cada vez mais distantes geograficamente, apresenta um grande desafio gerencial na integração de pesquisadores, inovadores, estudantes, professores, facilitadores, fornecedores, fabricantes, engenheiros, projetistas, clientes (cada vez mais exigentes), analistas, financiadores, bem como outros envolvidos na realização de projetos, com objetivos claros, recursos materiais/financeiros limitados e princípio, meio e fim bem definidos. A resposta a esse desafio passa pelo desenvolvimento de técnicas, metodologias, tecnologias e também pelas melhores práticas de gerenciamento de projetos (*project management*).

Em pesquisa da PMSurvey.Org,[1] realizada em 2014 com 400 organizações de nove países, por seções regionais do Project Management Institute (PMI), 69% das organizações relataram que raramente ou nunca alcançam os objetivos de prazo, 50% não alcançam os objetivos de custo, 31% não alcançam os objetivos de qualidade e 27% não alcançam os objetivos de satisfação do cliente em seus projetos, conforme ilustrado na Figura 1.1.

FIGURA 1.1 Problemas de prazo, custo, qualidade e satisfação dos clientes em projetos

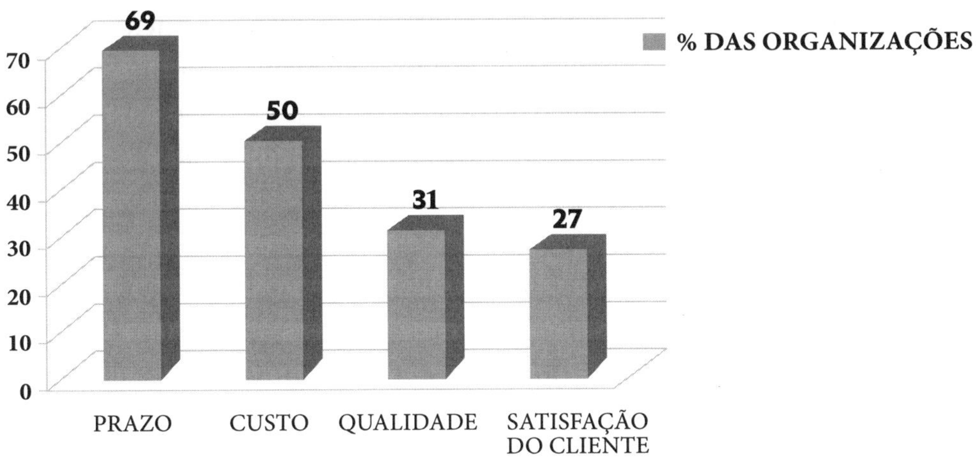

Fonte: elaborada pelo autor.

A metodologia formal de gerenciamento de projetos habilita a empresa a maximizar a consistência, eficiência, qualidade e produtividade em seus projetos. O relatório de estudo *2015 Pulse of the Profession®*, do PMI, apontou que as organizações com alto desempenho em gerenciamento de projetos alcançam suas metas 2,5 vezes mais rápido do que seus pares com baixo desempenho. E o desperdício de recursos é 13 vezes menor do que nas empresas com baixo

---

[1] Relatório completo disponível em: <http://beware.com.br/Report_2014-PM_SURVEY.pdf>. Acesso em: 12 jan. 2018.

desempenho. Alterar a cultura de uma organização soa assustador, mas o relatório também sugere que, em lugar de reinventar a roda, as organizações deveriam voltar para o básico. Por exemplo, algumas práticas que diferenciam as empresas com alto desempenho das com baixo desempenho são:

- patrocinadores executivos ativamente envolvidos (81% *versus* 45%);
- alinhamento elevado de projetos e programas com a estratégia da organização (57% *versus* 29%);
- práticas padronizadas de gerenciamento de projetos utilizadas em toda a organização (51% *versus* 14%).

Essas informações reforçam a ideia de que as empresas, principalmente as nascidas na era da informação, precisam melhorar suas práticas de gerenciamento de projetos.

O PMI é hoje a organização líder em gerenciamento de projetos no mundo todo. Criada nos Estados Unidos (Pensilvânia), em 1969, é uma instituição sem fins lucrativos, dedicada ao avanço do estado da arte em gerenciamento de projetos. O principal compromisso do PMI é "promover o profissionalismo e a ética em gestão de projetos". Atualmente, está representado no Brasil por seções regionais (*chapters*) em vários estados.[2]

Em agosto de 1987, o PMI publicou um documento denominado *The Project Management Body of Knowledge*. Revisado e reeditado em 1996, com o nome de *A guide to the Project Management Body of Knowledge* (PMBOK®), esse documento foi atualizado em 2000, 2004, 2008, 2013 e 2017. Incorporado como norma pelo Instituto de Engenharia Elétrica e Eletrônica (IEEE), dos Estados Unidos, passou a compor, posteriormente, a norma American National Standards Institute (Ansi). Foi utilizado como base para as normas ISO 10.006 e NBR ISO 10.006, editadas em dezembro de 2000. Esse guia reflete 30 anos de experiência obtidos em gerenciamento de projetos, desde os seminários organizados na década de 1960 pelo Departamento de Defesa (DoD), pela National Aeronautics and Space Administration (Nasa) e por outras organizações governamentais norte-americanas. O PMBOK® sugere quais processos devem ser

---

[2] Informações adicionais podem ser obtidas no *site* do PMI, disponível em: <http://www.pmi.org>. Acesso em: 9 fev. 2018.

executados, durante o gerenciamento de projetos, nas áreas de Escopo, Cronograma, Custo, Recursos, Comunicações, Risco, Aquisições, *Stakeholders* (Partes Interessadas) e Qualidade, propondo também um conjunto de processos para a integração dessas áreas.

O PMI tem se ocupado em expandir os conceitos divulgados no PMBOK®, publicando documentos complementares, como: *Padrão prático para a elaboração de EAP* (*Practice Standard for Work Breakdown Structures*); *Padrão prático para a elaboração de cronogramas* (*Practice Standard for Scheduling*); *Padrão prático para o gerenciamento do Valor Agregado* (*Practice Standard for Earned Value Management*); *Padrão prático para o gerenciamento de configuração em projetos* (*Practice Standard for Project Configuration Management*); *Extensão do PMBOK® para a área governamental* (*Government Extension to the PMBOK® Guide*); *Guia para o desenvolvimento de competências do gerente de projeto* (*Project Manager Competency Development Framework*); *Extensão do PMBOK® para a área de Construção* (*Construction Extension to the PMBOK® Guide*); *Modelo de maturidade de gerenciamento de projetos* (*Project Management Maturity Model* – OPM3); *Extensão do PMBOK® para o departamento de defesa norte-americano* (*US DoD Extension to the PMBOK® Guide*); *Padrão para o gerenciamento de programas* (*The Standard for Program Management*); e *Padrão para o gerenciamento de portfólio* (*The Standard for Portfolio Management*).

Ao se gerenciar um projeto, um grande desafio é definir com clareza os produtos e serviços relacionados a seus objetivos, que, por sua vez, serão entregues ao patrocinador/cliente, estabelecendo o escopo do trabalho a ser realizado pela equipe. O PMBOK® sugere quais processos devem ser executados durante o gerenciamento de projetos, indicando **o que** deve ser feito, mas não **como** implementá-los. Sendo assim, neste livro procuramos explicar com detalhes os processos de gerenciamento do escopo do projeto propostos no PMBOK®, apresentando práticas do dia a dia de como implantá-los, além de modelos (*templates*) de diversos documentos que devem ser gerados para uma criteriosa definição, planejamento e controle do escopo de um projeto.

Para introduzir o assunto, este capítulo apresenta os conceitos básicos em gerenciamento de projetos. O Capítulo 2 discorre acerca dos 49 processos de gerenciamento de projetos propostos pelo PMBOK®. Como o escopo do projeto começa a ser delineado no momento de sua concepção, seleção e autorização, esses assuntos foram destacados no Capítulo 3, apesar de serem tratados pelo gerenciamento de portfólio e pela área de Integração do Guia PMBOK®. Os Capítulos 4 a 9 descrevem, com detalhes e exemplos de documentos, os processos de gerenciamento do escopo de projetos. E, para finalizar, os detalhes acerca dos termos utilizados em todo o conteúdo podem ser encontrados no Glossário, ao final do livro.

1.2 O QUE É UM PROJETO

De acordo com a norma ABNT ISO 21500:2012, projeto é "um conjunto único de processos que consiste em atividades coordenadas e controladas, com datas de início e fim, empreendidas para atingir os objetivos do projeto". Para o PMBOK®, projeto é "um esforço temporário empreendido para criar um produto, serviço ou resultado exclusivo". Os projetos, por definição, têm, portanto, datas de início e término estabelecidas, sendo chave para determinar se um trabalho é um projeto ele ter um final definido.

Os projetos ocorrem em praticamente todas as organizações e em todas as suas áreas e níveis, gerando produtos e serviços para clientes internos e externos. Como exemplos de projeto, podemos citar:

- lançamento de um novo produto ou serviço;
- construção de uma garagem;
- desenvolvimento de um *software*;
- implantação de uma nova tecnologia;
- realização de uma viagem;
- publicação de um livro;
- organização de um evento (festa, reunião, congresso, torneio esportivo etc.);
- planejamento e implementação de uma mudança organizacional;
- pesquisa de um novo produto;
- construção de um edifício;
- implantação de um novo treinamento para os funcionários;
- construção de um complexo industrial;
- edificação de uma plataforma de petróleo;
- construção de uma pirâmide, como a da Figura 1.2.

FIGURA 1.2 Construção de uma pirâmide como exemplo de projeto

© Dorling Kindersley/Thinkstock

Não são exemplos de projetos os procedimentos contínuos e repetitivos em uma organização, como:

- fabricação de um carro;
- venda de produtos;
- pagamento de fornecedores;
- gerenciamento da rede de computadores;
- manutenção no dia a dia da planta industrial.

Vale ressaltar, no entanto, que muitos processos na organização têm um pouco de procedimentos contínuos e repetitivos e um pouco de projetos, e, nesse caso, recebem um tratamento que chamamos de "gerenciamento por projetos". Podemos utilizar esse tratamento, por exemplo, para efetuar a manutenção específica de um equipamento da planta industrial, uma correção em um *software* ou a compra de determinado equipamento.

Um grupo de projetos gerenciados de forma coordenada, visando obter benefícios difíceis de serem conseguidos quando gerenciados isoladamente, é denominado **programa**. Os programas podem envolver uma série de empreendimentos cíclicos ou repetitivos, como o programa espacial brasileiro, que é composto de vários projetos.

Para obter melhores planejamento, execução, monitoramento e controle, um projeto (ou parte dele) pode ser dividido em **subprojetos**, que são, portanto, um subconjunto de um projeto, os quais empregam as mesmas técnicas e métodos utilizados no gerenciamento de projetos. A Figura 1.3 demonstra o relacionamento entre programa, projetos e subprojetos.

FIGURA 1.3 Relacionamento entre programa, projetos e subprojetos

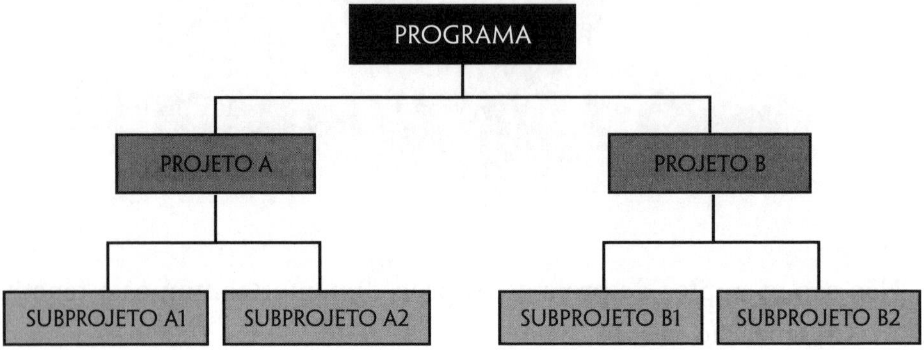

Fonte: elaborada pelo autor.

Pessoas, grupos e organizações que estão ativamente envolvidos no projeto ou, então, cujos interesses possam ser afetados de forma positiva ou negativa em decorrência do resultado da execução ou conclusão do projeto são chamados de *stakeholders* (partes interessadas ou envolvidas). Eles podem também exercer influência sobre o projeto e seus resultados. A equipe de gerenciamento deve identificá-los, determinar suas necessidades e, então, gerenciá-las e influenciá-los, a fim de assegurar um projeto bem-sucedido. Os principais *stakeholders* de um projeto são:

- gerente de projeto: a pessoa responsável pelo gerenciamento do projeto;
- cliente: a pessoa ou organização que solicitou o produto ou o serviço do projeto;
- membros da equipe: as pessoas que compõem a equipe do projeto;
- organização executora: a empresa em que o projeto está sendo executado;
- patrocinador (*sponsor*): a pessoa ou o grupo, dentro ou fora da organização executora, que provê recursos financeiros ou apoio institucional para a execução do projeto.

1.3 CICLO DE VIDA DE UM PROJETO

Para melhor planejar, executar, monitorar e controlar um projeto, ele é dividido em "pedaços" menores, denominados **fases**, cujos títulos e quantidade são determinados pelas necessidades de controle da organização ou das organizações nele envolvidas. O ciclo de vida do projeto (*project life cycle*) consiste no conjunto de fases que o compõem, geralmente em ordem sequencial de execução.

Cada fase possui um grupo de atividades relacionadas de forma lógica, e sua conclusão é marcada pela entrega de um ou mais *deliverables*, isto é, qualquer produto ou serviço tangível e verificável que deve ser produzido para completar um projeto ou parte dele. Para ser verificável, ele deve atender a padrões predeterminados para sua conclusão, como especificações de desenho (*design*) de um produto (por exemplo, um novo carro) ou uma lista de verificação das etapas concluídas como parte de um serviço (por exemplo, a manutenção dos equipamentos de uma fábrica). As inspeções ou reuniões realizadas ao final de cada fase, com o objetivo de averiguar se a sua conclusão foi alcançada, são chamadas de revisões (*reviews*, *phase exits*, *stage gates*, *kill points*). Essas revisões determinarão se o projeto poderá prosseguir para sua próxima fase; além disso, elas detectarão e corrigirão erros que estejam afetando a *performance*.

Deve-se distinguir o ciclo de vida do projeto do ciclo de vida do produto. O ciclo de vida de uma bicicleta (produto) em uma indústria poderia ser: concepção, estudo de viabilidade, desenho, prototipagem, lançamento, fabricação e descontinuidade do produto. Um projeto poderia ser executado para atender a uma ou mais fases desse ciclo de vida (como o estudo de viabilidade). Vale ressaltar que a fabricação de bicicletas, por ser um processo contínuo e repetitivo, não é considerada um projeto.

A definição das fases do ciclo de vida de um projeto está diretamente ligada ao tipo de produto ou serviço a ser gerado. Embora muitos ciclos de vida de projetos possuam fases com nomes similares e requeiram *deliverables* similares, poucos ciclos são idênticos. Um ciclo de vida genérico para o gerenciamento de um projeto está ilustrado na Figura 1.4. Esse ciclo genérico serve apenas para entendimento do conceito, porque na prática as fases do projeto diferenciam-se de acordo com os produtos e serviços gerados, o que vai ser exemplificado no tópico 1.4.

FIGURA 1.4 Exemplo de um ciclo de vida genérico de gerenciamento de um projeto

Fonte: elaborada pelo autor.

Na fase inicial, é identificada a necessidade do projeto, sendo estabelecidos seus objetivos e autorizada ou não sua execução, dependendo habitualmente do resultado de um estudo de viabilidade (*business case*). Os possíveis resultados dessa fase são:

- identificação da necessidade do projeto;
- determinação dos objetivos, das metas e do escopo;
- análise do ambiente;
- estudo das potencialidades e dos recursos disponíveis;
- estimativa dos recursos necessários;
- análise dos riscos envolvidos;
- estudo de viabilidade técnico-financeira;
- elaboração da proposta do projeto;
- apresentação da proposta;
- decisão (ou não) de execução.

É importante ressaltar que algumas organizações consideram o estudo de viabilidade um projeto à parte, com custos, prazos, escopo e metas específicas, que pode ou não "disparar" o outro projeto. Caso sua execução seja autorizada, é necessário realizar um planejamento detalhado.

Nas fases intermediárias, é colocado em prática tudo aquilo que foi planejado anteriormente. Grande parte do orçamento e do esforço do projeto é consumida nessas fases. Nesse momento, as entregas são os produtos ou serviços a serem gerados pelo projeto. Na fase final, os livros e documentos do projeto (inclusive os contratos) são encerrados e arquivados, com as partes interessadas devidamente comunicadas desse procedimento. É importante proceder à análise e ao registro das lições aprendidas durante o projeto, que serão úteis a outros empreendimentos.

Vale destacar que o nível de atividade e, portanto, o custo e o número de membros da equipe são baixos na fase inicial, alcançando seu ápice nas fases intermediárias, para depois diminuir na fase final. No início do projeto, o risco e a incerteza são altos, sendo, portanto, baixa a probabilidade de conclusão com sucesso nesse momento. A probabilidade de conclusão bem-sucedida do projeto em geral aumenta, progressivamente, conforme se avança, enquanto as incertezas diminuem.

Como a definição das fases do ciclo de vida de um projeto está diretamente ligada à espécie de produto ou serviço a ser gerado, alguns tipos de projetos, a partir da experiência em seu gerenciamento, passaram a ter suas fases especificadas de forma que atendessem melhor às suas peculiaridades. No tópico 1.4 serão vistos alguns exemplos de ciclos de vida de projetos. A escolha desse ciclo indicará a estratégia de gerenciamento e será bastante útil na definição e no detalhamento do escopo, como será explicado nos Capítulos 6 e 7.

1.4 EXEMPLOS DE CICLO DE VIDA DE PROJETOS

Conforme citado no tópico anterior, a definição das fases do ciclo de vida de um projeto está diretamente ligada à espécie de produto a ser gerado.

A seguir, são vistos alguns exemplos – obtidos por meio do acompanhamento de projetos reais –, apenas ilustrativos, que podem servir de orientação para os leitores. Não há aqui a intenção de que eles sejam recomendados, preferidos ou adequados para qualquer tipo de projeto que objetive entregar o mesmo produto ou serviço.

1.4.1 IMPLANTAÇÃO DE NOVA TECNOLOGIA DA INFORMAÇÃO

Cada implantação de uma nova tecnologia da informação (TI) em uma empresa deve ser tratada como um projeto. Sem querer engessar o planejamento dos gerentes, é possível listar algumas fases que sirvam de modelo (*templates*) para alguns projetos. Não pretendemos apresentar um roteiro ou uma receita de bolo, uma vez que cada tecnologia tem suas particularidades.

As fases, que irão variar de acordo com a tecnologia a ser implantada (é importante frisar mais uma vez), podem ser:

- definição;
- estudo de viabilidade técnica;
- pesquisa;
- seleção da tecnologia/fornecedores;
- implementação ou construção;
- implantação;
- acompanhamento inicial da operação.

1.4.1.1 Definição

O projeto começa quando é formalmente autorizado a ser iniciado pelo patrocinador. Esse documento de autorização (*Project Charter*) deve conter a descrição do produto ou serviço que o projeto será incumbido de criar, relacionando-o às necessidades do negócio e indicando o gerente para dirigi-lo e sua autoridade. Nesta fase, é elaborado o conceito do que será o projeto.

1.4.1.2 Estudo de viabilidade técnica

Alguns projetos de TI são implementados sem uma análise profunda de seus impactos, em uma decisão baseada no "sentimento", superestimando-se a solução tecnológica. Algumas organizações tomam decisões baseadas em modismos - por exemplo, a seguinte frase: "Vamos implantar *Enterprise Resource Planning* (ERP), pois todos estão implantando" é muito comum de ser ouvida nas empresas. Esse motivo, porém, é um dos mais fracos e pode gerar inúmeros equívocos, pois as organizações não sabem exatamente para que serve o sistema a ser implantado, mas acham que deve valer a pena, caso contrário não haveria tantas delas gastando milhões com essa solução.

Para evitar essa situação, alguns parâmetros, como a Taxa Interna de Retorno (TIR), devem ser calculados de forma que, ao fim desta fase, o patrocinador possa tomar a decisão de continuar ou não o projeto. Sendo assim, o estudo de viabilidade pode ser tratado como um projeto específico, servindo de subsídio para a decisão de iniciar ou não o projeto de implantação da nova tecnologia. No Capítulo 3, serão apresentadas algumas métricas para avaliação da viabilidade de projetos.

1.4.1.3 Pesquisa

A pesquisa é fundamental para entender e conhecer o mercado do produto estabelecido pelo projeto. No caso de um projeto de tecnologia da informação, a pesquisa permite aprender acerca das tecnologias e dos seus fornecedores, pelos seguintes meios:

- comprar uma pesquisa existente;
- contratar consultoria para executar a pesquisa;
- utilizar pedidos de informação (*Request for Information* – RFI);
- pedir referências aos vendedores;
- solicitar demonstrações;
- visitar os clientes dos vendedores;
- realizar um painel (os fornecedores apresentam suas soluções e participam de debates sobre elas).

1.4.1.4 Seleção da tecnologia/fornecedores

A seleção consiste na análise e avaliação das propostas, de forma a sugerir ao patrocinador a melhor alternativa. Pode ser utilizada uma análise comparativa (*benchmark*) ou ser solicitado um teste-piloto ao fornecedor. Na avaliação do preço, deve ser considerado o custo total de propriedade da solução (*Total Cost of Ownership* – TCO), levando-se em conta a reestruturação dos processos, a curva de aprendizagem, o treinamento, a aquisição de novo *hardware*, a atualização de banco de dados, a customização (termo utilizado na área de informática para a personalização de um *software*), a infraestrutura, as consultorias, a administração da rede e do novo sistema, a integração com outras tecnologias da empresa, os testes, os custos de manutenção da nova infraestrutura ao longo dos anos, os custos de expansão de funcionalidades e recursos no futuro, as garantias de recompra etc.

No aspecto técnico, devem ser avaliadas as características de funcionalidade, confiabilidade, usabilidade, eficiência, manutenibilidade, escalabilidade e portabilidade. Ao trabalharmos com fornecedores que usam tecnologia proprietária, é comum verificarmos um ligeiro aumento de preços após o contrato inicial ter sido assinado.

1.4.1.5 Implementação ou construção

Nesta etapa, de acordo com a tecnologia a ser implantada, serão necessários:

- desenvolvimento ou customização (personalização);
- integração com outras tecnologias;
- testes em ambiente de desenvolvimento;
- migração de documentos, informações e dados.

1.4.1.6 Implantação

Neste estágio, devem estar previstos a instalação, os testes em ambiente de produção e os treinamentos, podendo ocorrer correções e melhorias de implementação da tecnologia.

1.4.1.7 Acompanhamento inicial da operação

Durante um curto período, deve ser feito um acompanhamento da operação e previsto o encerramento/fechamento do projeto, com registro das lições aprendidas e fechamento de contratos.

1.4.2 IMPLANTAÇÃO DE UMA SOLUÇÃO DE *BUSINESS INTELLIGENCE* (COM *DATA WAREHOUSE* – DW)

Fases que deverão ser seguidas:

- concepção, ou seja, definição de objetivos e metas do projeto, levantamento preliminar de dados, estudo inicial de viabilidade e autorização ou não para o projeto prosseguir à próxima fase;
- pesquisa das tecnologias existentes;
- definição da arquitetura de *hardware*, *software* e *peopleware* (recursos necessários);
- seleção/contratação de fornecedores;
- projeto/modelagem dimensional, ou seja, levantamento de necessidades (coleta e análise dos requisitos do negócio, indicadores/*balanced scorecards*, consultas e relatórios), administração de dados (padronização de formatos), projeto do BD (definição de fatos, dimensões,

granularidade e projeto físico do DW), projeto do processo de extração, limpeza, transformação e carga (ETC) e projeto das interfaces (inclusive com o *Enterprise Resource Planning* – ERP);

- implementação/construção, ou seja, criação do DW, desenvolvimento da aplicação de ETC e desenvolvimento/customização da aplicação usuária (indicadores, consultas e relatórios, *Online Analytical Processing* – Olap, *data mining*);
- implantação, ou seja, instalação dos *softwares*, extração dos dados do banco operacional, transformação, limpeza e carga do DW (ETC), validação de ETC, testes, treinamento e início da operação.

1.4.3 IMPLANTAÇÃO DE GESTÃO ELETRÔNICA DE DOCUMENTOS (GED)

Esta implantação apresentará as seguintes fases:

- pesquisa ou introdução dos conceitos de GED – nesta fase são pesquisadas as tecnologias existentes, as diferenças entre elas e sua aplicabilidade. Treinamento, participação em congressos e cursos, bem como demonstrações de produtos, ajudam na formação de cultura;
- levantamento – fase em que os documentos envolvidos são levantados, assim como acessos, volumes, usuários, plataforma de processamento de dados disponível, infraestrutura, requisitos legais e tabelas de temporalidade. Esses dados darão subsídio não só ao projeto, mas também ao estudo de custo-benefício;
- análise – nesta fase são avaliadas a aplicação da tecnologia e sua viabilidade, em termos de custo-benefício;
- detalhamento da arquitetura – etapa em que são caracterizados os recursos necessários, como: escâneres, *hardwares* de armazenamento e exibição, impressoras e redes de comunicação; *software* – produto, estrutura de indexação e gerenciamento de mídias; serviços – digitalização, melhoria da imagem, customização de produtos e treinamento de usuários. Nesta fase, os procedimentos operacionais também devem ser revistos;

- seleção de produtos e fornecedores – em função dos requisitos constatados, nesta etapa é feita uma avaliação de produtos e fornecedores, o que culminará com a seleção dos que forem mais interessantes para a empresa;
- construção ou implementação – a última etapa destina-se à implementação da solução projetada (instalação, projeto e desenvolvimento da aplicação, conversão do acervo, treinamento e produção).

1.4.4 IMPLANTAÇÃO DE *SOFTWARE* DE *WORKFLOW*

Por se tratar de um tipo de GED, as fases iniciais são semelhantes às citadas anteriormente:

- pesquisa ou introdução dos conceitos de *workflow* – nesta fase, são pesquisadas as tecnologias existentes, as diferenças entre elas e sua aplicabilidade. Treinamento, participação em congressos e cursos, bem como demonstrações de produtos, ajudam na formação de cultura;
- levantamento – nesta etapa, os processos envolvidos são levantados, assim como usuários, plataforma de processamento de dados disponível e infraestrutura. Esses dados darão subsídio não só ao projeto, mas também ao estudo de custo-benefício;
- análise – fase em que são avaliadas a aplicação da tecnologia e sua viabilidade, em termos de custo-benefício;
- detalhamento da arquitetura – neste estágio, são caracterizados os recursos necessários, como: *hardwares*, redes de comunicação, *softwares*, customização de produtos e treinamento de usuários. Os procedimentos operacionais também devem ser revistos;
- seleção de produtos e fornecedores – em função dos requisitos levantados, nesta etapa é feita uma avaliação de produtos e fornecedores, o que culminará com a seleção daqueles mais interessantes para a empresa;
- modelagem – o processo é modelado e definido formalmente, utilizando *softwares*, como o ARIS ou o *staffware*. Em seguida, os fluxos de trabalho são inseridos na ferramenta de *workflow*, que normalmente possui uma interface gráfica para isso, definindo as rotas do

processo, ou seja, a sequência das atividades, as regras para sua execução e os participantes do fluxo;

> As etapas da modelagem são:
> - mapeamento dos processos atuais;
> - descrição dos casos de uso (exemplos reais);
> - proposta de novos fluxos de trabalho;
> - definição de recursos;
> - projeto de interfaces e banco de dados.

- execução – fase em que uma ocorrência do processo é iniciada e acompanhada até o fim do fluxo. Há a troca de informações entre a aplicação e o serviço de coordenação do *workflow*, indicando qual atividade está sendo executada e solicitando o próximo passo a ser dado.

> Esta fase divide-se nas seguintes etapas:
> - instalação do *software* aplicativo;
> - simulação;
> - customizações;
> - testes;
> - treinamento dos usuários;
> - monitoramento.

1.4.5 IMPLEMENTAÇÃO DE *ELECTRONIC DATA INTERCHANGE* (EDI)

Fases a serem seguidas:

- seleção dos parceiros iniciais e dos padrões que serão adotados;
- escolha dos tipos de mensagem e dos meios de comunicação que serão utilizados;
- integração das aplicações;
- instalação e configuração dos sistemas necessários;
- testes preliminares;
- treinamento dos usuários;
- implantação dos parceiros;
- acompanhamento e avaliação global do projeto.

1.4.6 IMPLANTAÇÃO DE UM PACOTE DE *SOFTWARE* PARA A GESTÃO DA EMPRESA – *ENTERPRISE RESOURCE PLANNING* (ERP)

As seguintes fases podem ser utilizadas para a implantação de um ERP:

- concepção;
- seleção do pacote ou desenvolvimento;
- preparação da implantação;
- implantação.

Nos subitens a seguir, veremos cada uma delas em detalhes.

1.4.6.1 Concepção

DEFINIÇÃO DE FRONTEIRAS

Embora o ERP prometa abranger todas as funções da organização, deve-se definir fronteiras, ou seja, o que será ou não incluído no projeto. Essa definição deve ser clara, precisa e feita com a participação de todas as áreas envolvidas. Definir um escopo muito pequeno limita o poder da ferramenta de gerenciar integralmente os processos. Definir um escopo muito grande aumenta o tempo necessário e os custos de implantação.

ANÁLISE DOS IMPACTOS

Algumas vezes, os sistemas de gestão empresarial são implantados sem que haja uma análise de seus impactos, tomando-se uma decisão baseada na emotividade e superestimando-se assim a solução tecnológica. Deve ser feito um levantamento das mudanças que serão necessárias na empresa, seus custos e correspondentes retornos (por exemplo, em produtividade).

COMPROMETIMENTO COM O PROJETO

Alguns pontos críticos para o sucesso são citados por vários autores. Entre eles, um ponto fundamental é a necessidade do total comprometimento da alta administração da empresa e de todos os funcionários no novo processo. O gerente precisa ter, além da autoridade para operar as mudanças nos negócios, uma equipe muito dedicada e comprometida com o projeto, principalmente nas grandes organizações.

FORMAÇÃO DA EQUIPE

Um ponto que pode fazer diferença neste processo são as pessoas que compõem a equipe de trabalho, as quais devem ter em comum o gosto pelo desafio que o projeto representa, a capacidade de dedicação que a tarefa exige, a habilidade de aprender rapidamente coisas novas e complexas que um *software* de gestão pode revelar e a flexibilidade para pensar em soluções diferentes das existentes atualmente na empresa.

1.4.6.2 Seleção do pacote ou desenvolvimento

ANÁLISE DOS CUSTOS

Os custos são altos, pois devem considerar não apenas a reestruturação dos processos e a definição das regras de negócio, como também o *Total Cost of Ownership* (TCO), que leva em conta também a longa curva de aprendizagem, o treinamento, a aquisição de novo *hardware*, a atualização do banco de dados, a customização, a infraestrutura, as consultorias, a administração da rede e do novo sistema, incluindo a migração dos dados dos sistemas legados para o novo sistema, a integração e os testes. Entre esses custos, vale salientar a importância do treinamento das equipes de implantação e, depois, do usuário final. Isso deve ser considerado pelo fato de se estar adquirindo um novo produto, com novas regras e interfaces, que provavelmente mudará a forma de trabalho.

ANÁLISE DE CARACTERÍSTICAS (ISO/IEC 9.126)[3]

1. Funcionalidade

- Adequação ou aderência: existência das funções e sua adequação aos procedimentos da organização.
- Acurácia: precisão de resultados.

[3] A ISO/IEC 9.126 é uma norma ISO que define um conjunto de parâmetros com o objetivo de padronizar a avaliação de qualidade de *softwares*.

- Interoperabilidade: interação/integração com outros sistemas da organização.
- Conformidade: adequação às normas.
- Segurança: bloqueio de acesso não autorizado.

2. Confiabilidade
- Maturidade: frequência de falhas.
- Tolerância a falhas: nível de desempenho mantido em caso de falhas.
- Capacidade de recuperação: restabelecimento do nível de desempenho.

3. Usabilidade
- Compreensibilidade: reconhecimento de conceitos lógicos.
- Aprendizagem: assimilação do modo de uso.
- Operacionalidade: execução e controle da operação.

4. Eficiência
- Comportamento em relação ao tempo: tempo de resposta.
- Comportamento em relação aos recursos: quantidade e duração de recursos utilizados.

5. Manutenibilidade
- Capacidade de análise: identificação de deficiências ou causas de falhas.
- Capacidade de modificação/flexibilidade: alteração e remoção de defeitos.
- Estabilidade: efeitos inesperados, decorrentes de modificações.
- Testabilidade: validação da modificação.

6. Portabilidade
- Adaptabilidade: adaptação a ambientes diferentes.
- Capacidade de instalação: capacidade máxima de produção de uma instalação.

ANÁLISE DA ARQUITETURA DE INFORMAÇÃO

Em um projeto, há questões de diversas naturezas que precisam ser pensadas para que dê tudo certo, como: infraestrutura tecnológica, metodologia de desenvolvimento dos trabalhos, ferramentas de suporte, estratégia de implantação, entre outras.

1.4.6.3 Preparação da implantação

Principais etapas:

- contratação do pacote/desenvolvimento;
- aquisição de *hardware* e *software*;
- quebra das resistências;
- customização;
- testes.

1.4.6.4 Implantação

Principais etapas:

- instalação;
- treinamento;
- validação;
- início da operação.

1.4.7 DESENVOLVIMENTO DE SISTEMAS DE INFORMAÇÕES (MODELO TRADICIONAL)

Este tipo de desenvolvimento apresenta as seguintes etapas:

- levantamento;
- projeto lógico;
- projeto físico;
- implementação;
- implantação.

1.4.8 DESENVOLVIMENTO DE SISTEMAS DE INFORMAÇÕES (MODELO ESPIRAL OU INCREMENTAL)

Neste modelo de desenvolvimento, o processo se orienta pelas seguintes fases:

- fase de estudos iniciais;
- fase de construção do incremento 1;
- fase de construção do incremento 2;
- fase de entrega do sistema.

O desenvolvimento de um incremento pode ser encarado como um subprojeto, com as seguintes fases: definição do escopo, planejamento do projeto, estudo de viabilidade, análise, escolha de *hardware* e *software*, aquisição de tecnologia, prototipação, projeto, codificação, teste de aceitação e implantação, conforme ilustrado na Figura 1.5.

FIGURA 1.5 O ciclo de vida de um único incremento no desenvolvimento espiral

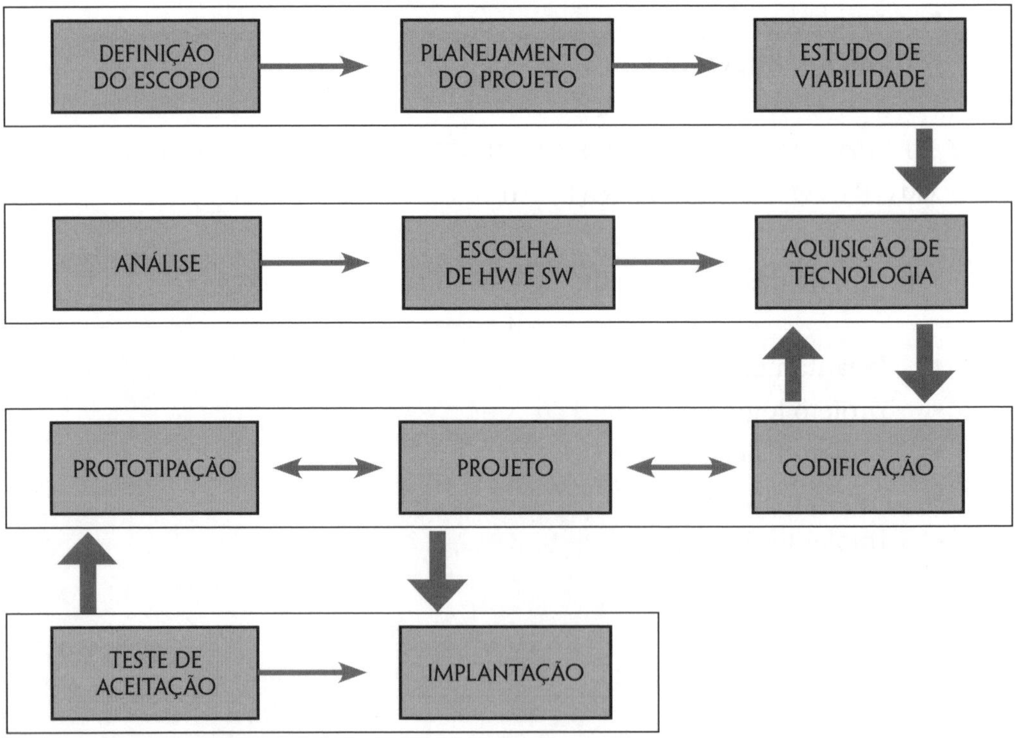

Fonte: elaborada pelo autor.

1.4.9 DESENVOLVIMENTO DE SISTEMAS DE INFORMAÇÕES (MODELO ESPIRAL OU INCREMENTAL) SEGUNDO MUENCH[4]

Segundo Muench, as etapas citadas no subitem 1.4.8 têm as seguintes denominações e características:

- ciclo de prova de conceito – captura os requisitos de negócio, define objetivos para a prova de conceito, produz um desenho conceitual do sistema, projeta e constrói a prova de conceito, produz planos de testes, conduz a análise de risco e faz recomendações;
- primeiro ciclo de implementação – produz os requisitos do sistema, define objetivos para a primeira implementação, produz o desenho lógico do sistema, projeta e constrói a primeira implementação, produz planos de testes, avalia a primeira implementação e faz recomendações;
- segundo ciclo de implementação – produz os requisitos dos subsistemas, define objetivos para a segunda implementação, produz o desenho físico do sistema, projeta e constrói a segunda implementação, produz planos de testes, avalia a segunda implementação e faz recomendações;
- ciclo final – completa os requisitos, produz o desenho final do sistema, constrói a implementação final e conduz os testes de unidade, de subsistema, de sistema e de aceitação.

1.4.10 DESENVOLVIMENTO DE UM NOVO PRODUTO

Este tipo de desenvolvimento considera os seguintes processos:

- concepção – objetivos, premissas, restrições e estudo de viabilidade (pesquisa com consumidores, avaliação dos custos e avaliação técnica);
- projeto – dados de engenharia, projeto de fabricação e de montagem, revisão de projeto e simulação;

---

[4] MUENCH, Dean. *The Sybase Development Framework*. Sybase, CA, 1994.

- contratação – relação de fornecedores de peças e ferramentas e aquisição das partes;
- fabricação do protótipo – testes em campo, plano de testes, relatório de testes e de não conformidade;
- fechamento – relatório final.

1.4.11 CONSTRUÇÃO

Um projeto de construção deve se orientar pelo seguinte caminho:

- engenharia – formulação do anteprojeto do projeto básico;
- procura (*procurement* ou suprimentos) – contratações de produtos e serviços;
- construção – fabricação de equipamentos, entrega, obras civis, instalação e teste;
- entrega e início de operação – operação assistida.

1.4.12 CONSTRUÇÃO DE UMA GARAGEM PARA CARROS

No caso específico de construção de uma garagem para carros, temos os seguintes processos:

- preparação – licenças, financiamento, subcontratações;
- construção – construção da garagem (fundação, paredes, telhado, partes elétrica e hidráulica, acabamentos);
- paisagem – rampa de acesso e jardim.

1.4.13 PUBLICAÇÃO DE UM LIVRO

Um projeto de publicação de um livro deverá passar pelas seguintes etapas:

- pesquisa sobre o assunto;
- redação do tema;
- publicação do livro.

1.4.14 ORGANIZAÇÃO DE UMA CONFERÊNCIA

Para organizar com sucesso uma conferência, é necessário se atentar às seguintes fases:

- concepção da conferência (conferencistas, transporte, facilidades e programa);
- divulgação;
- execução da conferência (recepções, atividades para cônjuges, apresentações e segurança);
- encerramento (lições aprendidas e relatório do projeto).

1.4.15 ORGANIZAÇÃO DE UMA FESTA DE 15 ANOS

Elaborar um projeto também auxilia na organização de festas, como de uma festa de 15 anos, que deverá se orientar pelas seguintes etapas:

- concepção – seleção de tema, data e local, lista de convidados, definição de limite do orçamento;
- preparação do evento – contratação de materiais e serviços, ensaio da valsa, roupas para a família e as damas, divulgação;
- realização da festa – salão, toldos, iluminação, decoração, bufê, música, cerimonial, serviços de apoio (orador, fotógrafo, cinegrafista, segurança, transporte e limpeza);
- encerramento da festa – pagamento de contas, cartões de agradecimento e relatório do evento.

1.4.16 AMPLIAÇÃO DE UMA FÁBRICA

Ao ampliar uma fábrica, é necessário ter muita atenção aos seguintes itens do projeto de ampliação:

- concepção;
- sondagem do terreno;

- projetos – arquitetônico, estrutural e de contenção;
- serviços preliminares – depósito, demolições, remoções de entulho, instalação e locação;
- obra – muros de contenção, fundações, estrutura (pilares e cintas), cobertura (treliças, calhas e telhas) e utilidades (instalações elétrica, mecânica, hidráulica, gás natural, oxigênio, propano e ar comprimido);
- acabamento – paredes, piso, esquadrias e vidros;
- instalação da linha de produção – liberação alfandegária, transporte, descarregamento e montagem de equipamentos.

CAPÍTULO 2

OS PROCESSOS DE GERENCIAMENTO DE PROJETOS

A maturidade em gerenciamento de projetos de uma organização é proporcional à habilidade de realizar os processos necessários à condução de seus projetos, sendo fundamental a existência de padrões, métricas e controles, assim como o aperfeiçoamento contínuo desses processos.

2.1 INTRODUÇÃO

Processo é uma sequência repetitiva de operações, com o objetivo de produzir resultados padronizados. Os processos de um projeto são realizados por pessoas e, geralmente, enquadram-se em duas categorias: **processos de gerenciamento de projetos** e **processos orientados a produto**, apresentadas a seguir.

- Processos de gerenciamento de projetos: descrevem e organizam o trabalho, como o processo de elaborar o cronograma de um projeto.
- Processos orientados a produto: especificam e criam o produto, são tipicamente definidos pelo seu ciclo de vida e variam de acordo com a área de aplicação. Um exemplo seria o processo de elaboração da planta de uma casa a ser construída.

Neste livro, o objetivo é estudar os processos de gerenciamento de projetos, organizados pelo PMBOK® em cinco grupos:

- processos de iniciação – processos de autorização para que se dê início ao projeto ou a uma de suas fases;
- processos de planejamento – processos de criação e manutenção do plano do projeto, selecionando o melhor caminho para que sejam alcançados os objetivos propostos;
- processos de execução – processos de coordenação de recursos físicos (pessoas, materiais e equipamentos), executando o que foi planejado de forma a atender às especificações do projeto;
- processos de monitoramento e controle – processos que buscam garantir que os objetivos do projeto sejam atingidos. Realizam o acompanhamento e a medição regular do progresso, visando identificar desvios do plano e implementar ações corretivas, quando necessárias;
- processos de encerramento ou fechamento – processos de formalização do fim do projeto ou de uma fase, comunicação de tais eventos às partes interessadas, arquivamento e aceitação final da fase ou do projeto.

A Figura 2.1 ilustra a interação entre os grupos de processos de gerenciamento de projetos, que se assemelha ao ciclo *plan-do-check-act* (PDCA) – planejar-fazer-verificar-agir – conforme definido por Shewhart e modificado por Deming.[1]

FIGURA 2.1 Grupos de processos de gerenciamento de projetos

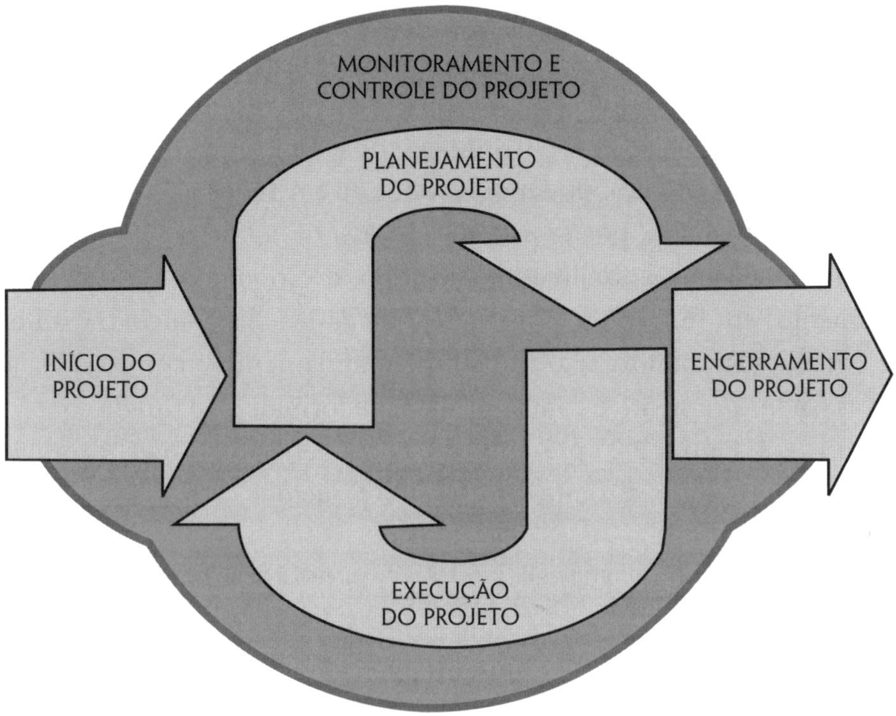

Fonte: adaptado da Figura X3-2 do *Guia PMBOK®*, 6. ed., 2017.

As saídas de um processo são, em geral, entradas para outro processo de gerenciamento. Ao focar nessas ligações, pode-se descrever cada processo em termos de:

- entradas – informações ou documentos que sofrerão/gerarão algum tipo de ação no processo;
- técnicas e ferramentas – mecanismos aplicados às entradas responsáveis pela geração das saídas;
- saídas – documentos ou itens documentáveis, que são o resultado do processo.

[1] DEMING, William Edwards. *American Society for Quality*. ASQ Handbook, [S.l.]: 13-14, 1999.

Por exemplo, o processo de desenvolver o cronograma do projeto é responsável por estabelecer as datas de início e de conclusão das atividades. Uma das entradas para esse processo é o calendário, com os períodos em que o trabalho estará autorizado. Uma ferramenta possível são os *softwares* de gerenciamento de projetos (Microsoft Project, Primavera etc.). Uma boa técnica é a simulação (análise de cenário do tipo "E se?"), que envolve o cálculo de várias durações do projeto, considerando-se diversos conjuntos de premissas sobre as atividades. Uma das saídas desse processo é o próprio cronograma do projeto.

Vale ressaltar que os processos de gerenciamento não ocorrem somente uma vez durante o projeto, podendo acontecer em todas as fases. Durante a construção de uma casa, por exemplo, é necessário autorizar o início da fase (iniciação), atualizar eventualmente o escopo, o cronograma e o orçamento (planejamento) em função da fase anterior de *design*, executar o trabalho planejado (execução), monitorar o trabalho em andamento e empreender ações corretivas (monitoramento e controle), além de formalizar o fim da construção (fechamento). A Figura 2.2 apresenta, de forma genérica, o nível de atividade dos grupos de processos durante uma fase do projeto.

FIGURA 2.2 Nível de atividade dos grupos de processos de gerenciamento de projetos em uma fase do projeto

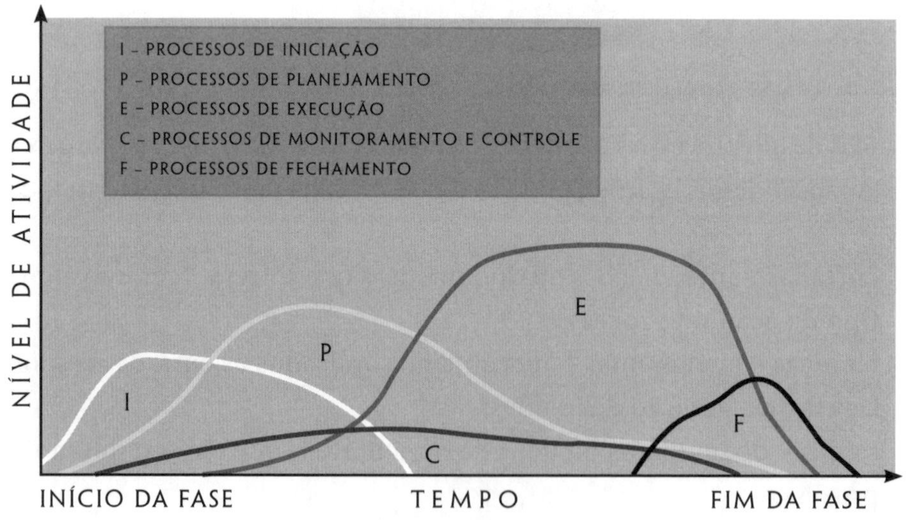

Fonte: adaptado da Figura 1-5 – Parte 2 do Guia PMBOK®, 6. ed., 2017.

Após termos estudado, no Capítulo 1, os conceitos básicos em gerenciamento de projetos, neste capítulo iremos então nos aprofundar nos 47 processos de gerenciamento de projetos propostos pelo PMBOK®.

2.2 AS ÁREAS E OS PROCESSOS DO GERENCIAMENTO DE PROJETOS SEGUNDO O PMBOK®

Para gerenciar um projeto, aplicando conhecimentos, habilidades, ferramentas e técnicas às suas atividades, a fim de atender ao propósito para o qual ele foi autorizado, o PMBOK® propõe que sejam consideradas dez áreas de conhecimento: Escopo, Cronograma, Custo, Qualidade, Recursos, Comunicações, Riscos, Aquisições, Integração e *Stakeholders* (Partes Interessadas), que podem ser visualizadas na Figura 2.3.

FIGURA 2.3 Áreas de conhecimento do gerenciamento de projetos

Fonte: elaborada pelo autor.

Essas áreas descrevem os conhecimentos e as boas práticas relacionadas ao gerenciamento de projetos com base nos processos que as compõem. A seguir, são apresentadas as descrições dos processos de cada uma delas, segundo o Guia PMBOK®.

2.2.1 GERENCIAMENTO DO ESCOPO DO PROJETO

Descreve os processos que verificam se o projeto inclui apenas o trabalho necessário, para que seja concluído com sucesso. O gerenciamento do escopo do projeto consiste em:

- planejar o gerenciamento do escopo – processo de criação de um plano de gerenciamento do escopo do projeto, que documente como ele será definido, validado e controlado;
- coletar os requisitos – processo de determinação, documentação e gerenciamento das necessidades e dos requisitos das partes interessadas, a fim de atender aos objetivos do projeto;
- definir o escopo – processo de desenvolvimento de uma descrição detalhada do projeto e do produto;
- criar a Estrutura Analítica do Projeto (EAP) – processo de subdivisão das entregas e do trabalho do projeto em componentes menores e mais facilmente gerenciáveis;
- validar o escopo – processo de formalização da aceitação das entregas concluídas do projeto;
- controlar o escopo – processo de monitoramento do andamento do escopo do projeto e do produto, e gerenciamento das mudanças feitas na linha de base do escopo.

2.2.2 GERENCIAMENTO DO CRONOGRAMA DO PROJETO

Descreve os processos relativos ao término do projeto dentro do prazo determinado. O gerenciamento do cronograma do projeto consiste em:

- planejar o gerenciamento do cronograma – processo de estabelecimento das políticas, dos procedimentos e da documentação para o planejamento, desenvolvimento, gerenciamento, execução e controle do cronograma do projeto;
- definir as atividades – processo de identificação e documentação das ações específicas a serem realizadas para produzir as entregas do projeto;

- sequenciar as atividades – processo de identificação e documentação dos relacionamentos entre as atividades do projeto;
- estimar a duração das atividades – processo de estimativa do número de períodos de trabalho necessários para terminar as atividades específicas, com os recursos estimados;
- desenvolver o cronograma – processo de análise das sequências das atividades, suas durações, recursos necessários e restrições do cronograma, visando criar o modelo do cronograma do projeto;
- controlar o cronograma – processo de monitoramento do andamento das atividades do projeto para atualização de seu progresso e gerenciamento das mudanças feitas na linha de base do cronograma para realizar o planejado.

2.2.3 GERENCIAMENTO DO CUSTO DO PROJETO

Descreve os processos envolvidos em planejamento, estimativa, cálculo do orçamento, financiamento, gerenciamento e controle de custos, de modo que o projeto termine dentro do orçamento aprovado. O gerenciamento de custos do projeto consiste em:

- planejar o gerenciamento de custo – processo de estabelecimento das políticas, dos procedimentos e da documentação para o planejamento, a gestão, as despesas e o controle dos custos do projeto;
- estimar os custos – processo de desenvolvimento de uma estimativa de custos dos recursos monetários necessários para terminar as atividades do projeto;
- determinar o orçamento – processo de agregação dos custos estimados de atividades individuais ou pacotes de trabalho, para estabelecer uma linha de base autorizada dos custos;
- controlar os custos – processo de monitoramento do andamento do projeto para atualização no seu orçamento e gerenciamento das mudanças feitas na linha de base de custos.

2.2.4 GERENCIAMENTO DA QUALIDADE DO PROJETO

Descreve os processos e as atividades da organização executora que determinam as políticas de qualidade, os objetivos e as responsabilidades, de modo que o projeto satisfaça as necessidades para as quais foi empreendido. O gerenciamento da qualidade do projeto consiste em:

- planejar o gerenciamento da qualidade – processo de identificação dos requisitos e padrões de qualidade do projeto e suas entregas, além da documentação de como o projeto demonstrará a conformidade com os requisitos e padrões de qualidade;
- gerenciar a qualidade – processo de auditoria dos requisitos de qualidade e dos resultados das medições do controle de qualidade, para garantir o uso dos padrões de qualidade e das definições operacionais apropriadas;
- realizar o controle da qualidade – processo de monitoramento e registro dos resultados da execução das atividades de qualidade, para avaliar o desempenho e recomendar as mudanças necessárias.

2.2.5 GERENCIAMENTO DOS RECURSOS DO PROJETO

Descreve os processos que organizam, gerenciam e guiam a equipe do projeto. O gerenciamento de recursos do projeto consiste em:

- planejar o gerenciamento dos recursos – processo de identificação e documentação de papéis, responsabilidades, habilidades necessárias e relações hierárquicas, além da criação de um plano de gerenciamento de pessoal;
- estimar os recursos das atividades – processo de estimativa de tipos e quantidades de material, recursos humanos, equipamentos ou suprimentos que serão necessários para realizar cada atividade;
- adquirir recursos é o processo de obter membros da equipe, instalações, equipamentos, materiais, suprimentos e outros recursos necessários para concluir o trabalho do projeto;

- desenvolver a equipe – processo de melhoria de competências, da interação da equipe e do ambiente geral da equipe, para aprimorar o desempenho do projeto;
- gerenciar a equipe do projeto – processo de acompanhamento do desempenho dos membros da equipe, fornecimento de *feedback*, resolução de problemas e gerenciamento de mudanças, para otimizar o desempenho do projeto;
- controlar recursos – processo que garante que os recursos atribuídos e alocados ao projeto estão disponíveis conforme planejado, além de monitorar a utilização planejada *versus* a utilização real de recursos e executar ação corretiva conforme necessário.

2.2.6 GERENCIAMENTO DAS COMUNICAÇÕES DO PROJETO

Descreve os processos necessários para assegurar que as informações do projeto sejam planejadas, coletadas, criadas, distribuídas, armazenadas, recuperadas, gerenciadas, controladas, monitoradas e, finalmente, dispostas de maneira oportuna e apropriada. O gerenciamento das comunicações do projeto consiste em:

- planejar o gerenciamento das comunicações – processo de desenvolvimento de uma abordagem apropriada e de um plano de comunicações do projeto, com base nas necessidades de informação e nos requisitos das partes interessadas, bem como nos ativos organizacionais disponíveis;
- gerenciar as comunicações – processo de criação, coleta, distribuição, armazenagem, recuperação e disposição final das informações do projeto, de acordo com o plano de gerenciamento das comunicações;
- monitorar as comunicações – processo de monitoramento e controle das comunicações no decorrer de todo o ciclo de vida do projeto, para assegurar que as necessidades de informação das partes interessadas sejam atendidas.

2.2.7 GERENCIAMENTO DOS RISCOS DO PROJETO

Descreve os processos de planejamento, identificação, análise, planejamento de respostas e controle de riscos de um projeto. O gerenciamento de riscos do projeto consiste em:

- planejar o gerenciamento dos riscos – processo de definição de como conduzir as atividades de gerenciamento dos riscos de um projeto;
- identificar os riscos – processo de identificação dos riscos que podem afetar o projeto e documentação de suas características;
- realizar a análise qualitativa dos riscos – processo de priorização dos riscos para análise ou ação adicional subsequente, por meio de avaliação e combinação de sua probabilidade de ocorrência e impacto;
- realizar a análise quantitativa dos riscos – processo de análise numérica do efeito dos riscos identificados nos objetivos gerais do projeto;
- planejar as respostas aos riscos – processo de desenvolvimento de opções e ações para aumentar as oportunidades e reduzir as ameaças aos objetivos do projeto;
- implementar respostas aos riscos – processo de implementar planos acordados de respostas aos riscos;
- monitorar os riscos – processo de monitoramento da implementação dos planos acordados de resposta aos riscos, acompanhamento dos riscos identificados, identificação e análise de novos riscos e avaliação da eficácia do processo de gerenciamento dos riscos durante todo o projeto.

2.2.8 GERENCIAMENTO DAS AQUISIÇÕES DO PROJETO

Descreve os processos de compra ou aquisição de produtos, serviços ou resultados externos à equipe do projeto. O gerenciamento de aquisições do projeto consiste em:

- planejar o gerenciamento das aquisições – processo de documentação das decisões de compras do projeto, especificando a abordagem e identificando fornecedores em potencial;

- conduzir as aquisições – processo de obtenção de respostas de fornecedores, seleção do fornecedor e adjudicação do contrato;
- controlar as aquisições – processo de gerenciamento das relações de aquisição, monitoramento do desempenho do contrato, realização de mudanças e correções nos contratos, conforme necessário, e encerrar contratos.

2.2.9 GERENCIAMENTO DA INTEGRAÇÃO

Descreve os processos e as atividades que integram os diversos elementos do gerenciamento de projetos, identificados, definidos, combinados, unificados e coordenados dentro dos grupos de processos de gerenciamento de projetos. O gerenciamento da integração consiste em:

- desenvolver o termo de abertura do projeto – processo de desenvolvimento de um documento que formalmente autoriza a existência do projeto e dá ao gerente a autoridade necessária para aplicar recursos organizacionais às atividades planejadas;
- desenvolver o **plano do projeto*** – processo de definição, preparo e coordenação de todos os planos subsidiários, integrando-os a um plano de gerenciamento de projeto abrangente;
- dirigir e gerenciar o trabalho do projeto – processo de liderança e realização do trabalho definido no plano de gerenciamento do projeto, implementando as mudanças aprovadas para atingir os objetivos do projeto;
- monitorar e controlar o trabalho do projeto – processo de acompanhamento, revisão e registro do progresso do projeto para atender aos objetivos de desempenho definidos no plano de gerenciamento do projeto;
- gerenciar o conhecimento do projeto – processo que utiliza conhecimentos existentes e cria novos conhecimentos para alcançar os objetivos do projeto contribuindo para a aprendizagem organizacional;
- realizar o controle integrado de mudanças – processo de revisão de todas as solicitações de mudanças, aprovando-as e gerenciando-as na entrega, em ativos de processos organizacionais, documentos do projeto e no plano de gerenciamento do projeto, bem como comunicando a decisão sobre as solicitações de mudanças;

- encerrar o projeto ou fase – processo de finalização de todas as atividades de todos os grupos de processos de gerenciamento do projeto, para encerrar formalmente o projeto ou a fase.

*O **plano do projeto** – algumas vezes chamado de **plano de gerenciamento do projeto, plano geral do projeto** ou **plano global do projeto** – é o documento formal que consolida todo o planejamento, indicando como o projeto deve ser executado e controlado. Segundo o PMBOK®, o plano do projeto é usado para:

- guiar a execução do projeto;
- documentar as premissas relacionadas ao planejamento do projeto;
- documentar as decisões de planejamento do projeto em relação às alternativas escolhidas;
- facilitar a comunicação entre os interessados;
- definir revisões gerenciais importantes de conteúdo, extensão e cronograma;
- fornecer uma base de referência (*baseline*) para a medição do progresso e o controle do projeto.

A composição do plano do projeto dependerá do caso em questão. Os seguintes documentos podem fazer parte de um plano do projeto:

1. Relativos ao gerenciamento do escopo

- Especificação ou declaração do escopo: é o anteprojeto do escopo de um projeto, o qual fornece a documentação que servirá de base para a tomada de decisões e a confirmação ou o desenvolvimento de um entendimento comum do escopo entre as partes envolvidas (mais detalhes a respeito no subitem 6.4.1).
- Estrutura Analítica do Projeto (EAP): é a ferramenta utilizada para detalhar o escopo de um projeto (mais detalhes no subitem 7.4.1.2).
- Dicionário da EAP: é o documento que define ou descreve o que deve ser realizado em cada pacote de trabalho da EAP (mais detalhes a respeito no subitem 7.4.1.3). Para a verificação do escopo, é fundamental que o Dicionário contenha os critérios para aceitação das entregas do projeto.
- Plano de gerenciamento do escopo: descreve como os pedidos de alteração do escopo serão gerenciados e como as mudanças autorizadas serão integradas ao projeto (mais detalhes no subitem 4.4.1).
- Plano de gerenciamento dos requisitos: descreve como os requisitos serão analisados, documentados e gerenciados (mais detalhes a respeito no subitem 4.4.3).

- Matriz de rastreabilidade dos requisitos: é uma tabela que associa cada necessidade de produto, serviço ou resultado (escopo do cliente) ao *stakeholder* que lhe deu origem (mais detalhes a respeito no subitem 5.4.1).

2. *Relativos ao gerenciamento do cronograma*
- Cronograma detalhado do projeto: é um documento, em forma gráfica ou tabular, com as datas planejadas para o início e a conclusão das atividades do projeto, podendo conter marcos (pontos de controle, normalmente conclusões/entregas de *deliverables*).
- Cronograma de marcos: é o cronograma sumarizado que identifica os principais pontos de controle do projeto (marcos/*milestones*).
- Plano de gerenciamento do cronograma: define como gerenciar as alterações do cronograma.

3. *Relativos ao gerenciamento de custos*
- Orçamento: é o documento que contém a distribuição dos custos gerais do projeto, calculados para cada uma de suas atividades.
- Fluxo de caixa: representa, no cronograma, a previsão do fluxo de receitas e despesas do projeto. Na maioria dos projetos, a periodicidade utilizada no planejamento das receitas e despesas é mensal.
- Plano de gerenciamento de custo: descreve como os desvios de custo serão administrados.

4. *Relativos ao gerenciamento da qualidade*
- Plano de gerenciamento da qualidade: descreve como a equipe de gerenciamento do projeto implementará sua política de qualidade. De acordo com a terminologia ISO 9000, esse plano deve descrever o sistema de qualidade do projeto, a estrutura organizacional, as responsabilidades, os procedimentos, os processos e os recursos necessários para a implementação do gerenciamento da qualidade.
- Lista de verificação (*checklist*) de qualidade: é uma ferramenta estruturada, com itens específicos, utilizada para verificar se os passos necessários foram seguidos.

5. *Relativos ao gerenciamento dos recursos do projeto*
- Plano de gerenciamento de recursos: fornece os atributos de recrutamento do projeto, índices de pessoal e reconhecimentos/prêmios relacionados, que são componentes necessários para o desenvolvimento das estimativas de custo do projeto.
- Equipe do projeto: é a lista com nomes e outras informações acerca dos componentes da equipe do projeto, sendo fundamental o registro das competências individuais.
- Organograma do projeto: é a representação gráfica que mostra a organização do projeto.

- Matriz de atribuição de responsabilidades: relaciona a estrutura organizacional do projeto com a EAP, a fim de garantir que cada elemento do escopo do projeto seja atribuído a uma pessoa responsável. Um exemplo dessa matriz pode ser visto na tabela a seguir.

TABELA 2.1 Exemplo de matriz de atribuição de responsabilidade

DELIVERABLE	DEPTO. DE ENGENHARIA	DEPTO. DE PRODUÇÃO	ASSESSORIA JURÍDICA	GERENTE DE PROJETO	DEPTO. COMERCIAL	DEPTO. DE QUALIDADE
1.3.2 Requisitos	E	E, S, A		R	N	V
2.3.2 Contrato	E, S	E, S, A	R	E, N, S	N	
3.1 Projeto preliminar	R	E, S, A		N	N	V
3.2 Projeto detalhado	R	E, S, A		N	N	V
4 Execução	R	E, S, A		N	N	V
5 Teste	N	E, S, A		R	N	V
6 Implantação	N	E, S, A		R	N	V

Fonte: elaborada pelo autor.

A – aceita o resultado do trabalho (*deliverable*); E – envia informações; N – é notificado do início ao fim do trabalho; R – responsabiliza-se pela execução; S – recebe informações; V – valida o resultado do trabalho.

6. *Relativos ao gerenciamento das comunicações*

- Plano de gerenciamento das comunicações: descreve os procedimentos que serão utilizados para gerenciar todo o processo de comunicação do projeto, contendo estrutura de coleta, distribuição e arquivamento das informações, inclusive com o formato, o conteúdo, o nível de detalhamento e as convenções a serem utilizadas.

7. *Relativos ao gerenciamento dos riscos*

- Plano de gerenciamento dos riscos: descreve como serão feitas a estruturação e a execução das atividades de identificação, as análises qualitativas e quantitativas, o planejamento das respostas, a monitoração e o controle de riscos durante o ciclo de vida do projeto.

- Registro de riscos: é um documento que detalha todos os riscos identificados, inclusive descrição, causa, alarmes (se determinado fato ocorrer, um ou mais riscos associados à atividade em questão podem estar prestes a começar), probabilidade de ocorrência, impactos nos objetivos do projeto, respostas sugeridas e tratamento dos riscos secundários e residuais responsáveis pelo risco e andamento atual.

8. *Relativos ao gerenciamento das aquisições*
- Plano de gerenciamento das aquisições: é um documento que descreve a forma como serão administrados os processos de aquisição de bens e serviços (desde o planejamento da solicitação até o encerramento do contrato). Conforme as necessidades do projeto, o plano pode ser formal ou informal, bem detalhado ou genérico.

9. *Relativos ao gerenciamento da integração do projeto*
- Plano integrado de gerenciamento de alterações: é a consolidação dos documentos plano de gerenciamento do escopo, plano de gerenciamento do cronograma e plano de gerenciamento de custos.

10. *Relativos ao gerenciamento das partes interessadas do projeto*
- Plano de gerenciamento das partes interessadas: identifica as estratégias de gerenciamento necessárias para o engajamento das partes interessadas de maneira eficaz. O plano pode ser formal ou informal, amplamente estruturado e altamente detalhado, com base nas necessidades do projeto.

Foge do objetivo deste livro abordar com detalhes os documentos do plano de projeto que não fazem parte da área de gerenciamento do escopo, o que pode ser conferido, no entanto, no livro *Metodologia de gerenciamento de projetos – Methodware®*,[2] no qual são apresentados exemplos e modelos (*templates*) de documentos de um plano do projeto.

O Project Management Institute (PMI) considera a integração uma das maiores e mais importantes preocupações do gerente de projeto.

[2] XAVIER, Carlos Magno et al. *Metodologia de gerenciamento de projetos – Methodware®*. 3. ed. Rio de Janeiro: Brasport, 2014.

2.2.10 GERENCIAMENTO DAS PARTES INTERESSADAS (*STAKEHOLDERS*)

Descreve os processos exigidos para identificar todas as pessoas, grupos ou organizações que possam impactar ou serem impactados pelo projeto, analisando expectativas das partes interessadas e sua influência no projeto, bem como desenvolvendo estratégias de gerenciamento apropriadas para o engajamento eficaz dos *stakeholders* nas decisões e na execução do projeto. O gerenciamento das partes interessadas consiste em:

- identificar as partes interessadas – processo de identificação de pessoas, grupos ou organizações que possam impactar ou serem impactados por uma decisão, atividade ou resultado do projeto, e análise e documentação de informações relevantes relativas a seus interesses, nível de engajamento, interdependência, influência, bem como o impacto potencial no êxito do projeto;
- planejar o engajamento das partes interessadas – processo de desenvolvimento de estratégias apropriadas de gerenciamento para engajar as partes interessadas de maneira eficaz no decorrer de todo o ciclo de vida do projeto, com base na análise de suas necessidades, interesses e impacto potencial no sucesso do projeto;
- gerenciar o engajamento das partes interessadas – processo de comunicação e trabalho com as partes interessadas para atender às suas necessidades/expectativas, abordando questões à medida que ocorram e incentivando o engajamento apropriado das partes interessadas nas atividades do projeto, no decorrer de todo seu ciclo de vida;
- monitorar o engajamento das partes interessadas – processo de monitoramento dos relacionamentos das partes interessadas do projeto em geral, ajustando estratégias e planos para o engajamento das partes interessadas.

A Figura 2.4 apresenta uma visão geral dos 49 processos de gerenciamento de projetos anteriormente descritos, associados aos cinco grupos de processos citados no tópico 2.1 (iniciação, planejamento, execução, monitoramento e controle, e encerramento). O mapeamento dos processos em relação a seus grupos e às áreas de conhecimento também pode ser verificado na Tabela 2.2.

FIGURA 2.4 Visão geral dos 49 processos de gerenciamento de projetos

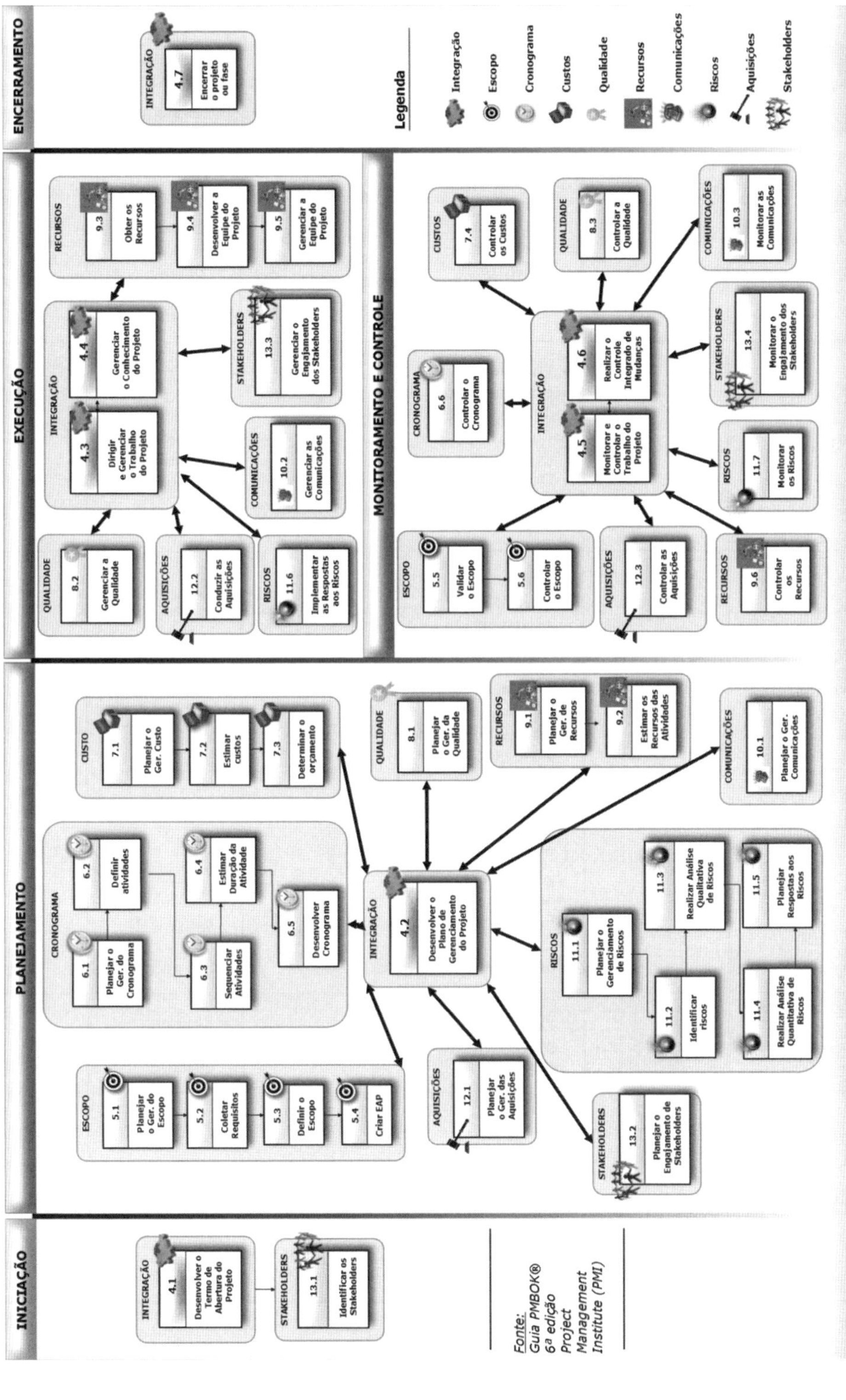

Fonte: elaborada pelos professores Carlos Magno da Silva Xavier e Luiz Fernando da Silva Xavier de acordo com o Guia PMBOK, 6. ed., 2017.

TABELA 2.2 Áreas de conhecimento do gerenciamento de projetos e seus processos

ÁREAS DE CONHECIMENTO	INICIAÇÃO	PLANEJAMENTO	EXECUÇÃO	MONITORAMENTO E CONTROLE	ENCERRAMENTO
Integração	• Desenvolver o Termo de Abertura do Projeto (4.1)	• Desenvolver o plano de gerenciamento do projeto (4.2)	• Dirigir e gerenciar o trabalho do projeto (4.3) • Gerenciar o conhecimento do projeto (4.4)	• Monitorar e controlar o trabalho do projeto (4.5) • Realizar o controle integrado de mudanças (4.6)	• Encerrar o projeto ou fase (4.7)
Escopo		• Planejar o gerenciamento de escopo (5.1) • Coletar requisitos (5.2) • Definir o escopo (5.3) • Criar EAP (5.4)		• Validar o escopo (5.5) • Controlar o escopo (5.6)	
Cronograma		• Planejar o gerenciamento de cronograma (6.1) • Definir atividades (6.2) • Sequenciar atividades (6.3) • Estimar duração da atividade (6.4) • Desenvolver o cronograma (6.5)		• Controlar o cronograma (6.6)	
Custos		• Planejar o gerenciamento de custos (7.1) • Estimar custos (7.2) • Determinar o orçamento (7.3)		• Controlar custos (7.4)	
Qualidade		• Planejar o gerenciamento da qualidade (8.1)	• Gerenciar a qualidade (8.2)	• Realizar o controle da qualidade (8.3)	
Recursos		• Planejar o gerenciamento de Recursos (9.1) • Estimar recursos da atividade (9.2)	• Adquirir recursos (9.3) • Desenvolver a equipe do projeto (9.4) • Gerenciar a equipe do projeto (9.5)	• Controlar os recursos (9.6)	

continua

continuação

Comunicações		• Planejar o gerenciamento de comunicações (10.1)	• Gerenciar as comunicações (10.2)	• Monitorar as comunicações (10.3)	
Riscos		• Planejar o gerenciamento de riscos (11.1) • Identificar riscos (11.2) • Realizar análise qualitativa de riscos (11.3) • Realizar análise quantitativa de riscos (11.4) • Planejar as respostas aos riscos (11.5)	• Implementar as respostas aos riscos (11.6)	• Monitorar os riscos (11.7)	
Aquisições		• Planejar o gerenciamento de aquisições (12.1)	• Conduzir aquisições (12.2)	• Controlar aquisições (12.3)	
Partes interessadas	• Identificar os *stakeholders* (13.1)	• Planejar o engajamento de *stakeholders* (13.2)	• Gerenciar o engajamento de *stakeholders* (13.3)	• Monitorar o engajamento de *stakeholders* (13.4)	

Nota: os números em parênteses referem-se aos números dos processos do Guia PMBOK®.
Fonte: adaptada de Tabela 1-1 do Guia PMBOK®, 6. ed., 2017.

2.3 OS PROCESSOS DE GERENCIAMENTO DO ESCOPO DO PROJETO

Quando se gerencia um projeto, um grande desafio é definir claramente os produtos e serviços relacionados a seus objetivos, os quais serão entregues ao patrocinador/cliente, estabelecendo o escopo do trabalho que deve ser realizado pela equipe. Esses produtos e serviços são os *deliverables* (entregas) do projeto.[3]

A definição do escopo em um projeto não é uma necessidade dos tempos atuais. Veja, por exemplo, a estrutura inicial do escopo de um complexo piramidal na Figura 2.5 e o escopo do projeto de construção de uma cidade romana, apresentado na Figura 2.6.

[3] Como vimos no Capítulo 1, o PMBOK® define entrega/*deliverable* como "qualquer produto, resultado ou capacidade para realizar um serviço único e verificável e cuja execução é exigida para concluir um processo, uma fase ou um projeto". (Guia PMBOK®, 2017, p. 708.)

FIGURA 2.5 Estrutura inicial do escopo do projeto de um complexo piramidal

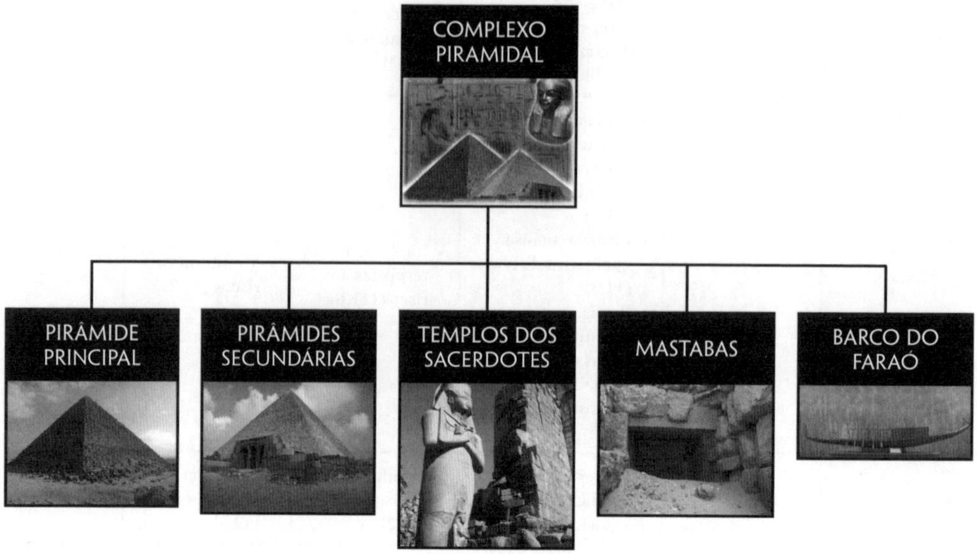

Fonte: elaborada pelo autor com a colaboração de Alessandro Prudêncio.

A importância do gerenciamento de escopo pode ser verificada no resultado da pesquisa do PMSurvey.Org de 2014, citada no tópico 1.1 do Capítulo 1, que aponta o escopo não definido adequadamente e as mudanças de escopo constantes como um dos problemas mais comuns nos projetos, conforme podemos observar na Figura 2.7.

É importante, neste momento, diferenciarmos escopo do produto de escopo do projeto. O primeiro está relacionado ao conjunto de características e funções que o produto final deve possuir, sendo representado em documentos como requisitos, especificações, desenhos etc.; já o segundo está relacionado ao trabalho que deve ser realizado para que seja entregue o produto final do projeto, com as características e funções que foram definidas. O escopo do projeto é representado na EAP, a ser vista no Capítulo 7, a qual contém os *deliverables* que devem ser gerados no projeto.

Por exemplo, se tivermos um projeto de desenvolvimento de um sistema de informação, o escopo do produto será representado em uma especificação do sistema. O escopo do projeto (representado na EAP) consiste no conjunto de entregas (produtos e serviços) que devem ser geradas para que o sistema de informação seja entregue.

FIGURA 2.6 Escopo do projeto de construção de uma cidade romana

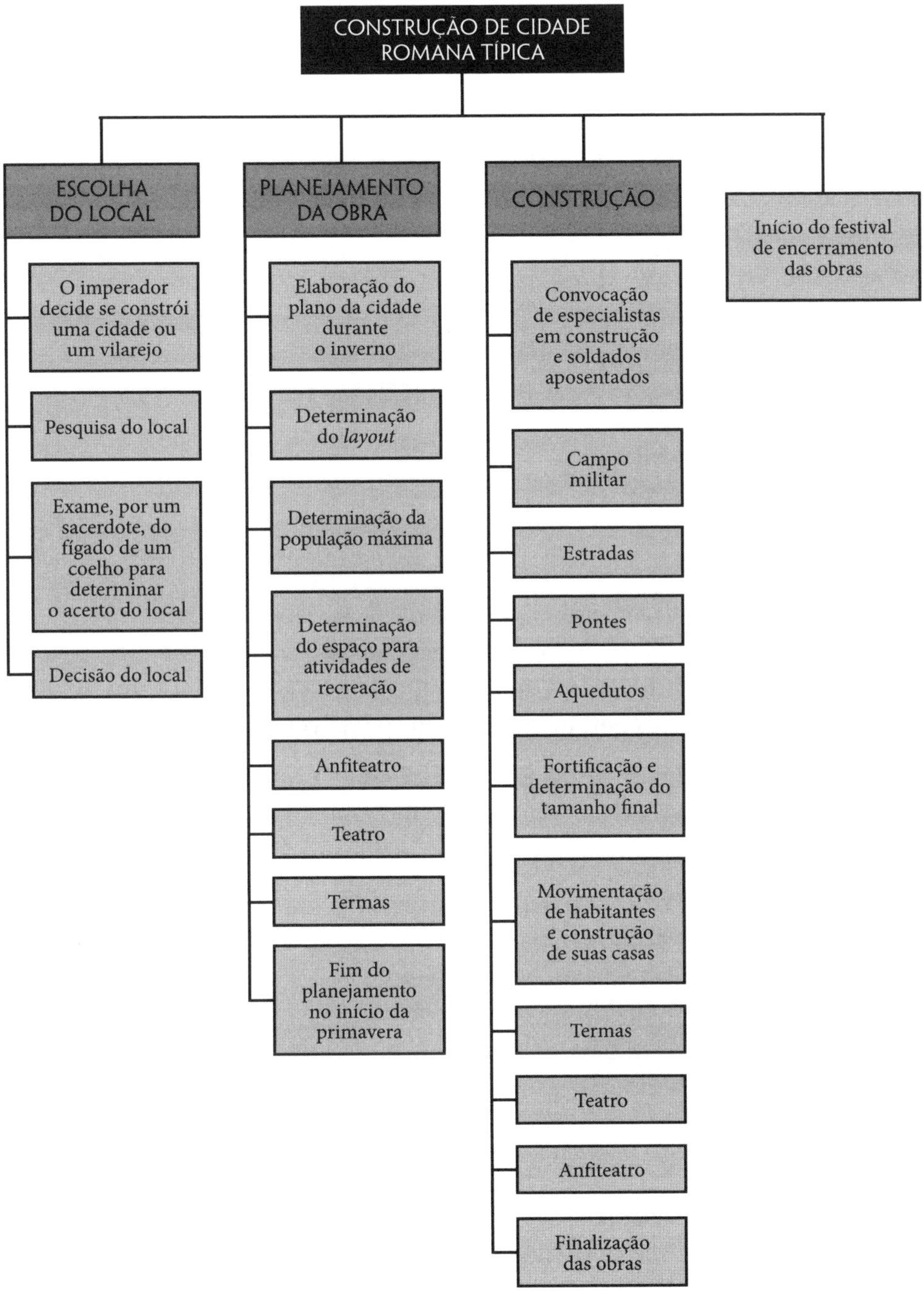

Fonte: elaborada pelo autor.

FIGURA 2.7 Problemas mais comuns nos projetos

Fonte: PMSURVEY.ORG 2014 Edition. Project Management Institute Chapters. Relatório completo disponível em: <http://beware.com.br/Report_2014-PM_SURVEY.pdf>. Acesso em: 12 jan. 2018.

Portanto, a EAP conterá, além do próprio sistema que será desenvolvido, as entregas necessárias ao gerenciamento do projeto (plano, relatórios etc.), os documentos do sistema, os testes e treinamentos de usuários, podendo incluir a montagem do ambiente de desenvolvimento (*hardware* e *software*), o treinamento do pessoal de desenvolvimento etc. A Figura 2.8 compara o escopo do produto com o do projeto.

FIGURA 2.8 Escopo do produto *versus* escopo do projeto

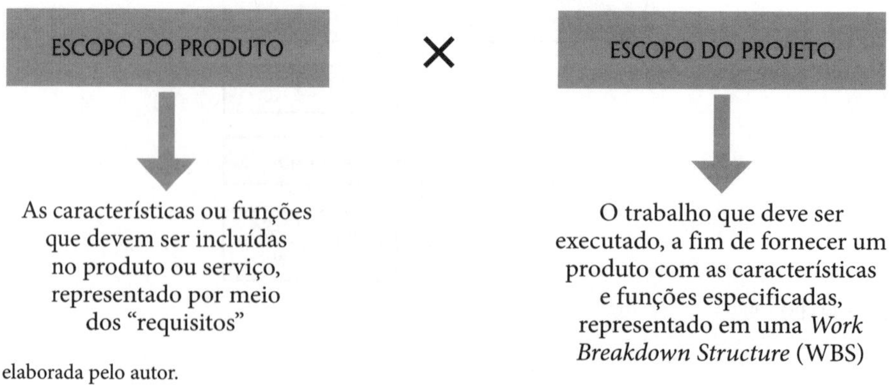

Fonte: elaborada pelo autor.

A gerência do escopo do projeto abrange processos exigidos para garantir que ele inclua todo o trabalho necessário, a fim de que o projeto seja finalizado com sucesso. A preocupação fundamental compreende definir e controlar o que está ou não incluído no projeto. Os processos da gerência do escopo do projeto são:

- planejar o gerenciamento do escopo – processo de criação de um plano de gerenciamento do escopo, para documentar como o escopo será definido, validado e controlado;
- coletar requisitos – processo de determinação, documentação e gerenciamento das necessidades e requisitos das partes interessadas, para alcançar os objetivos do projeto;
- definir o escopo – processo de desenvolvimento de uma descrição detalhada do projeto e do produto;
- criar a EAP – processo de subdivisão das entregas e do trabalho do projeto em componentes menores e mais facilmente gerenciáveis;
- validar o escopo – processo de formalização da aceitação das entregas concluídas do projeto;
- controlar o escopo – processo de monitoramento do *status* do escopo do projeto e do produto e gerenciamento das mudanças feitas na linha de base do escopo.

Antes de abordarmos especificamente os processos de gerenciamento do escopo, veremos, no próximo capítulo, como o escopo do projeto começa a ser delineado depois de sua concepção, seleção e autorização.

CAPÍTULO 3

A AUTORIZAÇÃO DO PROJETO

"Precisamos fazer
certo, a combinação certa,
dos projetos certos."
(Paul Dinsmore)

3.1 INTRODUÇÃO

Digamos que você tenha acabado de receber uma herança de 5 milhões de reais. O que faria com esse dinheiro? Com certeza, muitos projetos estão passando por sua cabeça. Comprar um imóvel? Montar uma empresa? Viajar? Construir uma casa? Pagar dívidas? Investir tudo em um único projeto? Investir em um portfólio (carteira de projetos)? Como selecionar o que fazer entre tantos projetos possíveis? Como definir exatamente o que esperar de cada um dos projetos em que decida investir?

As empresas, normalmente, precisam tomar essas mesmas decisões. Elas não recebem heranças, mas têm orçamentos nos quais devem enquadrar os investimentos em projetos ou, algumas vezes, necessitam de financiamentos para viabilizá-los. Mesmo as empresas prestadoras de serviços, cujo dia a dia é executar projetos, também necessitam de procedimentos para decidir se devem apresentar ou não propostas a seus clientes e, se for o caso, como elaborá-las.

Para o processo de seleção de projetos, cada empresa tem seus próprios procedimentos. Vejamos a seguir alguns exemplos.

EXEMPLO 1 A empresa faz um estudo preliminar do projeto, com contextualização, descrição do problema, justificativas, necessidades de negócio, solução proposta, unidades envolvidas, fatores críticos de sucesso, principais riscos envolvidos, restrições, resultados esperados, prazo e custo estimados e objetivos estratégicos a serem atingidos. De posse dessas informações, um comitê avalia o projeto e indica se ele é viável ou não, designando um gerente para coordená-lo.

EXEMPLO 2 A empresa tem um comitê que aprova os investimentos, ao qual todos os novos projetos são submetidos. Participam do comitê, normalmente, todos os seus diretores. O documento apresentado é bem resumido e objetivo, mas contempla o que é necessário para uma tomada de decisão. O documento ainda é associado ao *Balanced Score Card* (BSC) da área e mostra claramente como ajudará com cada indicador.[1] Algumas informações contidas nesse documento sobre o projeto, submetido ao comitê, são:

- lista de objetivos do projeto;
- lista de indicadores (BSC) atingidos pelo projeto;
- lista de processos e funções do negócio tratados pelo projeto;
- relação de benefícios intangíveis;
- relação de benefícios tangíveis;
- riscos identificados e possíveis impactos;
- relação de custos e investimentos necessários;
- planilha de fluxo de caixa;
- indicadores de retorno (obtidos pela planilha de fluxo de caixa): *payback*, Valor Presente Líquido (VPL) e Taxa Interna de Retorno (TIR) – esses conceitos serão explicados no tópico 3.5;
- principais marcos (pontos de controle do projeto).

EXEMPLO 3 A empresa, no processo de autorização de projetos, realiza as seguintes atividades:

- alinhamento com o *business case* – estabelecimento dos critérios direcionadores do projeto, que podem ser custo-benefício, qualidade (em relação ao produto, ao serviço, aos canais de distribuição ou à operação), requisitos de auditoria ou de melhoria de controles, requisitos legais e iniciativas estratégicas;
- estudo de viabilidade – avaliação da viabilidade técnica e econômica do projeto, em que os riscos também são levados em consideração;
- elaboração do documento de definição do projeto;
- apresentação ao comitê de avaliação de projetos;
- priorização do projeto, com a designação do *sponsor* (patrocinador) e do gerente de projeto.

---

[1] O BSC é uma técnica que visa a integração e o balanceamento de todos os principais indicadores de desempenho existentes em uma empresa, desde os financeiros/administrativos até os relativos aos processos internos, estabelecendo objetivos da qualidade (indicadores) para funções e níveis relevantes dentro da organização, ou seja, desdobramento dos indicadores corporativos setoriais, com metas bem definidas.

EXEMPLO 4 Quando chega uma demanda a uma empresa prestadora de serviços, inicialmente é verificado se o pedido faz parte da área de atuação da empresa (*core business*). Caso faça, antes de começar o processo de elaboração de uma proposta, estima-se o esforço para realizá-lo, ou seja, o departamento técnico especializado na demanda faz uma estimativa. Com base nela, a área de vendas prevê o custo desse esforço, o qual é apresentado à alta administração para verificar se é viável ou não tratar dessa demanda. Se for, é autorizada a elaboração da proposta, que deve ser feita em conjunto pelas áreas técnica e comercial. Caso seja aprovada pelo cliente e o contrato seja assinado (quando necessário), é designado um gerente de projeto.

EXEMPLO 5 Em uma empresa cujos projetos de Tecnologia da Informação (TI) são internos, sobretudo a criação de produtos para seus clientes, o primeiro passo é a apresentação da proposta, com estrutura, arquitetura e prazo, a um comitê chamado Comitê Revisor de Projetos (CRP). Nele são discutidas, com todos os responsáveis pelas áreas de TI e infraestrutura de todas as unidades de negócios da empresa, propostas de mudanças na solução apresentada, ideias de fornecedores e diferentes arquiteturas, e realizadas trocas de experiências sobre o tema. Após revisão da proposta de projeto, é elaborado um documento chamado Planilha de Avaliação de Projeto, que é levado ao Comitê de Avaliação de Investimentos em Sistemas (Cais). Essa planilha mostra o fluxo de caixa do projeto, os indicadores BSC que serão afetados pelo sistema, o *break event* etc. Esse comitê dá o *go* (autorização) ou *no go* do projeto.

Segundo o Guia PMBOK®, o processo de desenvolvimento do Termo de Abertura do Projeto (TAP) é o responsável por elaborar um documento que formalmente autoriza a existência de um projeto e fornece ao gerente do projeto autoridade necessária para aplicar os recursos organizacionais às atividades do projeto. Também é parte desse processo autorizar ou não o prosseguimento para uma nova fase de um projeto já existente (o conceito de fase foi visto no tópico 1.3). Embora esse processo já inicie o gerenciamento do escopo, na realidade ele faz parte da área de gerenciamento da integração, pois também leva em conta questões relativas ao cronograma, aos custos, aos riscos, aos recursos, à comunicação, às aquisições, aos *stakeholders* e à qualidade.

Na maioria das organizações, um projeto não é formalmente iniciado até que se tenha a avaliação de sua real necessidade, sendo realizado um planejamento preliminar (proposta do projeto) e até mesmo um estudo de viabilidade (*business case*). Essa etapa inicial de concepção pode e deve ser considerada um projeto específico, cujo objetivo é demonstrar à organização que o projeto é necessário e trará o retorno correspondente.

A Figura 3.1 apresenta entradas, técnicas, ferramentas e saídas desse processo, de acordo com o Guia PMBOK®.

FIGURA 3.1 Componentes do processo de desenvolver o Termo de Abertura do Projeto (TAP)

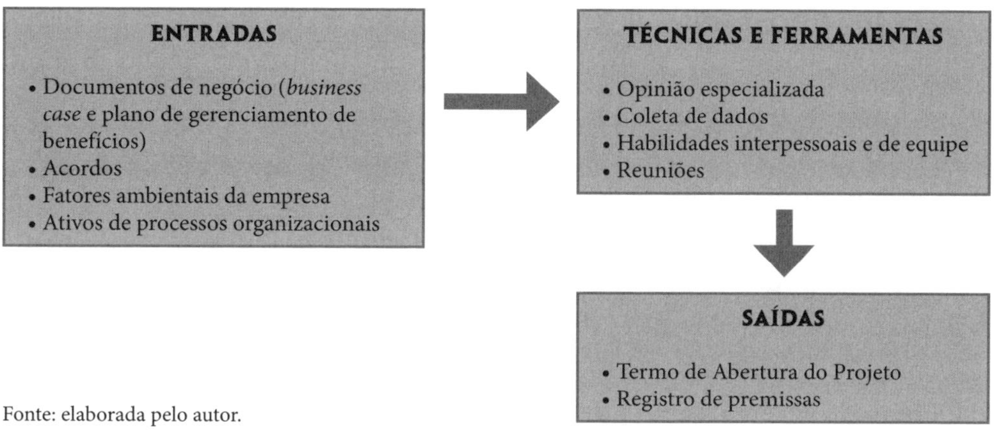

Fonte: elaborada pelo autor.

3.2 ENTRADAS PARA O PROCESSO DE DESENVOLVER O TERMO DE ABERTURA DO PROJETO (TAP)

3.2.1 DOCUMENTOS DE NEGÓCIO

Para definir o que exatamente esperar de um projeto no qual a empresa decidiu investir, é necessário saber o produto que ele entregará, se o projeto trará o retorno do investimento e como serão gerenciados os benefícios esperados. O termo produto é aqui empregado de forma genérica, representando o conjunto de produtos e serviços que serão entregues pelo projeto.

Algumas vezes, no início do projeto, não existe um detalhamento muito grande do produto, e faz parte do escopo do projeto elaborá-lo. Isso é comum, por exemplo, em projetos de desenvolvimento de *software*, nos quais o levantamento dos requisitos do usuário é feito no decorrer do procedimento. Outras vezes, existe um detalhamento preciso do produto a ser entregue, como na construção de uma casa, em que todo o projeto (plantas, desenhos, memorial descritivo etc.) já está disponível. A declaração ou especificação do trabalho é uma descrição dos produtos e serviços que serão fornecidos pelo projeto. No caso de clientes externos, essa declaração ou especificação é um dos componentes do contrato.

3.2.1.1 *Business case*/Proposta de projeto

Para selecionar quais projetos devem ser empreendidos, deve-se levar em consideração as necessidades da empresa, normalmente espelhadas em seu plano estratégico (*business plan*), algumas vezes também chamado de **plano diretor**. Assim, é fundamental alinhar o projeto com o plano estratégico da empresa, para que haja comprometimento de todas as áreas na sua elaboração e execução, inclusive na atribuição de prioridade de alocação de recursos físicos e financeiros. Para atender ao plano estratégico da organização, são elaboradas propostas de projetos. Essas propostas podem ou não ter como fundamento um plano de negócio, que apresenta os motivos pelos quais vale a pena autorizar o início do projeto.

3.2.1.2 Plano de gerenciamento dos benefícios do projeto

Este plano descreve como e quando os benefícios serão entregues e descreve os mecanismos que devem estar implementados para medir esses benefícios.

3.2.2 ACORDO

Um acordo apresenta as restrições e premissas para o desenvolvimento do trabalho do projeto. Normalmente, usa-se um contrato quando o projeto está sendo realizado para um cliente externo.

3.2.3 FATORES AMBIENTAIS DA EMPRESA

Os fatores ambientais da empresa que podem influenciar o processo de desenvolver o Termo de Abertura do Projeto incluem – embora não estejam limitados a –: padrões governamentais; padrões industriais ou regulamentos (por exemplo, códigos de conduta, padrões de qualidade ou padrões de proteção de trabalhadores); estrutura e cultura organizacionais; e condições do mercado.

3.2.4 ATIVOS DE PROCESSOS ORGANIZACIONAIS

Os ativos de processos organizacionais são políticas, procedimentos e diretrizes formais e informais, que podem afetar o modo como o projeto será gerenciado. Faz parte desses ativos a base de conhecimento corporativo da empresa. Aprender com o passado é um requisito importante em gerenciamento de projetos. Deve-se utilizar informações sobre critérios adotados no passado para selecionar projetos, assim como sobre sucessos e fracassos obtidos em projetos semelhantes. Da mesma forma, a decisão de ir ou não para a próxima fase, que também faz parte do processo de desenvolvimento do TAP, deve usar como subsídio informações do desempenho do projeto em fases anteriores.

3.3 TÉCNICAS E FERRAMENTAS PARA O PROCESSO DE DESENVOLVER O TERMO DE ABERTURA DO PROJETO

Normalmente, as empresas estabelecem critérios consistentes e lógicos de avaliação que possibilitam o processo de priorização e seleção dos projetos. Os critérios de seleção são, tipicamente, definidos em termos dos méritos do produto do projeto, como: retorno financeiro, análise de custo-benefício, aumento da participação no mercado, melhoria da imagem da empresa, transferência de tecnologia, satisfação do cliente etc. A estimativa de custo e os conceitos financeiros utilizados na comparação/análise financeira de projetos (taxa interna de retorno, prazo para o retorno do investimento, valor presente, valor presente líquido etc.) podem ser vistos em livros voltados para o gerenciamento de custos do projeto e, de maneira resumida, no tópico 3.5.

Porém, como avaliar esses critérios e, principalmente, como proceder para utilizar mais de um critério na seleção de projetos? A resposta está no uso de métodos de seleção de projetos, os quais também podem ser utilizados na comparação de alternativas para execução de um projeto, que fazem parte da definição do escopo (Capítulo 6).

Tais métodos geralmente recaem em uma de duas categorias principais:

- métodos de medição dos benefícios, que são abordagens comparativas, modelos de pontuação (*scoring model*), contribuição para os benefícios ou modelos econômicos;
- modelos matemáticos, que usam algoritmos de programação linear, não linear, dinâmica, integral e multiobjetiva.

Um exemplo de seleção de projetos, utilizando o modelo de pontuação, pode ser verificado na Tabela 3.1, em que três projetos (A, B e C) estão sendo comparados usando-se os critérios de retorno financeiro, aumento da participação no mercado, melhoria da imagem da empresa, utilização da sua capacidade ociosa e desenvolvimento de novas tecnologias. Para cada um dos critérios é atribuído um peso, de acordo com sua importância estratégica para a empresa.

TABELA 3.1 Exemplo de seleção de projetos utilizando o modelo de pontuação

CRITÉRIOS	PESO	NOTAS PROJETO A	NOTAS PROJETO B	NOTAS PROJETO C
Retorno financeiro	10	10	8	6
Aumento da participação no mercado	8	7	10	8
Melhoria da imagem da empresa	7	8	9	10
Utilização de sua capacidade ociosa	7	6	9	10
Desenvolvimento de novas tecnologias	4	10	8	6
Pontuação final de cada projeto		**294**	**318**	**288**

Fonte: elaborada pelo autor.

O critério mais importante deve receber peso 10, e os demais, peso comparativo. Em seguida, os projetos são avaliados segundo cada critério. Da mesma forma, o que melhor atender ao critério recebe nota 10, e os demais, nota em uma relação comparativa. A pontuação final de cada projeto corresponde à soma ponderada de suas notas em cada critério, fazendo que, neste caso, o projeto B fosse o selecionado por ter obtido a maior pontuação total.

No tópico 3.5, podem ser encontradas mais informações sobre critérios e métodos de seleção de projetos.

3.3.1 OPINIÃO ESPECIALIZADA

Algumas vezes, é necessário obter suporte de especialistas durante o processo de seleção de projetos, por exemplo, para o cálculo de retorno financeiro. Esses especialistas podem ou não estar disponíveis na empresa. Assim, as possíveis fontes de opinião especializada são: outras unidades da organização executora, consultores, associações profissionais e técnicas, parceiros tecnológicos etc.

3.3.2 COLETA DE DADOS

As técnicas de coleta de dados têm ampla aplicação dentro dos processos de gerenciamento de projetos, e orientam o desenvolvimento do Termo de Abertura do Projeto. *Brainstorming*, grupos de discussão e entrevistas são exemplos de técnicas-chave que ajudam equipes e pessoas a realizar as atividades do projeto.

3.3.3 HABILIDADES INTERPESSOAIS E DE EQUIPE

Exemplos de habilidades interpessoais e de equipe são resolução de conflitos, solução de problemas e gerenciamento de reuniões.

3.3.4 REUNIÕES

Para este processo, são realizadas reuniões para identificar os objetivos do projeto, critérios de sucesso, entregas-chave, requisitos de alto nível, resumo de marcos e outras informações sintetizadas.

Reunir um grupo de pessoas para a elaboração do Canvas (modelo de negócios) do projeto é uma forma bem interessante de concepção do projeto, e gera informações para o Termo de Abertura do Projeto. O uso de Canvas em projetos melhora a comunicação visual e o espírito de colaboração. No Capítulo 3 do livro *Gerenciamento de Projetos de Mapeamento e Redesenho de Processos*,[2] pode ser visto o Project Canvas Methodware® para a concepção de projetos.

---

[2] XAVIER, Carlos Magno et al. *Gerenciamento de projetos de mapeamento e redesenho de processos*. Rio de Janeiro: Brasport, 2017.

3.4 SAÍDAS DO PROCESSO DE DESENVOLVER O TERMO DE ABERTURA DO PROJETO

3.4.1 TERMO DE ABERTURA DO PROJETO (*PROJECT CHARTER*)

Project Charter é o documento que autoriza formalmente o início de um projeto. É emitido pelo responsável inicial ou pelo patrocinador do projeto, que autoriza de modo formal sua existência e concede ao gerente a autoridade para aplicar os recursos organizacionais nas atividades do projeto. A partir da emissão desse documento, a empresa divulga internamente a existência do projeto e sua finalidade. A tradução oficial do Guia PMBOK® para *Project Charter* é Termo de Abertura do Projeto (TAP). Porém, há outros nomes para esse documento, aplicados em empresas ou sugeridos na literatura, entre eles:

- Termo de Referência do Projeto;
- Documento de Autorização do Projeto;
- Documento Inicial do Projeto;
- Documento de Abertura do Projeto;
- Autorização de Início do Projeto;
- Proposta de Projeto Aprovada;
- Carta do Projeto.

Segundo Kerzner,[3] o conceito original do *Project Charter* era somente documentar a autoridade e a responsabilidade do gerente de projeto. Esse conceito evoluiu, e o *Project Charter* transformou-se, em algumas organizações, em um documento interno no qual a empresa reconhece e comunica o escopo aprovado do projeto aos gerentes funcionais, ou de linha, e a seu pessoal – uma espécie de "contrato" entre o gerente de projeto e a organização, tendo como testemunhas os gerentes funcionais. Por esse enfoque, o *Project Charter* pode estabelecer tanto as responsabilidades do gerente de projeto quanto as dos gerentes funcionais.

O *Project Charter* deve conter, diretamente ou por meio de referência a outros documentos, os elementos a seguir.

[3] KERZNER, Harold. *Project Management*: a System Approach to Planning Scheduling and Controlling. [S.l.]: John Wiley & Sons, 2006.

3.4.1.1 Justificativa do projeto: as necessidades do negócio às quais o projeto está incumbido de atender, que justificam sua autorização

É necessário fazer o alinhamento do projeto com os objetivos estratégicos da empresa. Por que o projeto foi autorizado? Quais são os resultados esperados com a entrega do(s) seu(s) produto(s)? Um exemplo de alinhamento do projeto seria:

> Dada a constante diminuição dos espaços físicos nas modernas habitações, é estratégico para a Bicicleta S.A. ser a primeira empresa a desenvolver uma bicicleta capaz de ser guardada de tal modo que ocupe o menor espaço físico possível, criando-se assim um novo segmento de bicicletas. O fato de ser a primeira nesse novo segmento proporcionará a fixação da marca, o domínio do mercado e a expansão nos demais segmentos do mercado de bicicletas.

3.4.1.2 Escopo (visão do cliente) ou requisitos de alto nível

Devem ser relacionados todos os produtos e serviços que o projeto deve entregar ao cliente. Se o projeto for de um novo carro, poderá fazer parte do seu produto, além da geração de um protótipo, o desenho do ferramental para a fabricação do carro, a modificação da linha de produção e, até mesmo, a campanha promocional de lançamento. Se o projeto é originado de um contrato, o escopo do contrato deve estar de acordo com a visão do cliente. Um exemplo de descrição de produto seria:

> Fabricação, fornecimento, montagem e comissionamento de uma Pequena Central Hidrelétrica (PCH) de 10 MVA a 13,8 KV, com uma turbina tipo Francis, conforme especificada no edital no 1.234/201X do Governo do Estado H2O, a ser instalada na Usina de Açúcar e Álcool XPTO Ltda., no município XYZ. É um contrato modelo *Turn Key*, que inclui o gerenciamento/execução de todas as etapas da instalação.

3.4.1.3 Designação do gerente de projeto e sua autoridade

Por meio do *Project Charter*, a empresa estabelece a autoridade do gerente de projeto, divulgando-a para toda a empresa. Um exemplo seria:

A gerente deste projeto será a sra. Leila. Ela tem autoridade para utilizar os recursos financeiros da empresa até o limite do orçamento aprovado para esse projeto, podendo recrutar pessoal em todos os departamentos da empresa ou até admitir funcionários novos (quadro provisório, com prazo determinado até o término do projeto), além de comprar ou alugar equipamentos e peças, desde que dentro da programação financeira do projeto.

3.4.1.4 Restrições

São os fatores que limitam as opções da equipe de gerenciamento do projeto. Quando um projeto é executado sob contrato, as cláusulas contratuais contêm restrições a ele. Normalmente, as principais delas são: cronograma – como datas fixas de início e de término e prazo para a conclusão do projeto ou de uma de suas fases intermediárias – e custo, como um orçamento predefinido.

A seguir, alguns exemplos de restrições.

- O projeto de reforma deverá ser conduzido com o laboratório em funcionamento, sem afetar nem interromper o processo de análise de controle de qualidade.
- Prazo de 90 dias, a partir da aprovação do projeto básico, para elaboração do projeto executivo da nova pista de pouso e decolagem.
- O projeto tem um prazo total de 12 meses, devendo, no final do primeiro mês, serem iniciados os trabalhos de construção no campo.
- A verba do orçamento a ser utilizada neste projeto é de R$ 1.500.000, não podendo ultrapassar 10% desse valor no primeiro mês.
- Todos os funcionários deverão ser treinados em cursos de segurança, ministrados pela própria usina, e participar durante dez minutos do Diálogo Diário de Segurança (DDS), fornecido por técnicos de segurança contratados para a obra.
- Os serviços só poderão ser executados de segunda a sexta-feira, das 9 às 18 horas.

Deve-se ter o cuidado de não confundir as restrições do projeto com o escopo do produto. Os exemplos a seguir *não* são restrições ao projeto, mas sim ao escopo do produto:

- a bicicleta, ao ser guardada, deverá ocupar um espaço inferior ao disponível, por exemplo, atrás de uma porta residencial, com no máximo 15 centímetros de profundidade;
- para aquisição do *software*, deve ser realizada uma pesquisa de mercado, verificando a existência de algum que venha a atender às necessidades do projeto;
- o novo pátio de pouso e decolagem a ser dimensionado terá, aproximadamente, 31.750 metros quadrados.

3.4.1.5 Premissas (hipóteses, suposições)

São fatores que, para fins de planejamento, são considerados verdadeiros, reais ou certos. Embora o termo comumente empregado no Brasil seja "premissa" (tradução oficial do Guia PMBOK® para *assumption*), ele gera diferentes interpretações, devendo, no entanto, ser empregado neste caso para identificar os fatores assumidos para o projeto. Na maioria das vezes, as premissas redundam em certo grau de risco (ameaças ou oportunidades) para o projeto, sendo levadas em consideração quando do gerenciamento de riscos do projeto.

Durante o estágio de planejamento de um projeto, você provavelmente terá muitas perguntas importantes sem resposta, por exemplo: Quando os recursos-chave estarão disponíveis para iniciar o trabalho e quanto tempo um cliente ou uma organização externa levará para validar um documento ou emitir uma licença? Para iniciar o planejamento, você fará algumas suposições e as usará para criar sua agenda. É importante levantar hipóteses para que:

- você possa atualizar o planejamento quando tiver informações adicionais sobre esses fatores;
- caso seu projeto dependa do trabalho de terceiros (resultados de outros projetos, departamentos ou até mesmo do cliente), eles compreendam essa dependência e concordem com as datas de entrega previstas;
- você possa levar em conta a disponibilidade de recursos (incluindo pessoas, materiais e equipamentos): se você não for o gerente de algumas das pessoas que trabalharão no projeto, quem as gerenciará? Essa pessoa aprovará o uso desses recursos por você?

A seguir, alguns exemplos de premissas.

- Serão disponibilizados cinco analistas da área de Recursos Humanos em período integral e três analistas da área de Tecnologia da Informação em meio período (*part time*) (um analista de processos, um de microinformática e um de sistemas).
- O cliente disponibilizará até o dia 1º/2/201X toda a infraestrutura de *hardware* e *software* necessária para o desenvolvimento e a instalação do sistema.
- O cliente revisará e retornará ao gerente de projeto os documentos submetidos a ele, com parecer formal, em até cinco dias úteis, contados a partir da data do recebimento do material.
- As obras civis externas poderão ser executadas nos meses de junho a agosto, devido à baixa incidência de chuvas na região nesse período.
- O local de instalação do equipamento estará disponível a partir do dia 1º/1/201X.
- A equipe do projeto estará autorizada a utilizar as dependências do setor de manufatura durante 24 horas por dia, todos os dias da semana.

Os itens citados anteriormente são os que sugerimos como necessários em um *Project Charter*. Todavia, dependendo do projeto e das informações disponíveis, o *Project Charter* pode conter:

- ligações com outros projetos;
- principais *stakeholders* e suas influências;
- expectativas ou necessidades dos *stakeholders*;
- riscos iniciais identificados;
- cronograma sumário de marcos (pontos de controle);
- estimativas iniciais de custo para as fases do projeto;
- necessidade inicial de recursos físicos (pessoas, equipamentos, materiais etc.);
- estrutura da equipe;
- relatórios de acompanhamento, que devem ser enviados ao patrocinador;
- responsabilidades do cliente;
- obrigações dos gerentes funcionais.

O *Project Charter* deve ser emitido (assinado) por uma pessoa externa ao projeto e com um nível na hierarquia da organização compatível às necessidades dessa demanda. Esse nível é que fornecerá ao gerente a autoridade adequada para que possa empregar os recursos organizacionais nas atividades planejadas. Pode ser um diretor-executivo ou até o vice-presidente, dependendo da amplitude e dos recursos envolvidos no projeto.

É comum que o gerente de projeto que será designado participe da elaboração (confecção) do *Project Charter*, embora não o assine. Ele deve aproveitar para negociar os termos do documento de forma a ficarem bem claras sua autoridade e suas responsabilidades, o que facilitará a condução do projeto. Se a empresa possuir um escritório de projetos (*project office*), esse escritório poderá ficar encarregado da elaboração do projeto.

De modo geral, as empresas que prestam serviços só iniciam um projeto após a assinatura de um contrato ou um documento equivalente (carta de intenção). Nesse caso, o contrato pode servir, embora com ressalvas (uma vez que não é um documento interno e não permite, portanto, que se coloquem detalhes interessantes apenas à empresa contratada), como documento de autorização do projeto. Caso isso ocorra, o ideal é que o *Project Charter* seja emitido tendo como referência o contrato correspondente.

Muitas empresas não têm um documento com esse nome e formato para formalizar o início de um projeto. Não raro, o projeto é iniciado a partir de um *e-mail* do diretor, divulgando, por exemplo, que a empresa assinou um contrato com um cliente e convocando os participantes para uma reunião de partida do projeto (*kick-off meeting*). O importante é que exista uma divulgação formal da autorização de início do empreendimento, informando, pelo menos, a justificativa do projeto, o produto a ser gerado, assim como a responsabilidade e a autoridade do gerente designado.

No estudo de caso do tópico 3.6 há um exemplo de Termo de Abertura do Projeto (*Project Charter*).

3.4.2 REGISTRO DE PREMISSAS

Premissas estratégicas e operacionais de alto nível, assim como as restrições, normalmente são identificadas no *business case*, antes do projeto ser iniciado, e são incorporadas ao Termo de Abertura do Projeto.

3.5 CRITÉRIOS E MÉTODOS DE SELEÇÃO DE PROJETOS[4]

Segundo o Dicionário Aurélio: "seleção [Do lat. *selectione.*] S. f. 1. Ato ou efeito de selecionar; escolha fundamentada".[5] Portanto, os fundamentos de uma ou mais escolhas são exatamente os **critérios de seleção**, que podem ser **qualitativos**, focando a estratégia, ou **quantitativos**, que tratam da análise financeira do capital investido e do retorno esperado.

Os principais critérios de seleção qualitativos utilizados na gerência de projetos são:

- alinhamento estratégico: define com clareza, por meio de elementos-chave, os valores, a visão e a missão que serão desenvolvidos em projetos que se identifiquem com os produtos e serviços que a empresa oferece, com as classes de usuários/clientes que ela atende e com os segmentos em que ela atua;
- qualificação técnica: define características, obrigatórias ou desejáveis, que os projetos necessitam cumprir. Exemplos de qualificação técnica são as certificações e normas de associações, como ISO e ABNT;
- riscos: a complexidade do estudo dos riscos inerentes aos projetos é de tamanha grandeza, que o Guia PMBOK® possui um capítulo dedicado ao tema. Uma das técnicas de análise consiste na elaboração de um questionário com perguntas e respostas padronizadas. Às respostas são atribuídos pesos. Somados os resultados, consegue-se identificar, por meio de uma tabela de classificação, qual o nível de risco de todo o projeto;
- priorização: a atribuição de prioridades aos projetos está diretamente relacionada ao alinhamento estratégico das empresas. Entretanto, a importância estratégica de um projeto não é suficiente para que seja executado.

Torna-se necessário que uma segunda característica seja confrontada para priorizar corretamente os projetos. A título de exemplo, utilize a complexidade

---

[4] Colaboração especial de Cláudio Quadrat.

[5] FERREIRA, Aurélio Buarque Holanda. *Novo dicionário Aurélio da língua portuguesa.* 3. ed. São Paulo: Positivo, 2004.

dos projetos, que se traduziria pela quantidade de horas trabalhadas para sua conclusão. Assim, pode-se atribuir prioridade aos projetos segundo apresentado na Figura 3.2.

FIGURA 3.2 Priorização de projetos segundo sua complexidade e importância

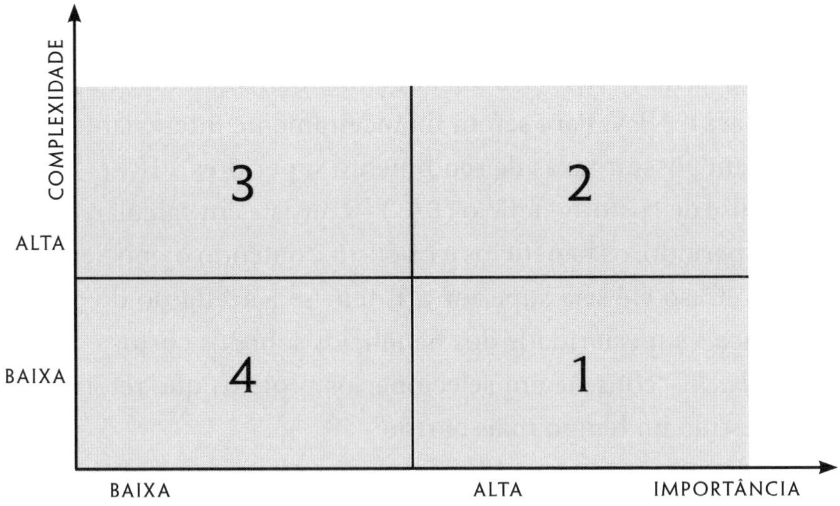

Fonte: elaborada pelo autor.

- **Prioridade 1**: projetos com alta importância e baixa complexidade de execução serão os de maior prioridade, pois apresentam resultados em curto prazo.
- **Prioridade 2**: projetos com alta importância e complexidade. Em geral, encontram-se nessa categoria os projetos que envolvem novas tecnologias ou mudança de posicionamento no mercado.
- **Prioridade 3**: projetos altamente complexos e sem muita importância estratégica para a organização. Situam-se aqui aqueles com viabilidade econômica baixa ou inexistente, como os relacionados a exigências legais.
- **Prioridade 4**: iniciativas ou ideias de menor importância ligadas a melhorias de processos ou à implementação de metodologias.

O principal critério de seleção quantitativo utilizado em gerência de projetos é a análise financeira. Existem diversas formas de analisar o retorno financeiro dos projetos, por exemplo:

- *Net Present Value* (NPV), valor atual ou Valor Presente Líquido (VPL) – a partir do conhecimento do fluxo de caixa (despesas e receitas) dos projetos em análise, convertem-se todos os valores futuros para o presente, baseando-se em determinada taxa. Os projetos de maior interesse serão aqueles que possuírem os saldos positivos mais elevados;
- *Internal Return Rate* (IRR), taxa de retorno intrínseca ou Taxa Interna de Retorno (TIR) – é a taxa de juros correspondente a um valor nulo para o NPV. Para serem financeiramente interessantes, os projetos devem possuir taxas de rendimento superiores à IRR;
- análise de custo-benefício (B/C) – consiste em calcular, para um mesmo período, os benefícios e os custos, obtendo o quociente da divisão B/C. Caso ele seja superior a 1, tem-se a aceitação do projeto, o que indica a superioridade dos benefícios sobre os custos;
- *payback* – consiste em selecionar os projetos que retornem o capital investido no tempo mais curto;
- *Return on Investment* (ROI) – representa a porcentagem de retorno sobre o investimento. Tem sido o instrumento usual de análise nos processos de decisão de investimento, pois permite, de forma estruturada, demonstrar e justificar as melhores relações de valor para o negócio.

O conjunto de critérios e a forma como eles são analisados são denominados **métodos de seleção de projetos**. Então, os métodos de seleção de projetos constituem as ferramentas de embasamento técnico (qualitativo) e financeiro (quantitativo) para a escolha de determinadas opções.

Os métodos não selecionam projetos; são pessoas que o fazem. Eles existem para orientá-las e ajudá-las na tomada de decisão. O método de seleção de projetos a ser utilizado e sua complexidade dependem de vários fatores, entre os quais podemos citar o ramo de atuação ou a área tecnológica, o grau de amadurecimento em gerência de projetos e o tamanho dos projetos a serem avaliados.

O recomendável é que a metodologia empregada seja única, de modo que todos os projetos possam ser avaliados seguindo-se critérios iguais que, obrigatoriamente, englobem recursos estratégicos e financeiros claros e objetivos, possuindo uma forma de avaliação e melhoria contínua, de maneira a realmente sempre conduzirem às mais acertadas decisões.

Uma decisão é baseada em critérios determinados e conhecidos no momento. Uma mudança nos fatores dessa escolha pode conduzi-la a péssimos resultados. Nesse ponto, destaca-se a importância do contínuo acompanhamento e da reavaliação dos projetos. Assim, um projeto selecionado hoje poderá ser descontinuado ou preterido em detrimento de outros, seguindo os mesmos critérios com os quais foi selecionado.

Para a formação de uma boa carteira de projetos, pode-se seguir alguns procedimentos. Veja a seguir quais são, sabendo que não precisam ser aplicados necessariamente na ordem apresentada.

3.5.1 CRIE UM "SACO DE GATOS"

Apesar de a expressão sugerir bagunça e falta de organização, a criação de um repositório único constitui a melhor maneira de identificar quais são os gatos siameses e quais não passam de couro de tamborim (nada contra os gatos; é apenas uma metáfora!).

Em vez de analisar diversas planilhas com formatos e informações diferentes, crie um banco de dados de projetos, de preferência automatizado, com os projetos em execução e os novos, que serão cadastrados por meio de respostas a perguntas padronizadas como:

- Qual é o nome do projeto?
- Quais são as justificativas do projeto?
- Qual é a estimativa do cronograma para a conclusão?
- Qual é a estimativa de custo?
- Qual é a estimativa de utilização de recursos?
- Quais são os riscos do projeto?

Essa visão centralizada facilita a eliminação de projetos redundantes, de conteúdo pobre ou de alto risco de execução e, ainda, destaca quais projetos têm maior valor estratégico.

3.5.2 PONHA SEUS OVOS EM CESTAS SEPARADAS

Agora que você já sabe quais são todos os seus projetos, separe-os para que, se a cesta cair, nem todos os ovos se quebrem.

Para evitar que determinadas áreas da empresa tenham seus projetos aprovados em lugar de outras, por motivos como influência política, divida seu orçamento em duas ou três categorias. Na área de Tecnologia da Informação, por exemplo, separe o orçamento em correções, melhorias e novos desenvolvimentos. Assim, evita-se que os sistemas atuais continuem com erros crônicos ou desatualizados, prejudicando o desenvolvimento de novos sistemas.

3.5.3 VENDA SEU PEIXE

Você já definiu o orçamento para os diversos tipos de projetos e quais devem ser analisados. Os executivos sempre consideram seu projeto mais importante que o do outro, então reúna-os e deixe que cada um venda seu peixe.

Realize reuniões periódicas de planejamento com a participação de todas as áreas da empresa. Como na premiação do Oscar, apresente o orçamento por categoria de projetos e quais deles são candidatos a serem aprovados. Cada área defenderá seus projetos perante as demais. Ao final, todas elas escolherão os que mais se enquadram no perfil estratégico da empresa.

3.5.4 LEMBRE-SE: MULHERES E CRIANÇAS PRIMEIRO

Sua carteira de projetos já está formada. Mas quais projetos devem ser executados antes de outros?

Para priorizar os projetos, é preciso que alguns atributos sejam quantificados, exatamente para justificar por que um deve ser executado antes de outro. Fuja de afirmações vazias: "O Projeto 1 é mais importante que o Projeto 2". Determine qual será o critério de priorização e atribua pontos aos projetos: "O Projeto 1 possui 20% de risco e 60% de retorno, alcançando 40 pontos, enquanto o Projeto 2 possui 80% e 90%, respectivamente, alcançando 10 pontos".

3.5.5 SEJA FIRME: AMIGOS, AMIGOS; NEGÓCIOS À PARTE

Suponhamos que, devido a mudanças orçamentárias, corte ou gastos acima do previsto, seja imprescindível uma redução de toda a sua carteira de projetos. O que fazer com aqueles que já estão em andamento e os demais que aguardam execução? Planejar tudo de novo?

Agora o problema é financeiro e não cabem maiores análises estratégicas e afinidades pessoais. Caso não seja uma mudança muito grande, é mais rápido e prático realizar um ajuste, utilizando critérios financeiros. Verifique quais projetos estão fora de seu orçamento e analise-os usando um modelo de pontuação (veja um exemplo no tópico 3.3), que leve em conta o custo para conclusão, o custo de abandono, o retorno estimado e a importância estratégica. Caso alguns deles não sejam mais interessantes, não tema em abandoná-los para concentrar-se em outros mais atrativos.

3.6 ESTUDO DE CASO

Para exemplificar os documentos que devem ser gerados durante o gerenciamento de escopo, será utilizado como estudo de caso neste livro o projeto "Melhoria do processo de gerenciamento de projetos", cujos detalhes são apresentados a seguir.

A empresa Reivax Consultoria S.A. possui um portfólio de projetos de cerca de R$ 100 milhões/ano. Embora tecnicamente se destaque no mercado em sua área de atuação, a cada ano ela vem perdendo clientes, em razão de seus preços e prazos serem superiores aos praticados por seus concorrentes, tendo sido diagnosticadas deficiências no processo de gerenciamento dos projetos. O presidente da empresa determinou, então, que fosse implementado um projeto com o objetivo principal de evoluir a maturidade em gerenciamento de projetos na Reivax em curto e médio prazos, mediante o desenvolvimento de uma metodologia única de gerenciamento de projetos, baseada no Guia PMBOK® e na cultura organizacional da empresa. Os profissionais em gerenciamento de projetos deveriam ser capacitados por meio de treinamentos orientados à utilização da metodologia desenvolvida, tendo como principais benefícios para a organização:

- aumento da taxa de implementação dos projetos e aceleração de retorno dos investimentos;
- maior contribuição dos projetos aos objetivos estratégicos da organização;
- consolidação da gestão de projetos na organização, pela padronização de uma metodologia, reforçando o alinhamento estratégico;
- definição e utilização da ferramenta que suportará essa metodologia, permitindo um maior controle operacional;
- início da manutenção de uma base de informações históricas de projetos.

O diretor-executivo da empresa, após a determinação do presidente de desenvolver o projeto, precisa emitir uma autorização para seu início em que fiquem claros: a justificativa do projeto, o que deve ser produzido e a designação de um gerente para sua condução. Além disso, deve haver o estabelecimento de premissas (hipóteses) e restrições. O diretor-executivo assinaria, então, o Termo de Abertura a seguir.

<table>
<tr><th colspan="2">EMPRESA REIVAX CONSULTORIA S.A.</th></tr>
<tr><td colspan="2">Nome do Projeto: Melhoria do processo de gerenciamento de projetos</td></tr>
<tr><th colspan="2">TERMO DE ABERTURA DO PROJETO</th></tr>
<tr><td>Elaborado por: Carlos Magno da S. Xavier</td><td>Data: 8/8/201X</td></tr>
<tr><td>Aprovado por: Diretor-executivo</td><td>Versão: 01</td></tr>
</table>

3.6.1 JUSTIFICATIVA DO PROJETO

No momento atual, em que várias organizações estão passando por mudanças estruturais em direção a uma orientação por projetos, torna-se mais evidente a necessidade de estabelecer metodologias de gestão que conduzam ao sucesso ou, pelo menos, aumentem a probabilidade de atingir o sucesso nos projetos.

Pesquisa realizada em 2003 pelo Meta Group, com executivos de TI, mostra que as empresas que vêm adotando o gerenciamento efetivo de portfólio têm registrado uma melhora contínua na eficiência de seus projetos, reduzindo seus custos em até 30%. A pesquisa do PMSurvey.Org, realizada em 2014, indicou que o desenvolvimento/revisão da metodologia de gerenciamento de projetos era o principal tema em que as empresas iriam investir nos próximos 12 meses.

3.6.2 ESCOPO (VISÃO DO CLIENTE INTERNO)

Este projeto tem como escopo o desenvolvimento de uma metodologia de gerenciamento de projetos para a empresa Reivax, a elaboração e aplicação de programa de treinamento nessa metodologia, assim como a análise e proposta de *software* e estrutura do escritório de gerenciamento de projetos (PMO) para a organização, com foco nas diretorias de TI, Marketing e Engenharia.

3.6.3 DESIGNAÇÃO DO GERENTE DE PROJETO

O sr. Fulano de Tal será o gerente deste projeto. Sua escolha foi realizada em razão de suas experiências anteriores, de mais de 15 anos em gerenciamento de projetos, consultoria e treinamento. Além de ser certificado pelo Project Management Institute (PMI) como *Project Management Professional* (PMP) e ser professor de disciplinas técnicas de MBA em gerência de projetos da Fundação Getulio Vargas, é autor de diversos livros nessa área.

3.6.4 PREMISSAS (HIPÓTESES) E RESTRIÇÕES PARA O PROJETO

PREMISSAS (HIPÓTESES)	RESTRIÇÕES
• As diretorias de TI, Engenharia e Marketing irão indicar, em cinco dias úteis, dois profissionais para alocação ao projeto em tempo integral. • A reunião de *kick-off* do projeto será aberta pelo presidente da empresa.	• Não poderão ser contratados recursos externos para este projeto, exceto *software* e treinamento. • Os treinamentos deverão ser realizados nas instalações da empresa. • O projeto deve estar concluído em 12 meses. • Quando necessário o aporte de recursos financeiros ao projeto, uma solicitação formal deve ser submetida ao diretor-executivo.
Rio de Janeiro, _____de_______________ de__________. ______________________________ Assinaturas	

CAPÍTULO 4

O PROCESSO DE PLANEJAR O GERENCIAMENTO DO ESCOPO

"A melhor maneira de prever o futuro é criá-lo."
(Peter Drucker)

4.1 INTRODUÇÃO

No capítulo anterior, vimos como um projeto é autorizado por meio de um Termo de Abertura do Projeto, ou *Project Charter*. Com esse documento em mãos, o gerente de projeto pode iniciar seu planejamento. A base de todo o planejamento é o escopo – conjunto de produtos e serviços que devem ser entregues para que possam ser alcançados os objetivos do projeto. O processo de planejar o gerenciamento do escopo do projeto consiste em criar um plano que documente como tal escopo será definido, validado e controlado.

A Figura 4.1 apresenta entradas, técnicas, ferramentas e saídas desse processo, de acordo com o Guia PMBOK®.

FIGURA 4.1 Componentes do processo de planejar o gerenciamento do escopo

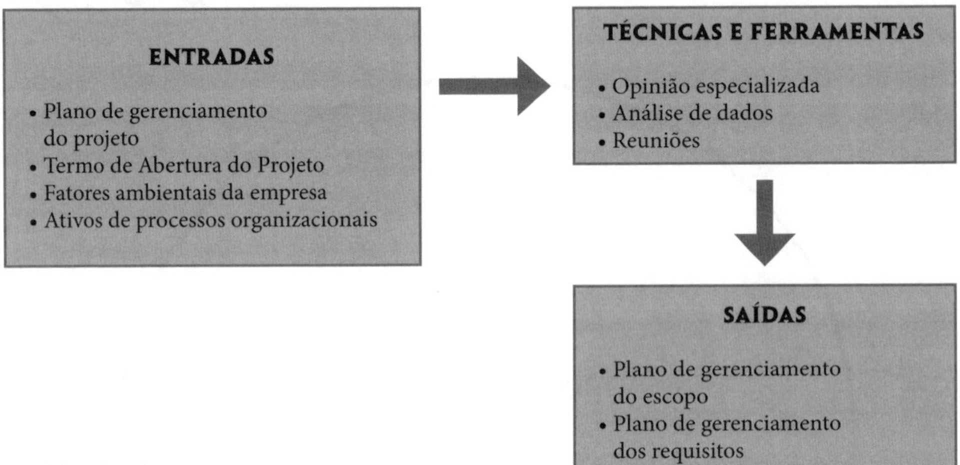

Fonte: elaborada pelo autor.

4.2 ENTRADAS PARA O PROCESSO DE PLANEJAR O GERENCIAMENTO DO ESCOPO

4.2.1 PLANO DE GERENCIAMENTO DO PROJETO

Os planos auxiliares aprovados do plano de gerenciamento do projeto são usados para criar o plano de gerenciamento do escopo, influenciando a abordagem adotada tanto no planejamento do escopo quanto no gerenciamento do escopo do projeto.

4.2.2 TERMO DE ABERTURA DO PROJETO

O Termo de Abertura do Projeto é o documento em que se encontram os objetivos gerais e a descrição dos produtos do projeto, ambos importantes para entender as exigências dos *stakeholders*, visto em detalhes no subitem 3.4.1.

4.2.3 FATORES AMBIENTAIS DA EMPRESA

Os fatores ambientais da empresa que podem influenciar o processo de planejar o gerenciamento do escopo incluem – embora não estejam limitados a–: cultura organizacional; infraestrutura; administração do pessoal; e condições de mercado.

4.2.4 ATIVOS DE PROCESSOS ORGANIZACIONAIS

Os ativos de processos organizacionais que podem influenciar o processo de planejar o gerenciamento do escopo incluem – embora não estejam limitados a –: políticas e procedimentos; informações históricas; e base de conhecimento de lições aprendidas.

4.3 TÉCNICAS E FERRAMENTAS PARA O PROCESSO DE PLANEJAR O GERENCIAMENTO DO ESCOPO

4.3.1 OPINIÃO ESPECIALIZADA

A opinião especializada se refere a entradas recebidas de partes entendidas e experientes. Algumas vezes, é necessário obter o suporte de especialistas durante o processo de seleção de alternativas dentro de um projeto, por exemplo, para apontar as possíveis tecnologias para o desenvolvimento de um novo produto. Esses especialistas podem ou não estar disponíveis na empresa. Assim, as possíveis fontes de opinião especializada são: outras unidades da organização executora, consultores, associações profissionais e técnicas, parceiros tecnológicos etc.

4.3.2 ANÁLISE DE DADOS

Uma técnica de análise de dados que pode ser usada neste processo inclui, entre outras, a análise de alternativas.

4.3.3 REUNIÕES

As equipes de projeto podem participar de reuniões para desenvolver o plano de gerenciamento do escopo. Os participantes dessas reuniões podem ser o gerente e o patrocinador do projeto, membros selecionados da equipe do projeto e das partes interessadas, qualquer pessoa com responsabilidade de gerenciar algum dos processos de gerenciamento do escopo e ainda outros, conforme a necessidade.

4.4 SAÍDAS DO PROCESSO DE PLANEJAR O GERENCIAMENTO DO ESCOPO

4.4.1 PLANO DE GERENCIAMENTO DO ESCOPO

Esse plano detalha como o escopo será definido, desenvolvido, monitorado, controlado e verificado. Deve incluir uma descrição clara de como as mudanças do escopo serão identificadas, avaliadas e autorizadas. Por exemplo, em um projeto de *software*, pode-se determinar que, se o cliente solicitar uma alteração de *design* que custará menos de R$ 500,00, o gerente de projeto poderá aprovar o trabalho, mas, se a alteração custar mais, somente o chefe do departamento comercial poderá fazê-lo.

O plano de gerenciamento de escopo inclui:

- o processo de preparação da especificação detalhada do escopo do projeto;
- o processo que habilita a criação da Estrutura Analítica do Projeto (EAP) a partir da especificação detalhada do escopo do projeto;
- o processo que estabelece como a EAP será mantida e aprovada;
- o processo que especifica como será obtida a aceitação formal das entregas do projeto concluídas;

- o processo para controlar como as solicitações de mudança na especificação detalhada do escopo do projeto serão processadas.

O processo para controlar as solicitações de mudança está diretamente ligado ao processo de executar o controle integrado de mudanças, e apresenta definições como:

- quem pode solicitar alterações no escopo do projeto;
- de que maneira (via formulário padrão ou *software*) o pedido deve ser feito;
- quem irá avaliar o impacto dessas alterações e, se for o caso, sua repercussão nos projetos que possuam interdependência;
- quem vai autorizar ou não essas alterações. Caso uma proposta de mudança altere o escopo estabelecido no *Project Charter* ou na declaração de escopo (*scope statement*), sua autorização deve ser concedida por quem assinou o documento correspondente;
- os níveis de autorização, conforme o impacto das alterações (se for o caso).

O plano de gerenciamento do escopo pode ser formal ou informal, amplamente estruturado ou altamente detalhado, com base nas necessidades do projeto. Deve também ser assinado pelo gerente de projeto e pelos principais *stakeholders*, no nível de gerência, que estarão envolvidos na definição, solicitação, avaliação ou autorização de alterações do escopo.

4.4.2 PLANO DE GERENCIAMENTO DOS REQUISITOS

O plano de gerenciamento dos requisitos é um componente do plano de gerenciamento do projeto que descreve como os requisitos serão analisados, documentados e gerenciados. A relação fase a fase influencia fortemente o modo como os requisitos são gerenciados. O gerente de projeto escolhe a relação mais eficaz para o projeto e documenta essa abordagem no plano de gerenciamento dos requisitos. Muitos dos componentes desse plano são baseados nessa relação.

Os componentes do plano de gerenciamento dos requisitos podem incluir – embora não estejam limitados a:

- como as atividades dos requisitos serão planejadas, rastreadas e relatadas;
- atividades de gerenciamento da configuração, por exemplo, a maneira como as mudanças do produto serão iniciadas, como os impactos serão analisados, rastreados, monitorados e relatados, assim como os níveis de autorização necessários para aprovar tais mudanças;
- processo de priorização dos requisitos;
- métricas do produto que serão usadas e os argumentos que justificam seu uso;
- estrutura de rastreabilidade que reflita quais atributos dos requisitos serão capturados na matriz de rastreabilidade.

4.5 ESTUDO DE CASO

Para exemplificar, vamos analisar como poderia ser o plano de gerenciamento do escopo do projeto "Melhoria do processo de gerenciamento de projetos", trabalhado no tópico 3.6.

EMPRESA REIVAX CONSULTORIA S.A.	
Nome do Projeto: Melhoria do processo de gerenciamento de projetos	
TERMO DE ABERTURA DO PROJETO	
Elaborado por: Carlos Magno da S. Xavier	Data: 8/8/201X
Aprovado por: Diretor-executivo	Versão: 01

4.5.1 INTRODUÇÃO

O trabalho a ser realizado neste projeto (*baseline* de escopo) está documentado na Estrutura Analítica do Trabalho (EAP) e em seu dicionário. Nenhum trabalho que não esteja definido nessa *baseline* deve ser realizado pela equipe do projeto.

Este plano apresenta os procedimentos que serão usados para definir, validar e controlar o escopo do projeto, com ênfase em como a EAP será criada e em como serão gerenciadas as alterações no escopo do projeto, ou seja, em como as mudanças do escopo serão identificadas, classificadas e, se autorizadas, integradas ao projeto.

4.5.2 DEFINIÇÃO DE ESCOPO PELA DECLARAÇÃO DE ESCOPO DO PROJETO (*SCOPE STATEMENT*)

Para o estabelecimento do entendimento comum do escopo do projeto e de outras informações importantes para sua condução, deverá ser emitida uma declaração de escopo em que conste:

- produto do projeto;
- premissas (hipóteses);
- lista de *deliverables* principais;
- exclusões de escopo;
- objetivos do projeto;
- ligações com outros projetos;
- acompanhamento do projeto;
- equipe de planejamento do projeto.

4.5.3 CRIAÇÃO DA ESTRUTURA ANALÍTICA DO PROJETO (EAP)

A partir da declaração de escopo do projeto, deve ser criada a EAP. Ela deve ser emitida por meio da técnica *top-down*, cujos passos são:

- colocar no primeiro nível o nome do projeto;
- colocar no segundo nível as fases do ciclo de vida do projeto, acrescidas de um item para o gerenciamento do projeto;
- identificar os subprodutos de cada fase do projeto;
- verificar se o planejamento de custos e de cronograma, assim como a identificação de riscos e a atribuição de responsabilidades, podem ser desenvolvidos nesse nível de detalhe. Se a resposta for negativa, decompor o subproduto e voltar para o início desse passo até a resposta ser positiva;
- rever e refinar a EAP, verificando a exatidão da decomposição.

A estrutura deve ser elaborada inicialmente no MS Project e depois gerada em forma gráfica, para validação com os principais envolvidos, com o *software*

EAP Chart Pro, da Critical Tools Corporation. Os pacotes de trabalho devem ser especificados no dicionário da EAP, devendo ser utilizado para tal as "Anotações" do recurso "Informações sobre a tarefa" do MS Project.

4.5.4 VALIDAÇÃO DO ESCOPO NO PROJETO

A validação do escopo é o processo de obter o aceite formal do escopo do projeto pelas partes envolvidas. Quando houver a finalização de um *deliverable* do projeto, o gerente de projeto, ou alguém por ele designado, deverá fazer uma inspeção no produto ou serviço gerado, junto ao *stakeholder* responsável pela aceitação, de acordo com a Matriz de Responsabilidades. A inspeção poderá incluir atividades como medição, exames e testes incumbidos de determinar se os resultados estão de acordo com as exigências, conforme estabelecido nos critérios de aceitação para o *deliverable* em questão.

Após a inspeção, o responsável pela aceitação deverá, no prazo máximo de dois dias úteis, enviar um *e-mail* ao gerente de projeto formalizando o aceite do *deliverable* ou apontando as razões para não fazê-lo.

4.5.5 GERENCIAMENTO DE ALTERAÇÕES DE ESCOPO

O objetivo desta etapa é garantir que sejam coletadas todas as informações relacionadas à mudança solicitada, além de realizada, para cada alteração proposta, uma avaliação dos impactos no projeto (custos, prazo, qualidade e riscos), assim como em seus objetivos. As alterações propostas de escopo devem ter suporte nas metas de negócio fundamentais da empresa, em função das quais o projeto foi autorizado.

4.5.5.1 **Sistema de monitoramento (rastreamento)**

Para manter o acompanhamento de quais mudanças foram propostas, aprovadas e implementadas, será utilizado o Software de Gerenciamento de Mudanças de Escopo (SGME), que pode ser acessado pela intranet da empresa. O solicitante é responsável pela digitação da solicitação no sistema, o qual gera um número para essa solicitação. O *software* implementa o *workflow* da Solicitação de Mudança de Escopo (SME), enviando aos envolvidos um *e-mail* quando necessitarem atuar no processo ou receber atualização do *status* da solicitação. Em caso de indisponibilidade do sistema ou urgência na aprovação da mudança, poderá ser preenchido o formulário em papel, que pode ser obtido junto à equipe do projeto.

4.5.5.2 Procedimentos

Quando alguma necessidade de mudança de escopo for identificada, deve ser gerada uma Solicitação de Mudança de Escopo (SME). Só os chefes de departamento podem emitir solicitações de mudanças. Esse pedido será analisado pelo gerente do projeto, que avaliará seu impacto no projeto, registrando-o no espaço destinado a esse fim. O gerente de projeto poderá autorizar alterações de escopo que não tenham impacto no custo e no prazo total do projeto, assim como na qualidade do produto, se for o caso. Caso contrário, após o registro do impacto da SME, o gerente deverá enviá-la para aprovação, ou não, por parte do diretor-executivo.

4.5.6 GERENCIAMENTO DE REQUISITOS

O gerenciamento de requisitos se dará por meio de análise e avaliação dos relatórios de desempenho, das solicitações de mudanças, da matriz de rastreabilidade, dos termos de aceite e do acompanhamento da expectativa dos *stakeholders*. A coleta de requisitos se dará por meio de *brainstorming*, mapas mentais e questionários com os *stakeholders*-chave, identificados na fase de iniciação.

A equipe de gerenciamento, apoiada pelas áreas de Qualidade e de Gerenciamento de *Stakeholders*, e também pelo gerente de projeto, utilizará a matriz de rastreabilidade, os termos de aceite e, principalmente, as solicitações de mudança para gerenciar o atendimento ou possíveis negociações, ao longo do projeto, com os *stakeholders* relacionados aos requisitos coletados.

Na Figura 4.2 a seguir, veja o modelo de SME a ser utilizado.

FIGURA 4.2 Solicitação de Mudança de Escopo (SME)

SOLICITAÇÃO DE MUDANÇA	
Solicitado por:	Número: Data:
Resumo da mudança solicitada:	
Descrição da mudança:	
Justificativa da mudança:	
PARECER DO GERENTE DO PROJETO	
Impacto das mudanças no plano:	Cronograma (dias): Custo (R$):
Descrição dos riscos (riscos associados com a realização ou não do desenvolvimento das atividades propostas):	
Recomendações:	
Avaliada por:	Data:
Gerente do projeto:	Data:
DECISÃO DO PATROCINADOR (*SPONSOR*) DO PROJETO	
( ) Aprovado ( ) Rejeitado	Data:
Assinatura:	
APROVAÇÃO DO PLANO	
Rio de Janeiro, ___ de _______ de 20__. ______________________________ (Assinatura do gerente de projeto, *sponsor* e principais *stakeholders*)	

Neste capítulo, vimos como planejar o gerenciamento de escopo em um projeto, etapa fundamental para o bom andamento do planejamento do projeto. No próximo capítulo, vamos entender como funciona o processo que vem em seguida ao planejamento do gerenciamento de escopo, o processo de coletar os requisitos.

CAPÍTULO 5

O PROCESSO DE COLETAR OS REQUISITOS

"Eu sei que você acredita
que entendeu o que você pensa
que eu disse, mas eu não estou
certo de que você compreendeu
que o que você ouviu não é
o que eu quis dizer."
(Anônimo)

5.1 INTRODUÇÃO

No capítulo anterior, vimos detalhadamente como planejar o gerenciamento de escopo em um projeto. No livro *Metodologia de gerenciamento de projetos – Methodware®*,[1] os autores recomendam que, como primeiro passo do planejamento do projeto, sejam identificadas as partes interessadas (*stakeholders*) e montada uma equipe. A ideia é obter o comprometimento desses *stakeholders* com o projeto à medida que participam dele desde seu planejamento. A Tabela 5.1 apresenta um modelo para o registro dos *stakeholders* do projeto. Para efeito deste livro, interessa-nos em especial identificar aqueles que estarão envolvidos na definição, na aceitação e no controle do escopo do projeto.

TABELA 5.1 Registro dos *stakeholders* do projeto

REGISTRO DOS *STAKEHOLDERS* DO PROJETO				
ID	**Nome**	**Organização/Cargo**	**Telefone/*E-mail***	**Envolvimento**
1				
2				
3				
4				

Neste capítulo será apresentado o segundo processo de planejamento do escopo, o processo de coletar os requisitos. Segundo o Guia PMBOK®, ele tem o objetivo de determinar, documentar e gerenciar as necessidades e requisitos das partes interessadas, a fim de atender aos objetivos do projeto. Os requisitos são condições ou capacidades que devem ser supridas pelo produto, serviço ou resultado do projeto, para satisfazer um contrato, padrão, especificação ou outro documento formal. Esses requisitos precisam ser definidos, analisados e reportados com detalhamento suficiente para serem medidos (aceitos) e controlados durante a execução do projeto. As informações, assim como as características e funcionalidades do projeto e de seus produtos, o objetivo final do projeto e a expectativa das partes interessadas, são fundamentais para o sucesso do projeto.

[1] XAVIER, Carlos Magno et al. *Metodologia de gerenciamento de projetos – Methodware®*. 3. ed. Rio de Janeiro: Brasport, 2014.

Todo projeto possui um ou mais clientes, sejam internos ou externos. A visão que eles têm do escopo do projeto é denominada pelo Guia PMBOK® de **requisitos**. Na prática, a coleta dos requisitos estabelece os produtos e serviços que serão gerados e entregues ao cliente, o que chamamos de **escopo para o cliente** ou **escopo do cliente**.

Por exemplo, no estudo de caso do tópico 3.6, o escopo na visão do cliente é: "O desenvolvimento de uma metodologia de gerenciamento de projetos para a Reivax, a elaboração e aplicação de programa de treinamento nessa metodologia, assim como a análise e proposta de *software* e estrutura do escritório de gerenciamento de projetos (PMO) para a organização, com foco nas diretorias de TI, Marketing e Engenharia".

Porém, para que seja gerado o escopo para o cliente, outras entregas devem ser feitas. Por exemplo, um cliente solicita a construção de uma termoelétrica, estabelecendo todas as características que ela deve ter, podendo já ter fornecido inclusive um projeto básico de engenharia. Mas, para que a termoelétrica seja construída, são necessários: aquisição das turbinas, transporte seguro marítimo e terrestre, além de outras entregas não solicitadas pelo cliente. A definição dessas outras entregas depende da estratégia de condução do projeto, que será vista no Capítulo 6. Dessa forma, o escopo do projeto é maior que o escopo para o cliente. A Figura 5.1 mostra graficamente que o escopo para o cliente é parte do escopo do projeto.

FIGURA 5.1 Escopo do projeto *versus* escopo para o cliente

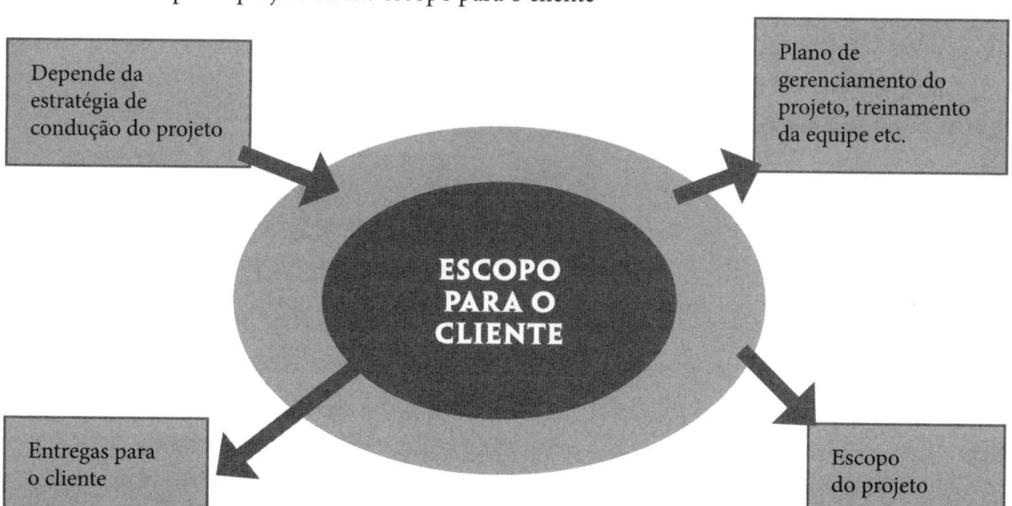

Fonte: elaborada pelo autor.

A coleta dos requisitos dos *stakeholders* (escopo na visão do cliente) facilitará os processos de definição do escopo do projeto e a criação da EAP, que serão vistos nos próximos capítulos.

Para iniciar a coleta do escopo do cliente, é preciso entender sua necessidade, pois o que ele está solicitando pode ou não resolver o problema que o levou a solicitar o projeto. Por exemplo, um arquiteto, antes de dar início ao planejamento da casa de um cliente, precisa saber a finalidade da casa: Será onde o cliente vai morar? Será a casa onde o cliente abrirá seu negócio, e, nesse caso, qual será o negócio a ser oferecido (por exemplo, um restaurante)? Essa primeira informação do objetivo do projeto é fundamental e deve ser estabelecida no Termo de Abertura do Projeto, visto no Capítulo 3.

O arquiteto não pode, portanto, começar a elaborar o projeto da casa, tampouco definir as atividades a serem executadas, sem antes saber a finalidade para a qual o cliente deseja utilizá-la. E, após essa informação, o arquiteto precisará ainda de mais detalhes, como: qual o tamanho da casa, quantos cômodos são desejados, quantos ambientes são necessários etc. As respostas servirão como base para que o profissional elabore o plano da casa conforme seu cliente a deseja. Por último, informações ainda mais específicas irão ajudar na criação de uma casa perfeita para o cliente, por exemplo: se ele tem filhos e qual a idade deles, ou, então, qual nicho de mercado o restaurante pretende atender etc. Com todas essas informações em mãos, o arquiteto será capaz de elaborar uma casa que irá corresponder exatamente às expectativas do cliente e, dessa forma, terá mais chances de concluir com sucesso seu projeto.

A Figura 5.2 representa entradas, técnicas, ferramentas e saídas do processo de coletar os requisitos de acordo com o Guia PMBOK®.

FIGURA 5.2 Componentes do processo de coletar os requisitos

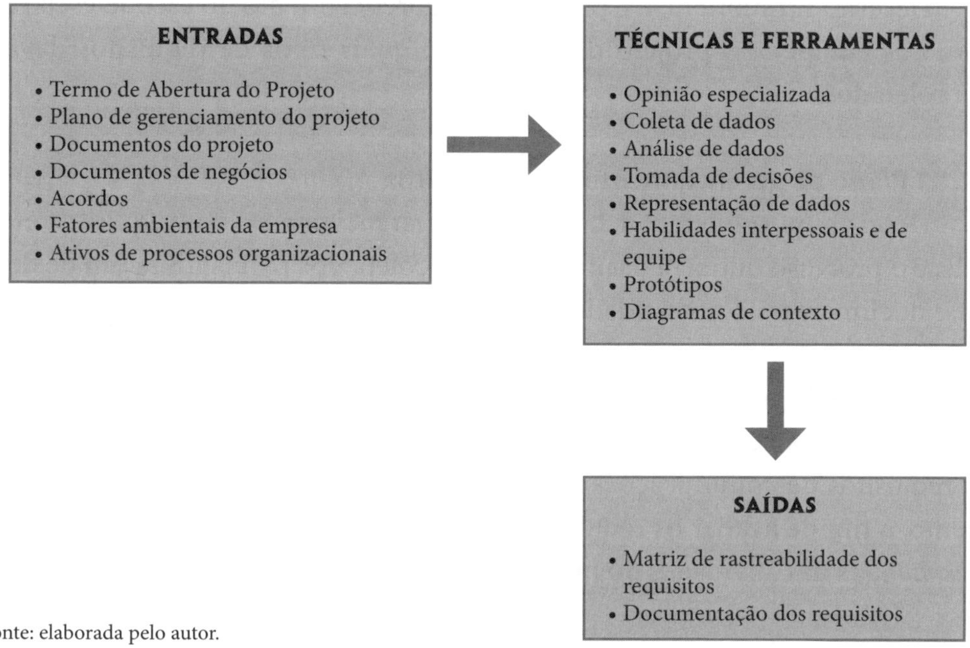

Fonte: elaborada pelo autor.

5.2 ENTRADAS PARA O PROCESSO DE COLETAR OS REQUISITOS

O processo de coletar os requisitos dos *stakeholders* começa com a análise das informações contidas nos documentos a seguir.

5.2.1 TERMO DE ABERTURA DO PROJETO (*PROJECT CHARTER*)

O Termo de Abertura do Projeto (TAP) é o documento em que se encontram os objetivos gerais e a descrição dos produtos do projeto, ambos importantes para entender as exigências dos *stakeholders*.

5.2.2 PLANO DE GERENCIAMENTO DO PROJETO (PGP)

Os componentes do PGP incluem, entre outros:

5.2.2.1 Plano de gerenciamento do escopo

Descrito no subitem 4.4.1, o plano de gerenciamento do escopo esclarece como as equipes do projeto determinarão quais tipos de requisitos devem ser coletados.

5.2.2.2 Plano de gerenciamento dos requisitos

Descrito no subitem 4.4.2, o plano de gerenciamento dos requisitos estabelece o processo que será usado em toda a coleta dos requisitos, a fim de definir e documentar as necessidades das partes interessadas.

5.2.2.3 Plano de gerenciamento das partes interessadas

O plano de gerenciamento das partes interessadas é usado para entender os requisitos de comunicações dessas partes, bem como seu nível de engajamento, a fim de avaliar os requisitos e adaptá-los ao nível de participação dos *stakeholders* nas atividades do projeto.

5.2.3 DOCUMENTOS DO PROJETO

Exemplos de documentos do projeto: registro de premissas; registro de lições aprendidas; e registro das partes interessadas.

5.2.4 DOCUMENTOS DE NEGÓCIOS

Um documento que pode influenciar a coleta de requisitos é o *Business case*.

5.2.5 ACORDOS

Os acordos podem ter requisitos de negócio e de produto.

5.2.6 FATORES AMBIENTAIS DA EMPRESA

Podem influenciar: cultura da organização; infraestrutura; administração do pessoal; e condições de mercado.

5.2.7 ATIVOS DE PROCESSOS ORGANIZACIONAIS

Os ativos que podem influenciar os processos organizacionais são: políticas e procedimentos; repositórios de informações históricas; e lições aprendidas.

5.3 TÉCNICAS E FERRAMENTAS PARA O PROCESSO DE COLETAR OS REQUISITOS

5.3.1 OPINIÃO ESPECIALIZADA

A *expertise* de indivíduos ou grupos, com conhecimento ou treinamento especializado, deve ser considerada.

5.3.2 COLETA DE DADOS

As técnicas a seguir podem ser utilizadas para coleta de dados.

5.3.2.1 Entrevistas

As entrevistas podem ser uma abordagem formal ou informal para coletar informações relevantes sobre as características exigidas pelos *stakeholders* do projeto. Ao entrevistar os principais participantes, as partes interessadas e os especialistas no tópico do projeto, o processo de identificação e definição dos requisitos desejáveis fluirá de forma rápida e acertada.

5.3.2.2 Grupos de discussão

Os grupos de discussão têm como objetivo juntar os principais *stakeholders* e os especialistas do projeto, para que todos entendam melhor os resultados que podem ser gerados após a conclusão do projeto. Um instrutor guia o grupo em uma discussão interativa, cujo objetivo é extrair, o mais naturalmente possível, o desejo final das partes interessadas.

5.3.2.3 *Workshops*/Oficinas facilitadas

Workshops são oficinas de discussão que unem as diferentes partes envolvidas no projeto, com diferentes funções, experiências e objetivos, para definir de modo abrangente as especificações finais do projeto. Os *workshops* são uma excelente maneira de criar comprometimento, relacionamento e consenso entre os *stakeholders*, melhorando a comunicação entre eles, o que é fundamental para o bom andamento do projeto.

Os *workshops*, normalmente, iniciam-se coletando as exigências dos *stakeholders* e, depois, de maneira objetiva, qualificando-as e priorizando-as. Por último, são definidas as metas que garantirão o cumprimento das exigências.

5.3.2.4 Técnicas de criatividade em grupo

Algumas técnicas podem ser usadas para ajudar na definição de especificações, funcionalidades e objetivos dos produtos do projeto. Veja a seguir quais são elas.

- *Brainstorming* (tempestade de ideias): consiste na geração de ideias sem restrições. Qualquer pensamento relacionado ao projeto deve ser coletado. Uma posterior avaliação das ideias surgidas irá classificá-las.
- Classificação: após a coleta de ideias geradas pelo *brainstorming*, o grupo faz uma análise delas, classificando-as em grupos. A partir dessa priorização, o grupo detalhará as ideias preferidas.
- Técnica de Delphi: consiste em um questionário com perguntas técnicas, a fim de descobrir opiniões de especialistas sobre as especificações do projeto. O processo do método de Delphi começa com a realização de um questionário; posteriormente, as respostas são analisadas e se busca um consenso entre elas, agrupando os resultados, por último, em um resumo final.
- Mapa mental: o mapa mental, ou mapa de ideias, é um diagrama usado para gerar e conectar ideias, por meio de um arranjo que surge de uma ideia central. O resultado final é uma representação gráfica de como as ideias se organizam em torno de determinado foco de estudo.

5.3.2.5 Questionário e pesquisa

A técnica de questionário e pesquisa é composta de perguntas objetivas com a finalidade de acumular informações relevantes de forma rápida, abrangendo um grande número de participantes.

5.3.3 ANÁLISE DE DADOS

Devem ser analisados os documentos, assim como acordos, planos de negócio, fluxos de processos etc.

5.3.4 TOMADA DE DECISÃO

Técnicas de tomada de decisão são um processo de avaliação das alternativas capazes de alcançar o objetivo desejado do projeto. A tomada de decisão pode ser:

- unânime, quando todos optam por uma única alternativa;
- majoritária, quando mais de 50% opta por uma alternativa;
- por consenso, quando a maioria decide e a minoria concorda em aceitar;
- por pluralidade, quando o maior grupo opta por uma alternativa, mesmo que a maioria não tenha sido atingida;
- ditatorial, quando uma pessoa toma a decisão por todos.

5.3.5 REPRESENTAÇÃO DE DADOS

As técnicas de representação de dados, assim como diagramas de afinidades e mapas mentais, podem ser usadas para representar os requisitos.

5.3.6 HABILIDADES INTERPESSOAIS E DE EQUIPE

Pode ser usada a técnica de grupo nominal (amplia o *brainstorming*, adicionando um processo de votação para ordenar as ideias), a facilitação (sessões focadas para definir os requisitos do produto, como *Joint Application Design* – JAD, Desdobramento da Função Qualidade – DFQ e Histórias de Usuário) e a observação (um meio de analisar diretamente, no ambiente de trabalho, o desempenho das pessoas que executam determinada tarefa. Essa técnica é usada quando o procedimento a ser analisado tem grande complexidade de detalhes ou quando as pessoas que executam as tarefas têm dificuldade de definir as especificações do trabalho que realizam).

5.3.7 PROTÓTIPOS

Prototipagem é um método usado para obter uma resposta mais rápida sobre os resultados do projeto. O protótipo é um modelo físico do produto final. Quando é possível de ser realizado, facilita a análise dos resultados, tornando mais ágil o andamento do projeto, principalmente entre as fases de desenvolvimento e construção do produto.

5.3.8 DIAGRAMAS DE CONTEXTO

O diagrama de contexto é um exemplo de modelo de escopo. Esse diagrama descreve visualmente o escopo do produto, mostrando um sistema de negócios (processo, equipamentos, sistema computacional etc.) e como as pessoas e outros sistemas (atores) interagem com ele. O diagrama de contexto também mostra as entradas no sistema de negócios, o agente (ou agentes) que fornece(m) a entrada, as saídas do sistema de negócios e o agente (ou agentes) que recebe(m) a saída.

5.4 SAÍDAS DO PROCESSO DE COLETAR OS REQUISITOS

5.4.1 MATRIZ DE RASTREABILIDADE DOS REQUISITOS

A matriz de rastreabilidade dos requisitos é uma tabela que associa cada necessidade do produto, serviço ou resultado (escopo do cliente) ao *stakeholder* que lhe deu origem, facilitando o acompanhamento de sua conclusão e a obtenção do aceite das entregas no processo de validação do escopo, a ser visto no Capítulo 8. A implementação dessa matriz ajuda a determinar se os resultados esperados pelos *stakeholders* foram realmente atendidos a cada *deliverable* do projeto. Essa matriz serve, também, de suporte para gerenciar as mudanças de escopo que possam surgir ao longo do projeto. A matriz associa os requisitos:

- à solução de problemas, ao aproveitamento de oportunidades, ao cumprimento de metas e aos objetivos da organização;
- ao objetivo (ou objetivos) do projeto;

- às entregas do projeto;
- ao desenvolvimento dos produtos finais do projeto.

A matriz pode possuir atributos associados a cada requisito, que irão ajudar no controle, como: um identificador único; uma descrição específica a determinado grupo de requisitos; a razão para a inclusão do requisito na lista; o dono (*stakeholder* solicitante); a prioridade; a versão; o *status* atual (ativo, cancelado, deferido, aprovado etc.); e a data de conclusão do requisito.

5.4.2 DOCUMENTAÇÃO DOS REQUISITOS DOS *STAKEHOLDERS*

Esta documentação descreve os produtos, serviços e resultados que irão conduzir ao objetivo (ou objetivos) final do projeto. As especificações precisam ser consistentes, completas, mensuráveis e passíveis de serem testadas, para que possam ser documentadas. Alguns componentes da documentação dos requisitos dos *stakeholders* podem ser:

- um problema organizacional a ser resolvido ou uma oportunidade a ser aproveitada, descrevendo as limitações da situação atual e o porquê de o projeto ter sido empreendido;
- especificações funcionais, descrevendo o processo, as informações e as interações com o projeto;
- especificações não funcionais, como serviço, desempenho, segurança, conformidade etc.;
- requisitos de qualidade;
- regras da organização, seus princípios e valores;
- o impacto em outras áreas da organização, como *call center*, área comercial, tecnologia etc.;
- o impacto em outras entidades ou sociedades;
- solicitação de treinamento e suporte.

Essa documentação pode estar refletida em atas de reuniões ou em documentos específicos definidos pela empresa (memorial descritivo; projeto básico; especificação funcional; especificação de serviços etc.). Devemos sempre tomar cuidado com o óbvio e com o implícito no que diz respeito ao entendimento do escopo do cliente, por exemplo: é óbvio que todo treinamento deve ter *coffee break*, independentemente de ter sido definido como requisito pelo cliente? Está implícita, no fornecimento do equipamento, a entrega do seu manual de operação?

Existe, portanto, uma área cinzenta que contém uma diferença de entendimento do escopo pelo cliente e pelo projeto, como mostra a Figura 5.3. É papel da equipe do projeto diminuir a probabilidade de ocorrer essa diferença. Uma forma de limitar o escopo do cliente é deixar claro o que não faz parte do escopo. Por exemplo, no caso do treinamento, deixaríamos claro que não faz parte do escopo o fornecimento da infraestrutura da sala de aula. É fundamental, portanto, nivelar as expectativas de escopo entre o cliente e a equipe do projeto.

FIGURA 5.3 Expectativas diferentes de escopo entre o cliente e a equipe do projeto

© Dic Liew, Ivary e DAJ/Thinkstock

5.5 ESTUDO DE CASO

Dando continuidade ao estudo de caso do tópico 3.6, após a emissão do *Project Charter* e a definição dos *stakeholders*, o gerente de projeto e a equipe montada para o planejamento têm condições de iniciar o levantamento dos requisitos desejáveis para o sucesso do projeto (escopo do cliente).

Após a coleta dos requisitos, deve ser elaborada a matriz a seguir.

EMPRESA REIVAX CONSULTORIA S.A.	
Nome do Projeto: Melhoria do processo de gerenciamento de projetos	
MATRIZ DE RASTREABILIDADE DOS REQUISITOS	
Elaborado por: Carlos Magno da S. Xavier	Data: 20/8/200X
Aprovado por: Diretor-executivo	Versão: 01

STAKEHOLDER (ORIGEM)	DESCRIÇÃO DO REQUISITO (PRODUTO, SERVIÇO OU RESULTADO)	DATA DA INCLUSÃO	PRAZO DE ENTREGA	VERSÃO	*STATUS*	DATA DA CONCLUSÃO
Diretor-executivo	Aumento de 20% da taxa de implementação dos projetos	12/8/200X	12 meses	1	Ativo	
	Os projetos da Reivax devem apresentar um ROI mínimo de 5%	12/8/200X	12 meses	1	Ativo	
	Os projetos a serem realizados pela Revaix precisam cumprir o prazo de entrega determinado pelo cliente	12/8/200X	6 meses	1	Ativo	
	Deve ser realizada uma palestra de sensibilização para a diretoria da empresa, em que sejam apresentados o escopo do projeto e os benefícios esperados	12/8/200X	30 dias	1	Ativo	
Diretor-executivo	Reuniões mensais, em nível executivo, de acompanhamento do projeto	12/8/200X	A cada 30 dias	1	Ativo	
Diretor de Marketing	A metodologia deve ser adequada à complexidade e à importância estratégica de cada projeto	13/8/200X	Conclusão do projeto	1	Ativo	
	Prêmio de Maturidade em Gerenciamento de Projetos	13/8/200X	Seis meses após a conclusão do projeto	1	Ativo	
Diretor de TI	A metodologia deve estar alinhada com os grupos de processos do PMBOK® 4ª edição e possuir modelo e exemplo para todos os documentos que necessitem ser gerados	14/8/200X	Conclusão do projeto	1	Ativo	
	Definição da ferramenta que suportará a metodologia, permitindo um maior controle operacional	14/8/200X	Conclusão do projeto	1	Ativo	

continua

continuação

Diretores de TI, Engenharia e Marketing	Devem ser treinados 60 profissionais da Diretoria de Engenharia, 50 de TI e 40 de Marketing. O treinamento deve ser de oito horas conceituais e 16 horas práticas no *software* de gerenciamento de projetos	15/8/200X	Conclusão do projeto	1	Ativo	
Diretor de RH	Na Estrutura de Escritório de Projetos (PMO) devem ser definidas as funções do PMO Corporativo e dos PMOs das diretorias envolvidas, com a proposta qualitativa e quantitativa do pessoal a ser alocado nessas unidades	16/8/200X	Conclusão do projeto	1	Ativo	
_______________ Assinaturas						

A documentação do escopo do cliente pode ser feita por meio de atas de reuniões ou outros documentos de especificação. No caso deste projeto, o escopo acertado com os principais *stakeholders* foi o descrito a seguir. Essa descrição seria parte da declaração de escopo, que será apresentada no tópico 6.5.

5.5.1 ESCOPO DO CLIENTE

Este projeto tem como escopo o desenvolvimento de uma metodologia de gerenciamento de projetos para a empresa Reivax Consultoria S.A., bem como a elaboração e aplicação de programa de treinamento nessa metodologia e a análise e proposta de *software* e estrutura do Escritório de Gerenciamento de Projetos (PMO) para a organização, com foco nas diretorias de TI, Marketing e Engenharia.

A metodologia deve ser adequada à complexidade e importância estratégica de cada projeto, estando alinhada aos processos do Guia PMBOK®. Precisa ser estruturada pelos grupos de processos de gerenciamento de projetos – iniciação, planejamento, execução, monitoramento e controle e encerramento – e possuir modelo e exemplo para todos os documentos que necessitem ser gerados. Como incentivo à utilização futura da metodologia, deve ser desenvolvido o regulamento do Prêmio Reivax de Maturidade em

Gerenciamento de Projetos, que será implementado seis meses após a conclusão do projeto. Esse prêmio avaliará se os projetos estão utilizando adequadamente a metodologia desenvolvida.

Na Estrutura de Escritório de Projetos (PMO) serão definidas as funções do PMO Corporativo e dos PMOs das diretorias envolvidas, com a proposta qualitativa e quantitativa do pessoal a ser alocado nessas unidades.

Devem ser treinados 60 profissionais da diretoria de Engenharia, 50 da de TI e 40 da de Marketing. Os treinamentos precisam ter oito horas conceituais e 16 horas práticas no *software* de gerenciamento de projetos. Deve ser realizada uma palestra de sensibilização para a diretoria da empresa, em que sejam apresentados o escopo do projeto e os benefícios esperados.

Devem ainda ser realizadas reuniões mensais, em nível executivo, de acompanhamento do projeto. Nessas reuniões, será apresentado um relatório do desempenho do projeto, contendo o que foi realizado até o momento, a comparação de tempo e o custo em relação ao planejado, bem como uma projeção atualizada para o término do projeto.

5.5.2 EXCLUSÕES DE ESCOPO

Não faz parte do escopo deste projeto:

- desenvolver metodologia para o gerenciamento de portfólio e de programas;
- divulgar e convidar as pessoas para os treinamentos, assim como controlar a presença dos participantes e a emissão de certificados, que estará a cargo da diretoria de Recursos Humanos;
- implementar a estrutura de PMO proposta;
- contratar, instalar e treinar no *software* de gerenciamento de projetos a ser utilizado, que é responsabilidade da diretoria de TI.

CAPÍTULO 6

O PROCESSO DE DEFINIR O ESCOPO

Você pode congelar o escopo de um projeto, mas não as expectativas do cliente.

6.1 INTRODUÇÃO

No capítulo anterior, vimos como os requisitos dos *stakeholders* (o escopo do cliente) devem ser coletados, documentados e controlados. Com o escopo entendido e documentado, o gerente de projeto e sua equipe devem estabelecer a estratégia para geração dos requisitos. A Figura 5.1 do capítulo anterior mostra que o escopo do projeto consiste no escopo do cliente acrescido dos produtos e serviços necessários para a sua geração.

Dessa forma, o processo de definição do escopo tem como objetivo descrever os limites dos produtos, serviços ou resultados, definindo quais dos requisitos coletados serão incluídos e quais serão excluídos do escopo do projeto. Consiste em desenvolver uma descrição detalhada do projeto e do produto, incluindo os critérios usados para verificar se o projeto foi completado com sucesso, assim como a estratégia de conduzi-lo para a entrega do escopo definido.

Um arquiteto, antes de fazer um projeto detalhado da casa de um cliente, elabora um esboço, um estudo preliminar, normalmente denominado **anteprojeto**. Com esse anteprojeto, ele pode validar, com o cliente, a compreensão que teve dos seus desejos. Se tal entendimento (anteprojeto) for recusado pelo cliente, ele solicita novos esboços até se sentir satisfeito com um deles. Somente após essa validação e aceitação formal por parte do cliente é que o arquiteto detalha o projeto. No gerenciamento de projetos, o processo de definição do escopo é o responsável pela elaboração e validação do "anteprojeto" do escopo do projeto. O objetivo dessa validação é não despender esforços e, portanto, recursos físicos, detalhando um escopo que pode não ter sido bem entendido. Assim, o gerente, antes de sair detalhando o escopo de um projeto, precisa fazer um estudo preliminar do que será executado durante o empreendimento. Ele levanta, junto à equipe, quais são as principais entregas do projeto e escolhe, entre as possíveis alternativas de condução do trabalho, aquela que deve ser utilizada. A escolha dessa alternativa e das principais entregas deve ser validada com os *stakeholders*.

A Figura 6.1 apresenta entradas, técnicas, ferramentas e saídas desse processo, de acordo com o Guia PMBOK®.

FIGURA 6.1 Componentes do processo de definir o escopo

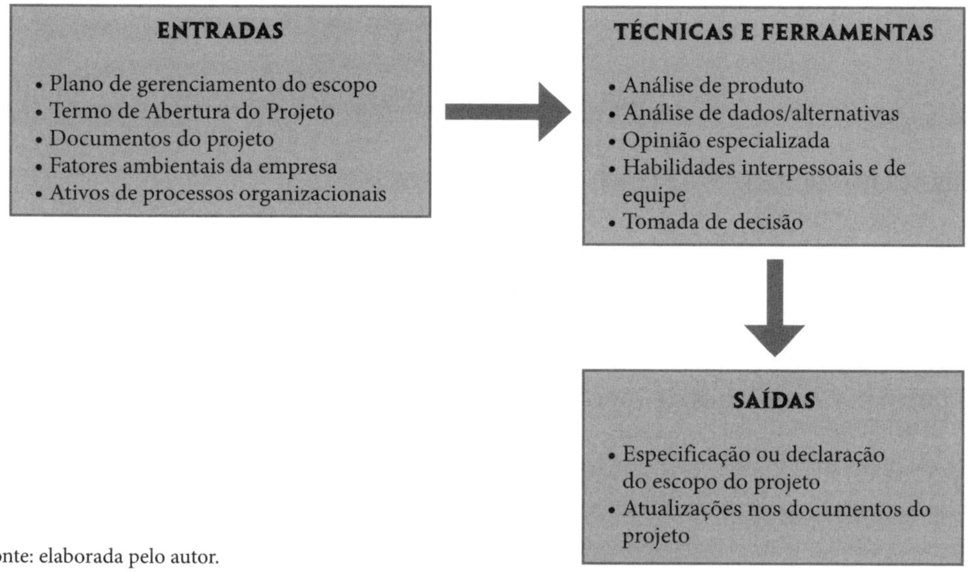

Fonte: elaborada pelo autor.

6.2 ENTRADAS PARA O PROCESSO DE DEFINIR O ESCOPO

6.2.1 PLANO DE GERENCIAMENTO DO ESCOPO

Este plano, um dos resultados do processo de planejamento do escopo, descreve como os pedidos de alterações do escopo serão gerenciados e como as mudanças autorizadas serão integradas ao projeto, conforme mostrado detalhadamente no subitem 4.4.1.

6.2.2 TERMO DE ABERTURA DO PROJETO (*PROJECT CHARTER*)

O Termo de Abertura do Projeto (TAP), tradução oficial do Guia PMBOK® para *Project Charter*, é o principal resultado do processo de desenvolvimento do Termo de Abertura do Projeto, como visto detalhadamente no subitem 3.4.1.

6.2.3 DOCUMENTOS DO PROJETO (REQUISITOS DOS *STAKEHOLDERS*)

Esta documentação descreve os produtos, serviços e resultados que irão conduzir ao objetivo (ou objetivos) final do projeto, assunto que foi visto em detalhes no subitem 5.4.2.

6.2.4 FATORES AMBIENTAIS DA EMPRESA

Podem influenciar: cultura da organização; infraestrutura; administração do pessoal; e condições de mercado.

6.2.5 ATIVOS DE PROCESSOS ORGANIZACIONAIS

Os ativos de processos organizacionais podem influenciar como o escopo é definido. Os exemplos incluem – embora não estejam limitados a –: políticas, procedimentos e modelos para a declaração de escopo do projeto; arquivos de projetos anteriores; e lições aprendidas em fases ou projetos anteriores.

6.3 TÉCNICAS E FERRAMENTAS PARA O PROCESSO DE DEFINIR O ESCOPO

6.3.1 ANÁLISE DE PRODUTO

Para definir o trabalho (escopo), é importante ter um bom entendimento dos produtos e serviços que serão entregues pelo projeto. Algumas vezes, esse produto é bem conhecido pela equipe, mas em outras, não. A evolução tecnológica dos produtos tem exigido das equipes um esforço constante no estudo de novas tecnologias, de forma a obter vantagens competitivas na execução do projeto e no produto que será gerado. Eventualmente, esse esforço consome tantos recursos que é necessário prever no escopo do projeto uma fase específica para pesquisa. A análise de produtos inclui técnicas como decomposição do produto, análise de sistemas, engenharia de sistemas, engenharia de valor, análise de valor e análise funcional.

6.3.2 ANÁLISE DE DADOS/ALTERNATIVAS

Quanto maior for a complexidade do produto, maior será o leque de alternativas para gerá-lo. Alguns exemplos de alternativas podem ser encontrados nas áreas apresentadas a seguir.

- Tecnologia da Informação: para desenvolver um sistema de informação, podemos utilizar o modelo tradicional ou aquele em espiral (veja os subitens 1.4.7, 1.4.8 e 1.4.9);
- Engenharia: um caso típico é a utilização ou não da engenharia simultânea. A realização de projetos nessa área, em prazos cada vez mais reduzidos, é consequência da aplicação de processos construtivos, projetados e programados pelo sistema de engenharia simultânea – metodologia de trabalho e modelo organizacional que consistem na realização de várias fases de um projeto, de modo colaborativo, e na execução de várias funções de engenharia simultaneamente (ou em paralelo). Por exemplo, enquanto o autor do projeto arquitetônico desenvolve o projeto básico, os projetos especializados são realizados em paralelo;
- Construção Naval: pode-se construir todo o navio em um único estaleiro ou optar por utilizar vários estaleiros, cada um fazendo seções do navio, para depois ser concluída a montagem final;
- Telecomunicações: as peças para a montagem de uma antena podem vir em blocos pré-montados em algum outro local ou serem totalmente montadas no lugar em que a antena será erguida;
- Engenharia Civil: uma ponte pode ser iniciada simultaneamente em cada uma das margens do rio ou ser construída a partir somente de uma delas. Outro exemplo: para a construção de uma casa, pode ser utilizado o sistema de casas pré-fabricadas (em que os módulos são construídos em uma fábrica e transportados para o local de edificação) ou ser elaborado um projeto (*design*) específico para a construção *in loco*.

Existe uma variedade de técnicas para que a equipe do projeto levante possíveis alternativas de realização. As principais são:

- *brainstorming* ou "tempestade de ideias":[1] consiste em uma técnica grupal de pensamento divergente para produção de uma grande quantidade de ideias, expondo ao máximo nossa inteligência e desbloqueando, dessa forma, hábitos e atitudes inibidoras de um raciocínio criativo;

> A técnica de *brainstorming*, ou tempestade de ideias, apresenta duas variantes:
> - *brainstorming* estruturado: neste caso, as pessoas manifestam-se segundo uma ordem preestabelecida. Dessa maneira, todos têm oportunidades iguais para se manifestar, e os mais calados são estimulados a participar mais;
> - *brainstorming* não estruturado: nesta técnica, as pessoas podem expressar suas ideias à medida que elas vão ocorrendo, sem necessidade de aguardar sua vez, cabendo ao coordenador estimular a participação de todos os participantes.

- pensamento lateral: criado por Edward de Bono,[2] o conceito de pensamento lateral constitui-se em gerar novas ideias e abandonar as obsoletas. Aplicado ao gerenciamento de projetos, é uma técnica para aumentar a criatividade da equipe na busca de alternativas para o projeto. Ela consiste em estimular o cérebro mediante a quebra dos princípios estabelecidos e de passar a encarar a realidade de modo diferente. De Bono distingue o pensamento lateral (descontínuo e destinado à geração de ideias) do vertical (contínuo e orientado para desenvolvê-las). Enquanto o lateral dá ideias, o vertical as desenvolve.

> Um velho, que vivia sozinho em casa, queria cavar o jardim, mas era um trabalho muito pesado. Seu único filho, que normalmente o ajudava, estava na prisão. O velho, então, escreveu-lhe a seguinte carta, reclamando de seu problema:
>
> "*Querido filho,*
>
> *Estou triste porque, ao que parece, não vou poder plantar meu jardim este ano. Detesto não poder fazê-lo, já que sua mãe sempre adorava a época do plantio depois do inverno. Mas eu estou velho demais para cavar a terra. Se você estivesse aqui, eu não teria esse problema, mas você não pode me ajudar com o jardim, pois está na prisão. Com amor, papai.*"
>
> Pouco depois, o pai recebeu o seguinte telegrama:

[1] A tradução mineira é "toró de *parpite*".

[2] Disponível em: <http://www.edwdeboro.com>. Acesso em: 28 fev. 2016.

"PELO AMOR DE DEUS, papai, não escave o jardim! Foi lá que eu escondi os corpos."

Às quatro horas da manhã seguinte, uma dúzia de agentes da Polícia Federal apareceu com um mandado e cavou o jardim inteiro, sem encontrar nenhum corpo. Confuso, o velho escreveu uma carta ao filho contando o que acontecera. Esta foi, então, a resposta:

"Pode plantar seu jardim agora, papai. Isso foi o máximo que eu pude fazer para ajudar."

Para ilustrar o conceito de pensamento lateral, vamos conhecer a história a seguir.

Essa história demonstra a diferença entre o pensamento tradicional e o lateral. O filho identificou uma alternativa não tradicional para o projeto do pai de cavar o jardim.

6.3.3 OPINIÃO ESPECIALIZADA

Por vezes, é fundamental obter o suporte de especialistas durante o processo de seleção de alternativas em um projeto, por exemplo, para apontar as possíveis tecnologias para o desenvolvimento de um novo produto. Esses especialistas podem ou não estar disponíveis na empresa. Assim, as possíveis fontes de opinião especializada são: outras unidades da organização executora, consultores, associações profissionais e técnicas, parceiros tecnológicos etc.

6.3.4 HABILIDADES INTERPESSOAIS E DE EQUIPE

Um exemplo é a facilitação, usada em oficinas e sessões de trabalho, com o objetivo de ter um entendimento comum sobre as entregas do projeto.

6.3.5 TOMADA DE DECISÃO

Técnicas de tomada de decisão são um processo de avaliação das alternativas capazes de alcançar o objetivo desejado do projeto. A tomada de decisão pode ser:

- unânime, quando todos optam por uma única alternativa;
- majoritária, quando mais de 50% opta por uma alternativa;

- por consenso, quando a maioria decide e a minoria concorda em aceitar;
- por pluralidade, quando o maior grupo opta por uma alternativa, mesmo que a maioria não tenha sido atingida;
- ditatorial, quando uma pessoa toma a decisão por todos.

6.4 SAÍDAS DO PROCESSO DE DEFINIR O ESCOPO

6.4.1 ESPECIFICAÇÃO OU DECLARAÇÃO DO ESCOPO DO PROJETO

Esta especificação é justamente o anteprojeto do escopo de um projeto. Ela fornece a documentação que servirá de base para a tomada de decisões e a confirmação ou desenvolvimento de um entendimento comum do escopo entre as partes envolvidas. Com o progresso do projeto, o escopo pode necessitar de revisão para acomodar as mudanças aprovadas e deve conter, tanto diretamente como por meio de referência a outros documentos, os itens apresentados a seguir.

6.4.1.1 Escopo do cliente (requisitos dos *stakeholders*)

A descrição do escopo do cliente, que documenta as características do produto ou serviço que o projeto está incumbido de criar, inicia-se no *Project Charter* (veja o subitem 3.4.1). Durante o processo de coleta dos requisitos (Capítulo 5), são obtidas informações adicionais acerca do produto, as quais geram a documentação do escopo do cliente (requisitos dos *stakeholders*). É importante frisar que essas novas informações não podem alterar o produto do projeto constante no *Project Charter*. Caso seja verificada a necessidade de alteração do escopo do cliente previsto inicialmente, uma alteração do *Project Charter* deve ser negociada.

6.4.1.2 Principais entregas do projeto

É uma lista dos principais *deliverables* do projeto que serão entregues ao cliente. As entregas podem ser descritas de forma sumária ou em detalhes, dependendo das informações disponíveis no momento. Por exemplo, as principais entregas para um projeto de construção de uma garagem seriam: o desenho (projeto), a garagem propriamente dita e o paisagismo.

6.4.1.3 Limites do projeto (escopo não incluído)

É importante listar o escopo que não está incluído no projeto. A imposição do limite é muito importante. A título de curiosidade, em Portugal, o termo **escopo** é traduzido como "âmbito" e, nos países de língua espanhola, como "alcance", o que demonstra a preocupação em estabelecer os limites do projeto.

6.4.1.4 Critério de aceite do projeto

São critérios quantificáveis que devem ser alcançados pelo projeto para que ele seja considerado um sucesso. A definição de critérios de aceite claros para o projeto é fundamental, pois seu êxito dependerá do alcance ou não deles. Um critério claro é específico e mensurável, ou seja, deve ser evitado o uso de critérios vagos, como: "Ter desenvolvido uma tecnologia de última geração na fabricação de bicicletas."

6.4.1.5 Principais estratégias para condução do projeto

Com as alternativas identificadas, é necessário escolher aquelas que devem ser executadas. Todas possuem vantagens e desvantagens, custos e benefícios. A equipe de gerenciamento do projeto deve estabelecer critérios consistentes e lógicos de avaliação, que irão possibilitar o processo de priorização e seleção de alternativas. Podem ser utilizados na comparação de alternativas: menor prazo de execução, melhor desempenho do produto, menor custo, maior taxa interna de retorno, menor prazo para retorno do investimento etc. Os métodos de seleção citados no tópico 3.5 também podem ser utilizados para a escolha da melhor alternativa a ser empreendida.

6.4.1.6 Restrições e premissas (hipóteses)

Esses conceitos foram vistos no subitem 3.4.1. As restrições e premissas podem ser, além daquelas estabelecidas no *Project Charter*, as acordadas durante o processo de definição de escopo.

Os itens citados anteriormente são os que sugerimos como mínimos em uma declaração de escopo. Porém, dependendo do projeto e das informações disponíveis, esse documento também pode conter:

- ligações com outros projetos;
- principais *stakeholders* e suas influências;
- expectativas ou necessidades dos *stakeholders*;
- cronograma básico do projeto;
- riscos iniciais identificados;
- estimativas iniciais de custo;
- necessidade inicial de recursos físicos (pessoas, equipamentos, materiais etc.);
- organização inicial da equipe do projeto e de seus componentes;
- relatórios de acompanhamento que devem ser enviados ao patrocinador;
- responsabilidades do cliente;
- obrigações dos gerentes funcionais;
- fatores críticos para o sucesso do projeto.

A declaração ou especificação de escopo deve ser assinada pelo gerente de projeto e pelas principais partes interessadas (*stakeholders*), considerados, dessa forma, aqueles com envolvimento direto na alocação de recursos (patrocinador e gerentes funcionais) e no recebimento das principais entregas (cliente).

No estudo de caso a seguir, será visto um exemplo de declaração/especificação de escopo.

6.4.2 ATUALIZAÇÕES NOS DOCUMENTOS DO PROJETO

Os documentos do projeto que podem ser atualizados incluem – embora não estejam limitados a –: registro das partes interessadas; documentação dos requisitos; e matriz de rastreabilidade dos requisitos.

6.5 ESTUDO DE CASO

Durante o processo de definição do escopo, o gerente verifica qual seria a melhor estratégia para executar o projeto e quais seriam os resultados principais (*deliverables*) dele. O documento que formaliza esse planejamento é a declaração de escopo, a qual deve ser assinada pelo gerente de projeto e pelos principais interessados, representando a concordância deles com o planejamento do escopo.

O gerente de projeto gera então a declaração de escopo a seguir:

EMPRESA REIVAX CONSULTORIA S.A.	
Nome do Projeto: Melhoria do processo de gerenciamento de projetos	
DECLARAÇÃO DO ESCOPO (*SCOPE STATEMENT*)	
Elaborado por: Carlos Magno da S. Xavier	Data: 28/8/201X
Aprovado por: Diretor-executivo Diretor de TI Diretor de Marketing Diretor de Engenharia Diretor de RH Gerente de projeto	Versão: 01

6.5.1 ESCOPO DO CLIENTE

Este projeto tem como escopo o desenvolvimento de uma metodologia de gerenciamento de projetos para a Reivax, a elaboração e aplicação de programa de treinamento nessa metodologia, assim como a análise e proposta de *software* e estrutura do Escritório de Gerenciamento de Projetos (PMO) para a organização, com foco nas diretorias de TI, Marketing e Engenharia.

Como já vimos no Capítulo 5, a metodologia deve ser adequada à complexidade e importância estratégica de cada projeto, estando alinhada aos processos do PMBOK®. Precisa ser estruturada pelos grupos de processos de gerenciamento de projetos – iniciação, planejamento, execução, monitoramento e controle e encerramento – e possuir modelo e exemplo para todos os documentos que necessitem ser gerados. Como incentivo à utilização futura da metodologia, deve ser desenvolvido o regulamento do Prêmio Reivax de Maturidade em Gerenciamento de Projetos, que será implementado seis meses após a conclusão do projeto. Esse prêmio avaliará se os projetos da empresa estão utilizando adequadamente a metodologia desenvolvida.

Na Estrutura de Escritório de Projetos (PMO) serão definidas as funções do PMO Corporativo e dos PMOs das diretorias envolvidas, com a proposta qualitativa e quantitativa do pessoal a ser alocado nessas unidades.

Devem ser treinados 60 profissionais da diretoria de Engenharia, 50 profissionais de TI e 40 profissionais de Marketing. Os treinamentos precisam ter

8 horas conceituais e 16 horas práticas no *software* de gerenciamento de projetos. Deve ser realizada uma palestra de sensibilização para a diretoria da empresa, em que sejam apresentados o escopo do projeto e os benefícios esperados.

Devem ainda ser realizadas reuniões mensais, em nível executivo, de acompanhamento do projeto. Nessas reuniões, será apresentado um relatório do desempenho do projeto, contendo o que foi realizado até o momento, a comparação de tempo e de custo em relação ao planejado e uma projeção atualizada para o término do projeto.

6.5.2 EXCLUSÕES DO ESCOPO

Não faz parte do escopo deste projeto:

- desenvolver metodologia para o gerenciamento de portfólio e programas;
- divulgar e convidar pessoas para os treinamentos, assim como controlar a presença dos participantes e a emissão de certificados, o que estará a cargo da diretoria de Recursos Humanos;
- implementar a estrutura de PMO proposta;
- contratar, instalar e treinar no *software* de gerenciamento de projetos a ser utilizado, que é responsabilidade da diretoria de TI.

6.5.3 ESTRATÉGIA DE CONDUÇÃO DO PROJETO

1. A primeira fase do projeto terá o objetivo de avaliar o nível de maturidade dos processos de gerenciamento de projetos das diretorias envolvidas, utilizando o modelo Organizacional Project Management Maturity Model (OPM3), do PMI.
2. Será desenvolvida uma logomarca para o projeto, de forma que ele tenha fácil identificação na empresa.
3. Para validação da metodologia desenvolvida serão utilizados três projetos-piloto, um de cada diretoria interessada. Após a atualização da solução, em razão das sugestões resultantes do piloto, será realizada a migração dos demais projetos em andamento.
4. A metodologia será desenvolvida em duas fases. O início dos projetos-piloto deverá estar vinculado ao término da fase 1 de Desenvolvimento da Metodologia.

5. Será emitida uma Política de Gerenciamento de Projetos, a ser assinada pelo presidente da empresa, sendo ela o documento mestre que sinalizará à organização os conceitos básicos do gerenciamento de projetos que deverão ser seguidos.
6. A metodologia, depois de implantada, será acompanhada pela equipe do projeto por quatro meses, ao final dos quais será realizado um novo diagnóstico de maturidade, com utilização do OPM3, de forma a verificar a evolução alcançada.
7. Os treinamentos serão ministrados por um dos profissionais da empresa que já possua a certificação Project Management Professional (PMP).
8. Para a equipe do projeto será reservada uma sala durante o tempo de sua execução.
9. Será criado, na intranet da empresa, um ambiente que contenha as informações necessárias para o acompanhamento do projeto pelos principais envolvidos.

6.5.4 CRITÉRIO DE ACEITE DO PROJETO

Todos os projetos em andamento das diretorias de TI, Engenharia e Marketing devem estar formatados de acordo com a metodologia desenvolvida.

6.5.5 PREMISSAS (HIPÓTESES) E RESTRIÇÕES PARA O PROJETO

PREMISSAS (HIPÓTESES)	RESTRIÇÕES
• As diretorias de TI, Engenharia e Marketing manterão, durante o projeto, dois profissionais alocados em tempo integral. • O local de treinamento, disponibilizado pela empresa, possui todos os recursos audiovisuais (computador, projetor multimídia e quadro branco) necessários à aplicação deles.	• Não poderão ser contratados recursos externos para este projeto, exceto *software* e treinamento. • Os treinamentos deverão ser realizados nas instalações da empresa. • O projeto deve ser concluído em 12 meses. • Quando necessário o aporte de recursos financeiros ao projeto, uma solicitação formal deve ser submetida ao diretor-executivo.
APROVAÇÃO	
Rio de Janeiro, ___ de _______ de ____. ____________________ Assinaturas	

Comentário:

A declaração de escopo não pode alterar o que foi estabelecido no Termo de Abertura, podendo, no entanto, detalhar mais seu conteúdo. As premissas constantes do *Project Charter* são validadas e acrescidas de outras durante o processo de definição do escopo. As restrições de cronograma e custo, estabelecidas no *Project Charter*, são mantidas na declaração de escopo.

CAPÍTULO 7

O PROCESSO DE CRIAR A ESTRUTURA ANALÍTICA DO PROJETO (EAP)

Planejamento, para os gerentes de projeto, é como sexo: todos eles pensam que entendem do assunto.

7.1 INTRODUÇÃO

No capítulo anterior, foi visto que a declaração de escopo é o documento que desenvolve ou confirma o entendimento, entre as partes envolvidas, do escopo do projeto. Com essa declaração assinada, representando a anuência dos principais *stakeholders* ao escopo do projeto, o gerente de projeto e sua equipe podem iniciar o detalhamento do trabalho que será executado. O processo de detalhamento consiste na subdivisão das entregas (*deliverables*) principais do projeto em componentes menores e mais gerenciáveis, até que todo o escopo tenha sido representado. O nível de detalhamento do escopo deve ser feito de maneira a:

- definir uma base de referência (*baseline*) para medição e controle do desempenho. A base de referência do projeto é uma fotografia do conjunto formado por escopo (EAP), tempo (cronograma) e custo (orçamento) definido e autorizado no plano de gerenciamento do projeto;
- aumentar a exatidão das estimativas (quanto maior o detalhamento, mais precisas as estimativas de tempo e custo);
- facilitar a definição clara de responsabilidades (permitindo a associação do trabalho a ser realizado com os responsáveis por sua execução).

7.1.1 O CONCEITO DE ESTRUTURA ANALÍTICA DO PROJETO (EAP)

A ferramenta utilizada para o detalhamento do escopo é a Estrutura Analítica do Projeto (EAP), tradução de *Work Breakdown Structure* (WBS). Após ser elaborada e aprovada, ela se torna a base de referência do escopo do projeto (*scope baseline*). Outros nomes para a EAP encontrados em empresas e na literatura são:

- Estrutura da Decomposição do Trabalho (EDT);
- Estrutura da Divisão do Trabalho (EDT);
- Estrutura da Decomposição em Tarefas (EDT);
- Estrutura da Divisão em Tarefas (EDT);
- Plano Estruturado do Projeto (PEP).

A EAP não é um instrumento novo no gerenciamento de projetos; há registro da utilização dessa nomenclatura desde o início da década de 1960, nos Estados Unidos, pelo Departamento de Defesa e pelas indústrias aeroespacial e de construção. Porém, algumas áreas criaram a cultura de representar o escopo do projeto por meio de uma lista organizada das atividades que seriam executadas. Essa forma de representar o escopo enfocava o que seria feito e não o que seria entregue pelo projeto. Com o passar do tempo, cada vez mais os gerentes verificaram que, para melhor atender aos anseios dos clientes/patrocinadores, era mais importante representar o escopo em função dos resultados que deveriam ser obtidos, sendo uma melhor prática representar os *deliverables* (entregas) do projeto em uma EAP. O PMBOK® consolidou esse conceito ao definir a EAP como: "Uma decomposição hierárquica orientada à entrega do trabalho a ser executado pela equipe do projeto, para atingir os objetivos do projeto e criar as entregas necessárias. Ela organiza e define o escopo total do projeto".

A EAP, como uma estrutura hierárquica, pode ser representada como uma lista identada (como na Figura 7.1) ou na forma gráfica (como na Figura 7.2). Para usar a forma gráfica, que é de melhor visualização, o gerente do projeto necessita de uma ferramenta que auxilie o desenho. Para a maioria dos gerentes que utiliza o MS Project, o qual não tem esse recurso, é útil usar uma ferramenta de apoio (*add-in*), por exemplo, o WBS Schedule Pro da Critical Tools Corporation[1] ou o Microsoft Visio®. Porém, a lista identada disponível no MS Project, ou em qualquer editor de textos ou planilha eletrônica, também pode ser utilizada para representar a EAP. O primeiro nível da EAP é chamado nível de projeto. A seguir, podem ser vistas duas representações para a mesma EAP (não totalmente detalhada).

A EAP, portanto:

- decompõe o escopo do projeto, dividindo o trabalho em entregas (*deliverables*);
- pode apresentar o processo do ciclo de vida do projeto por meio das fases apropriadas para sua execução;

[1] Disponível em: <http://www.criticaltools.com>. Acesso em: 17 jan. 2018.

- é a base para o estabelecimento de todos os esforços (estimativa de recursos e duração)/custos a serem despendidos para a criação dos *deliverables*;
- é uma entrada (*input*) importante para os esforços de gerenciamento de riscos;
- dá suporte à atribuição de responsabilidade para a execução e coordenação do trabalho do projeto, ao permitir relacionar os itens da EAP aos elementos organizacionais da empresa, por meio de uma matriz de responsabilidades.

FIGURA 7.1 Representação da EAP como uma lista identada

1 **PROJETO** computador
  1.1 **DOCUMENTAÇÃO**
  1.2 **COMPUTADOR** pessoal
    1.2.1 **ESTRUTURA**
    1.2.2 **PLACA-MÃE**
    1.2.3 **DISCO** rígido
    1.2.4 **FONTE**
    1.2.5 **MONTAGEM**
  1.3 **TESTE** sistema
  1.4 **SISTEMA** operacional
  1.5 **GERENCIAMENTO** do projeto

Fonte: elaborada pelo autor.

FIGURA 7.2 Representação gráfica de uma EAP

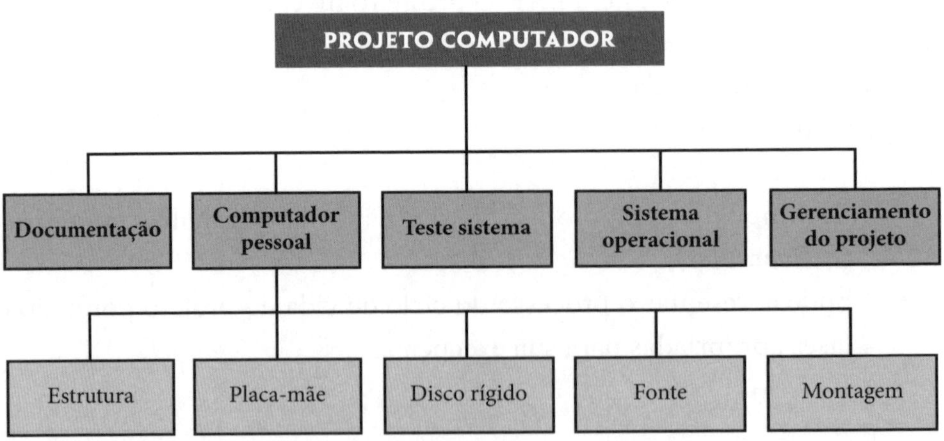

Fonte: elaborada pelo autor.

7.1.2 A IMPORTÂNCIA DA EAP

A importância da EAP pode ser verificada pelo fato de ela, como parte do plano de gerenciamento do projeto, especificamente da linha de base do escopo, ser explicitada pelo PMBOK® como "entrada" ou "saída" para vários processos de gerência de projetos.

A importância da EAP fez também que tanto o Project Management Institute (PMI) como o Departamento de Defesa Americano (DoD) editassem publicações específicas com conceitos, características, benefícios e passos para a criação de uma EAP. O Departamento de Defesa Americano utiliza a EAP para definir os objetivos dos seus diversos programas (*program* EAP) e para determinar os itens a serem fornecidos, como *hardware*, *software*, dados ou serviços de responsabilidade do contratado (*contract* EAP). Já o PMI costuma se referir à EAP como "a fundação sobre a qual o projeto é construído".

A Figura 7.3, a seguir, apresenta as entradas, as técnicas e ferramentas, bem como as saídas desse processo, de acordo com o Guia PMBOK®.

FIGURA 7.3 Componentes do processo de criar a EAP

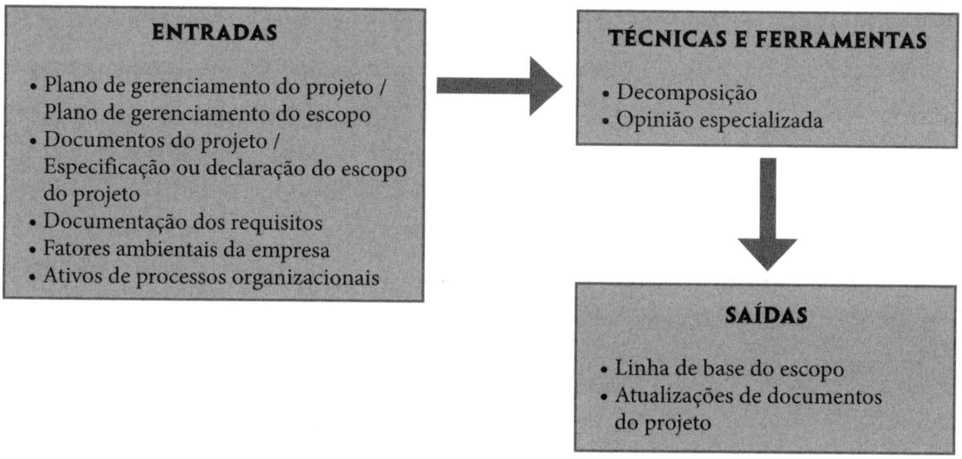

Fonte: elaborada pelo autor.

7.2 ENTRADAS PARA O PROCESSO DE CRIAR A EAP

7.2.1 PLANO DE GERENCIAMENTO DO PROJETO / PLANO DE GERENCIAMENTO DO ESCOPO

O plano de gerenciamento do escopo especifica como criar a EAP a partir da declaração detalhada do escopo do projeto e como ela será mantida e aprovada.

7.2.2 DOCUMENTOS DO PROJETO / ESPECIFICAÇÃO OU DECLARAÇÃO DO ESCOPO

A especificação/declaração do escopo é o principal resultado do processo de definição do escopo, como visto no subitem 6.4.1.

7.2.3 DOCUMENTAÇÃO DO ESCOPO DO CLIENTE (REQUISITOS DOS *STAKEHOLDERS*)

Esta documentação descreve os produtos, serviços e resultados que irão conduzir ao objetivo (ou objetivos) final do projeto, como visto no subitem 5.4.2.

7.2.4 FATORES AMBIENTAIS DA EMPRESA

Os padrões de EAP específicos de setor, relevantes à natureza do projeto, podem servir como fonte de referências externas para a criação da EAP. Por exemplo, projetos de engenharia podem fazer referência à ISO/IEC 15.288 sobre Engenharia de Sistemas – Processos no ciclo de vida do sistema, para criar a EAP de um projeto novo.

7.2.5 ATIVOS DE PROCESSOS ORGANIZACIONAIS

Os ativos de processos organizacionais que podem influenciar o processo de criar a EAP incluem – embora não estejam limitados a –: políticas, procedimentos e modelos para a EAP; arquivos de projetos anteriores; e lições aprendidas em projetos anteriores.

7.3 TÉCNICAS E FERRAMENTAS PARA O PROCESSO DE CRIAR A EAP

7.3.1 DECOMPOSIÇÃO

A EAP pode ser totalmente nova ou podem ser reaproveitadas partes de outra EAP ou de modelos (*templates*) da organização. A decomposição consiste em detalhar (decompor) as entregas (*deliverables*) em componentes menores, até que eles estejam em um nível de detalhe que permita o gerenciamento (planejamento, execução, monitoramento e controle) do trabalho do projeto.

7.3.1.1 Como criar uma EAP

Veremos a seguir uma estratégia para elaboração de uma EAP utilizando a técnica *top-down* (de cima para baixo), na qual usaremos, a título de ilustração, um projeto de criação de uma nova bicicleta.

1. Colocar no primeiro nível (nível 0) da EAP o nome do projeto

2. Colocar no segundo nível (nível 1, também chamado de primeiro nível de decomposição) as fases que estabelecem o ciclo de vida do projeto

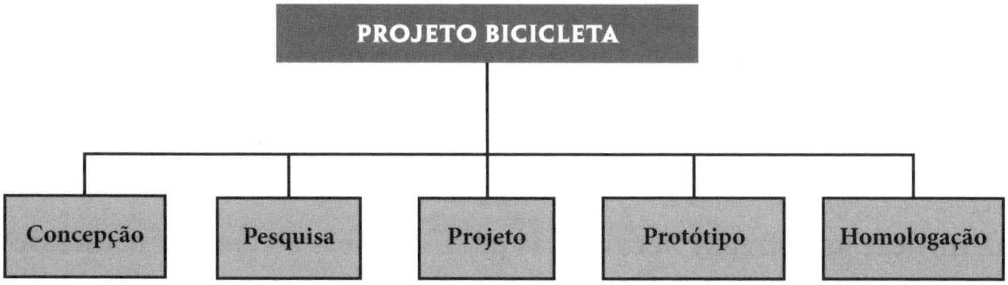

Este é o método mais comum e mais fácil de iniciar o desenvolvimento da EAP. Uma grande vantagem é que a EAP resultante pode ser usada como modelo (*template*) para muitos projetos que gerem o mesmo tipo de produto. O PMBOK® sugere que as fases do ciclo de vida do projeto possam ser usadas como primeiro nível de decomposição, com as entregas sendo representadas nas suas fases correspondentes. Contudo, isso não quer dizer que essa seja sempre a melhor forma de decompor inicialmente o projeto.

Além de ter a possibilidade de se constituir por fases, a decomposição inicial, assim como a decomposição em qualquer nível da EAP, pode ser por entregas (por exemplo, decompor uma bicicleta em suas partes principais); por sistema funcional (por exemplo, sistemas elétrico, hidráulico, mecânico e outros); por localização física (por exemplo, regiões Nordeste, Sul etc.); por unidade administrativa a executar (por exemplo, divisões, departamentos e outros); ou até por cliente (por exemplo, de acordo com a fiscalização/recebimento das entregas).

3. Acrescentar no segundo nível à esquerda um elemento para o gerenciamento do projeto e à direita um elemento para o encerramento do projeto

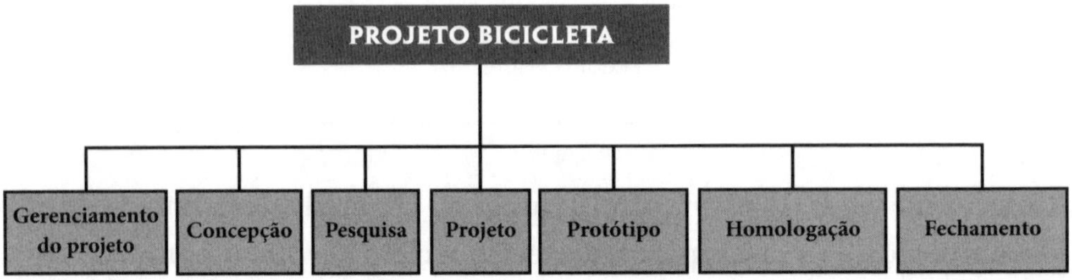

Não se deve esquecer que é necessário gerar entregas que propiciem o planejamento, o monitoramento e o controle, além do encerramento do projeto. O trabalho de gerenciamento deve ser previsto no escopo do projeto e, portanto, na EAP.

4. Identificar as entregas necessárias para que seja alcançado o sucesso do projeto em cada fase (ou outra forma de decomposição citada no item 2)

Nessa hora, deve-se consultar os documentos de alto nível que guiam o escopo do projeto (*Project Charter* e declaração de escopo), assim como entrevistar membros da equipe, clientes e usuários, de forma a identificar as entregas de cada fase. Caso o número de entregas no nível filho fique muito grande (mais de sete), elas devem ser agrupadas, aumentando em mais um nível a EAP.

Em relação ao gerenciamento do projeto, é preciso identificar as entregas que serão necessárias aos processos de iniciação, planejamento, monitoramento e controle, execução e encerramento do projeto. O plano do projeto é o grande *deliverable* do planejamento do projeto. É trabalho para o gerente definir se o plano será mais ou menos detalhado.

É comum que o planejamento das outras áreas de conhecimento influencie seu detalhamento. A seguir são citados alguns exemplos:

- **área de Riscos**: em um projeto de uma festa de 15 anos, o plano de resposta a riscos pode indicar a necessidade de contratação de um toldo, tendo em vista a probabilidade de chuvas durante o evento;
- **área de Aquisições**: os contratos, quando de responsabilidade da equipe do projeto, são entregas que devem constar no escopo do projeto;
- **área de Custos**: se para aprovação do projeto foi elaborado um estudo de viabilidade, o acompanhamento dos resultados obtidos durante o projeto e da evolução das premissas utilizadas no estudo deve ser previsto no escopo do projeto;
- **área de Cronograma**: para a utilização de um *software* que permita o controle do cronograma, pode ser necessário acrescentar ao escopo do projeto o treinamento de integrantes da equipe para a utilização desse programa;
- **área de Qualidade**: para atendimento de um item do processo de garantia da qualidade, pode ser necessária a realização de auditorias da qualidade, as quais são, por conseguinte, acrescentadas ao escopo do projeto;
- **área de Recursos**: para o processo de desenvolvimento da equipe, pode ser realizado um evento de confraternização para que os membros se conheçam, ou um treinamento em uma tecnologia específica;
- **área de Comunicações**: o plano de gerenciamento das comunicações pode concluir ser necessária a instalação de uma estrutura de videoconferência, interligando os principais envolvidos no projeto;

- **área de Integração**: o plano de gerenciamento do projeto é um dos itens de escopo oriundos desta área.

Para o monitoramento e controle do projeto, podem ser necessários, por exemplo:

- reuniões, como as de partida do projeto (*kick-off meeting*) e de acompanhamento (*walkthroughs*);
- relatórios de desempenho.

Para o encerramento do projeto, pode ser gerado:

- relatório final do projeto;
- relatório de lições aprendidas;
- apresentação do projeto completo.

5. Em cada entrega, verificar se as estimativas de custo e cronograma, assim como a identificação de riscos e a atribuição de responsabilidade para a execução do proposto, podem ser desenvolvidas nesse nível de detalhe. Se a resposta for negativa, decompor o elemento da EAP, subdividindo-o em componentes menores, mais manejáveis, até que as entregas estejam definidas em detalhes suficientes para suportar o desenvolvimento dos processos de gerenciamento do projeto (planejamento, execução, monitoramento e controle, além de encerramento)

Os elementos nos níveis mais baixos da EAP (aqueles que não foram decompostos) são denominados pacotes de trabalho (*work packages*), sendo a base lógica para a definição de atividades, designação de responsabilidades, estimativa de custos e planejamento de riscos. O conceito de pacote de trabalho será mais detalhado no subitem 7.4.1.3. Atenção, pois não é necessário que a EAP seja simétrica, ou seja, que todas as entregas sejam decompostas até o mesmo nível.

Quando determinado elemento da EAP é contratado para uma empresa externa ao projeto, ele não necessita ser decomposto na EAP em entregas, uma vez que é incumbência do fornecedor/prestador de serviço fazê-lo. Porém, caso o cliente queira acompanhar o avanço do trabalho a ser realizado, deve decompor esse elemento até o nível que considere adequado para seu monitoramento e controle.

O mesmo raciocínio se aplica aos elementos da EAP em que o gerenciamento/execução seja delegado a algum membro da equipe ou a uma área da empresa. É responsabilidade do gerente desse subprojeto efetuar o detalhamento.

Dessa forma, mesmo para elementos da EAP terceirizados ou subprojetos, o gerente de projeto pode decidir incorporar seu detalhamento na EAP do projeto mestre. Essa decisão de detalhar ou não, nos dois exemplos citados, dependerá do rigor necessário de monitoramento, que aumenta ou diminui devido aos fatores custos, prazos e riscos associados.

A Figura 7.4 apresenta o resultado da utilização dos passos anteriores para a elaboração de uma EAP do projeto de uma nova bicicleta. Neste exemplo, a fabricação do protótipo será contratada externamente e, portanto, não foi detalhada, pois o rigor necessário foi considerado baixo.

6. Rever e refinar a EAP até que o planejamento do projeto possa ser completado

Seguidos os passos anteriores, tem-se uma primeira versão da EAP, a qual, como visto anteriormente no subitem 7.1.2, será utilizada como entrada para o planejamento de outras áreas do gerenciamento do projeto. No subitem 7.3.1.1 verificou-se que essas outras áreas estarão contribuindo também com o escopo do projeto e, portanto, com entregas na EAP.

Após ter uma versão da EAP, em que foram levadas em consideração as necessidades das outras áreas de gerenciamento, deve-se realizar uma validação da estrutura gerada. No próximo subitem, veja alguns mandamentos que ajudam nessa validação.

7.3.1.2 Os dez mandamentos da EAP

I *Cobiçarás a EAP do próximo*

Aprender com o passado é uma habilidade importante do gerente de projetos. Antes de iniciar a elaboração da EAP do seu projeto, verifique como foram estruturados os escopos de projetos semelhantes. Consulte outros projetos da empresa, veja a literatura e converse com outros profissionais de gerenciamento que tiveram como objetivo gerar produtos e serviços similares. Porém, a equipe deve ficar atenta para que esse reaproveitamento não restrinja a identificação das diferenças que sempre existirão entre o modelo seguido

FIGURA 7.4 EAP elaborada pela técnica de decomposição

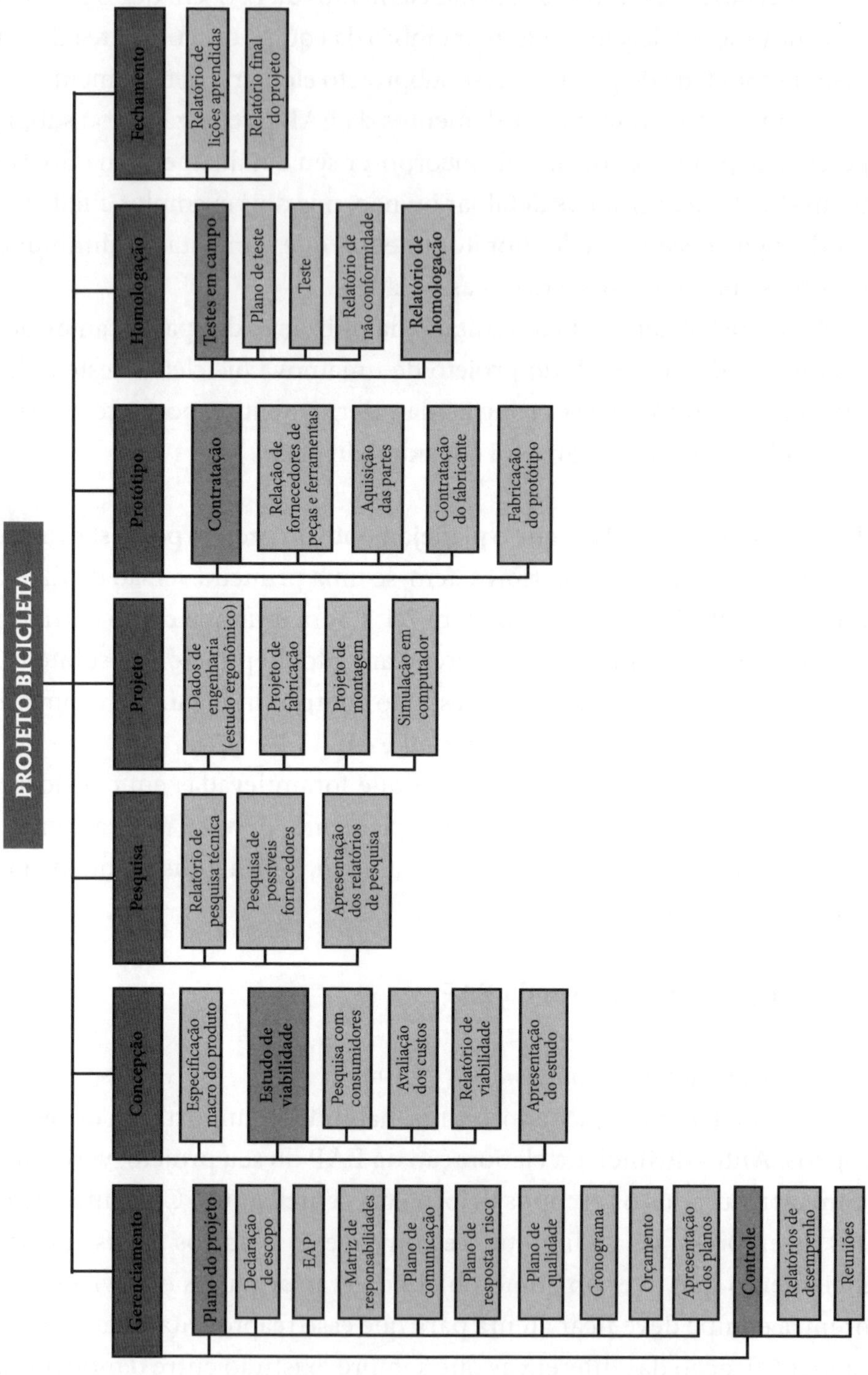

Fonte: elaborada pelo autor.

e o projeto que está sendo planejado. Lembre-se de que cada projeto é único. No tópico 7.6, constam alguns exemplos de EAP que podem, eventualmente, servir como modelos, e no *site* do Beware[2] podem ser encontrados mais de 200 exemplos de EAP.

II *Explicitarás todas as entregas, inclusive as necessárias ao gerenciamento do projeto*

A entrega que não estiver na EAP não faz parte do escopo do projeto. Assim, não deixe nenhuma de fora. Se durante a execução do projeto algum membro estiver trabalhando em uma atividade que não esteja contribuindo para alguma entrega da EAP, ele estará atuando fora do escopo. Se esse trabalho for necessário ao projeto, devem ser utilizados os procedimentos para a sua inclusão no escopo, previstos no Capítulo 9, referentes ao controle do escopo.

É preciso lembrar que o conceito de entrega do projeto também inclui os serviços (por exemplo, teste, alinhamento, treinamento, manutenção, instalação etc.). O importante é que tanto os produtos como os serviços sejam tangíveis e verificáveis. A EAP não deve conter insumos/recursos físicos a serem utilizados na geração das entregas. Os custos de viagens, material, pessoal e outros insumos devem ser alocados como recursos ao elemento da EAP para o qual eles contribuem.

Verifique se as entregas necessárias ao gerenciamento do projeto foram acrescentadas à EAP. Na Figura 7.4 podem ser vistas algumas dessas possíveis entregas.

III *Não usarás os nomes em vão*

Não devem ser usados nomes vagos para os elementos da EAP, que gerem dúvidas semânticas acerca de qual entrega está sendo representada. Utilize substantivos para representar os produtos e serviços. Não indique seu processo de geração, mas sim o resultado desse processo. Dessa forma, em vez de "Testar o equipamento" (um serviço), use "Teste do equipamento"; em vez de "Elaborar o manual do equipamento", utilize "Manual do equipamento".

---

[2] Disponível em: <http://beware.com.br>. Acesso em: 21 jan. 2016.

IV *Guardarás a descrição dos pacotes de trabalho no Dicionário da EAP*

Os pacotes de trabalho devem ser claramente definidos no Dicionário da EAP, para que fique explícito o trabalho a ser realizado. O Dicionário da EAP (descrito no subitem 7.4.1.3) é o documento que define e descreve o trabalho a ser realizado em cada pacote de trabalho da EAP.

V *Decomporás até o nível de detalhe (pacote de trabalho) que permita o planejamento e controle necessários para a entrega do* deliverable

O planejamento e controle incluem: escopo (verificação e controle de mudanças), cronograma (definição das atividades e estimativa de recursos), custo (estimativa de custo e orçamento) e risco (planejamento do risco).

VI *Não decomporás em demasia, de forma que o custo e o tempo de planejamento e controle não tragam o benefício correspondente*

Planejar e controlar tem o seu custo e tempo necessários a esse trabalho. Assim, decomponha de acordo com a sua necessidade no projeto. Por exemplo, não adianta decompor o escopo em entregas que precisam de uma hora para ser geradas se o controle será realizado semanalmente. Por outro lado, como foi citado anteriormente, os fatores riscos e custos associados são determinantes do rigor a ser aplicado nos controles. Dessa forma, caso um projeto tenha *deliverables* com altos níveis de incerteza (que implicam altos riscos) e custos elevados, os controles necessários demandarão uma decomposição extremamente detalhada. Por exemplo, a EAP de um projeto de construção de um veículo lançador de satélites (que custa algumas centenas de milhões de dólares) será muito mais detalhada do que a EAP da construção de uma casa pré-fabricada de dois quartos (que custa alguns milhares de reais).

VII *Honrarás o pai*

Cada elemento da EAP deve ser um componente da entrega do elemento-pai ao qual está subordinado. Verifique se os elementos-filhos na EAP são realmente componentes dos elementos-pais. Por exemplo, o fato de uma contratação da construção de uma fábrica depender de um projeto básico não quer dizer que a elaboração do projeto básico faça parte da entrega "contratação".

VIII *Decomporás de forma que a soma das entregas dos elementos componentes (filhos) corresponda à entrega do elemento-pai – Mandamento dos 100%*

Ao decompor uma entrega, nenhuma parte dela deve ser esquecida. Lembre-se de que a soma das entregas componentes deve ser equivalente à entrega que foi decomposta. Por exemplo, na EAP da Figura 7.4, ao decompor o estudo de viabilidade da fase de concepção, não se pode esquecer do relatório conclusivo do estudo.

IX *Não decomporás em somente uma entrega*

Um elemento da EAP não deve ter somente um componente (filho). De acordo com o mandamento anterior, se um elemento tiver somente um componente, ele será igual ao pai. Se for, por que representá-lo duas vezes? Quando isso ocorrer, verifique se, na realidade, não se esqueceu de algum componente. Caso não tenha esquecido, é desnecessária a representação do elemento-filho.

X *Não repetirás o mesmo elemento como componente de mais de uma entrega*

Não se pode ter um elemento como componente (filho) de mais de uma entrega (pai). Por exemplo, se para ministrar dois treinamentos for utilizada a mesma apostila, não se deve colocá-la como entrega dos dois treinamentos. É importante ressaltar que é possível ter elementos com nomes iguais gerando entregas diferentes. Por exemplo, na Figura 7.5, temos o mesmo nome em várias entregas.

> O MESMO ESCOPO DE UM PROJETO, SOB AS MESMAS CONDIÇÕES, SERÁ REPRESENTADO DIFERENTEMENTE NA EAP POR DEZ DIFERENTES EQUIPES DE PROJETO OU PELA MESMA EQUIPE DE PROJETO EM DEZ DIFERENTES OCASIÕES.

A frase acima significa que podemos organizar o escopo de um projeto de várias formas. O importante é que todos os produtos, os serviços e o trabalho para produzi-los estejam representados adequadamente. Como exemplo, as Figuras 7.2 e 7.5, representam, de formas diferentes, o mesmo escopo do projeto de um computador. Cada equipe de projeto organizará a EAP de maneira a facilitar o seu gerenciamento.

FIGURA 7.5 EAP do projeto de um computador

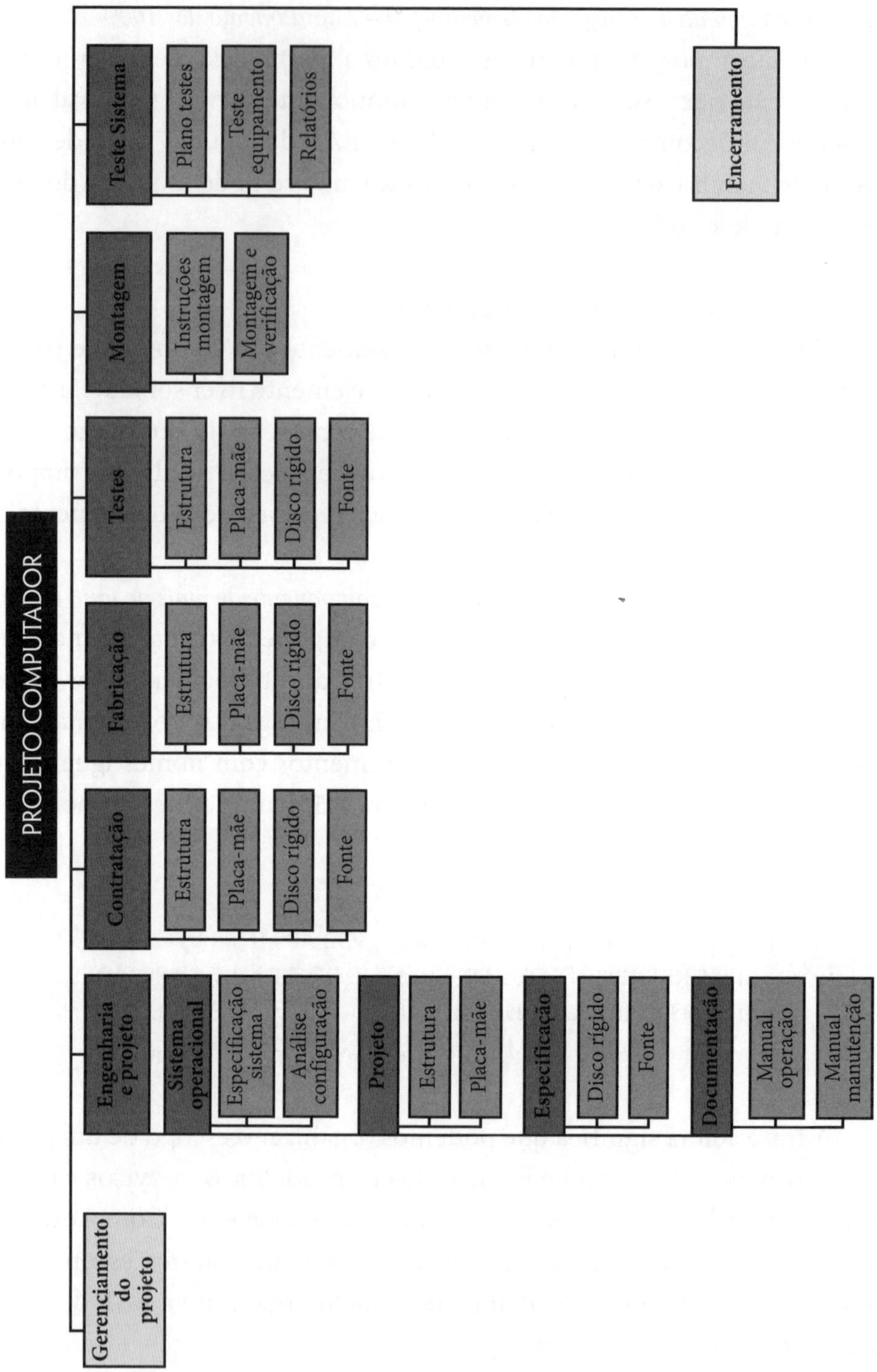

Fonte: elaborada pelo autor.

7.3.1.3 Top-down *versus* bottom-up

No subitem 7.3.1.1 foi apresentada uma estratégia para elaboração da EAP, utilizando a técnica *top-down* (de cima para baixo). Algumas equipes de gerenciamento de projeto preferem, no entanto, trabalhar com a abordagem *bottom-up* (de baixo para cima). O uso dessa abordagem consiste em criar uma lista das entregas (*deliverables*) do projeto e depois agrupá-las, até chegar ao nível 0 (nível de projeto) da EAP. Com essa abordagem, você pode perder um grande benefício: pode não conseguir uma visão completa do projeto, sendo provável esquecer alguma entrega.

Se achar que, em determinado projeto, há mais facilidade para utilizar a abordagem *bottom-up*, aqui estão os passos para a construção da EAP:

1. liste todas as entregas do projeto;
2. agrupe as entregas relacionadas entre si para criar um nível acima, contendo de duas a oito entregas por grupo. O nome do elemento superior, criado em razão do agrupamento, deve sintetizar as entregas dos elementos agrupados;
3. agrupe os elementos do nível mais alto, elaborado no passo 2, criando um nível acima que, se possível, contenha de dois a oito elementos;
4. repita o agrupamento até que você chegue no nível de projeto;
5. revise a EAP, perguntando: Está faltando alguma entrega do projeto?;
6. confira a EAP utilizando os dez mandamentos citados em 7.3.1.2.

7.3.2 OPINIÃO ESPECIALIZADA

A opinião especializada é usada frequentemente para analisar as informações necessárias para decompor as entregas do projeto até as menores partes dos componentes, a fim de criar uma EAP eficaz. Tal opinião e conhecimento especializado são aplicados aos detalhes técnicos do escopo do projeto e usados para reconciliar diferenças de opinião sobre a melhor maneira de decompor o escopo geral do projeto.

7.4 SAÍDAS DO PROCESSO DE CRIAR A EAP

7.4.1 LINHA DE BASE DO ESCOPO

A linha de base do escopo é a versão aprovada de uma especificação de escopo do projeto, de uma Estrutura Analítica do Projeto (EAP) e de seu Dicionário da EAP associado, que só pode ser mudada por meio de procedimentos de controle formais, sendo usada como uma base de comparação. Ela é um dos componentes do plano de gerenciamento do projeto. Os componentes da linha de base do escopo são apresentados a seguir.

7.4.1.1 Especificação do escopo do projeto

A especificação do escopo do projeto inclui a descrição do escopo do projeto e das principais entregas, premissas e restrições, como visto no subitem 6.4.1.

7.4.1.2 Estrutura Analítica do Projeto (EAP)

Como visto no tópico 7.1, é a forma de representação do escopo do projeto que agrupa as suas entregas. Enquanto em algumas áreas a EAP tem frequentemente consistido em uma hierarquia de três níveis, esse número não é apropriado para todas as situações. A profundidade (número de níveis) da EAP depende do tamanho e da complexidade do projeto, bem como da necessidade de detalhamento para seu gerenciamento. Qualquer produto ou serviço que não esteja incluído na EAP está fora do escopo do projeto e não deve ser gerado pela equipe.

No estudo de caso do tópico 7.5, assim como no tópico 7.6, serão apresentados exemplos de EAP para vários tipos de projeto.

7.4.1.3 Dicionário da EAP

O CONCEITO DE DICIONÁRIO DA EAP

O Dicionário da EAP é o documento que define e descreve cada pacote de trabalho (*work package*) da EAP, que são os elementos não decompostos em uma EAP. Por exemplo, na Figura 7.6, os pacotes de trabalho, facilmente identificados como as "folhas da árvore", assinalados com uma seta, são: documentação, estrutura, placa-mãe, disco rígido, fonte, montagem, teste-sistema, sistema operacional e gerenciamento do projeto.

FIGURA 7.6 Pacotes de trabalho em uma EAP

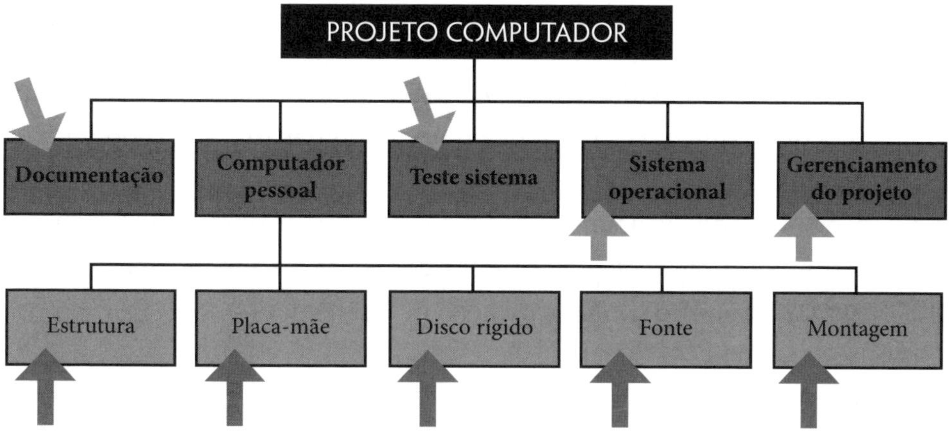

Fonte: elaborada pelo autor.

Um Dicionário da EAP deve incluir informações como:

- número de identificação na EAP;
- nome da entrega;
- descrição – especificação da entrega a ser gerada;
- critério de aceitação – o que será feito pelo cliente para a validação da entrega.

Para aqueles que utilizam o *software* Microsoft Project, uma forma de implementação do Dicionário da EAP é usar as "Informações sobre a tarefa", que podem ser acessadas ao clicar duas vezes sobre uma tarefa. O campo "Anotações" pode ser utilizado para escrever textos referentes ao escopo do produto a ser gerado, podendo ser feitos *links* para arquivos. O dicionário pode ser implementado em um editor de textos. Um exemplo de elemento do Dicionário da EAP com foco no gerenciamento do escopo pode ser visto na próxima página. Entretanto, devemos atentar que a existência da mesma informação em mais de um documento pode levar à inconsistência no caso de necessidade de mudanças.

A descrição (especificação) do produto de um pacote de trabalho contém informações sobre o produto a ser gerado, podendo ter figuras, gráficos ou textos. As especificações podem ser dos seguintes tipos:

- especificações de projeto (desenho) – detalham as características físicas (*design*);
- especificações de desempenho – indicam as características mensuráveis de *performance* que devem ser atingidas durante a operação do produto final;
- especificações funcionais – descrevem o uso final de um item para estimular a competição em itens comerciais ao menor custo total. É um subconjunto da especificação de desempenho.

FIGURA 7.7 Exemplo de Descrição da EAP

<table>
<tr><th colspan="4">PADRÃO GP EMPREENDIMENTOS</th></tr>
<tr><td colspan="4">Nome do projeto: Treinamento em gerenciamento de projetos</td></tr>
<tr><td colspan="4">Dicionário da Estrutura Analítica do Projeto</td></tr>
<tr><td colspan="3">Elaborado por: José da Silva</td><td>Data:</td></tr>
<tr><td colspan="3">Aprovado por: gerente do projeto e representantes dos departamentos de TI, Engenharia e RH</td><td>Versão: 01</td></tr>
<tr><td>Identificação da EAP</td><td>Entrega</td><td>Descrição</td><td>Critério de aceitação</td></tr>
<tr><td>1.3.1</td><td>Aulas</td><td>• Deve ter como base a metodologia XPTO, seguindo o sumário: Importância do GP, Conceitos básicos do GP; Iniciando o projeto, Planejando o projeto, Executando o projeto, Controlando o projeto e Encerrando o projeto, com foco no público-alvo de gerentes de projetos dos departamentos de TI e Engenharia.
• O treinamento será aberto pelo diretor-executivo e fechado pelo presidente da empresa.
• As aulas devem ser distribuídas em quatro dias consecutivos, com duração de oito horas cada uma, em datas definidas em 1.1.3.
• Utilizar a apostila (1.2.2.1), os slides (1.2.2.2) e o exercício prático (1.2.2.3), mantendo a diretriz de unir a teoria à prática.</td><td>• Atender às especificações.
• Obter média igual ou superior a 8,5 na avaliação do treinamento (1.3.4).
• Cumprir 100% do conteúdo programático.</td></tr>
</table>

Fonte: elaborada pelo autor.

A seguir, podem ser vistos alguns exemplos de descrição de pacotes de trabalho (*work packages*).

Exemplo 1

PACOTE DE TRABALHO	DESCRIÇÃO
3.1 Levantamento do estado do acervo	As atividades referentes a este serviço serão realizadas por um especialista no tratamento de acervos documentais. Serão realizadas uma ou mais visitas ao arquivo do Cabido Metropolitano, de forma a identificar, para cada obra: 1. se organizada em partes ou em partitura; 2. a quantidade de páginas; 3. os tamanhos máximo e mínimo das páginas; 4. o estado de conservação dos manuscritos; 5. as obras com necessidade de um trabalho prévio de restauração. Premissa: as obras com necessidade de restauração serão objeto de um contrato à parte, envolvendo mão de obra especializada. Caso não haja acordo sobre este serviço, serão digitalizadas no estado em que se encontram. A lista de obras está no Anexo I. Para o levantamento, será utilizado um formulário pré-impresso, de acordo com o modelo do Anexo II. Cada obra receberá um número, que será o seu identificador na página da internet e nos CD-ROMs.

Exemplo 2

PACOTE DE TRABALHO	DESCRIÇÃO
3.2.1 *Welcome Event*	Evento de boas-vindas para conferencistas que chegam um dia antes do início da conferência. Consistirá em um coquetel oferecido no próprio hotel do evento, para cerca de cem pessoas, com duração de duas horas. O bufê, cardápio e bebidas devem ser aprovados pelo departamento de marketing.

Exemplo 3

PACOTE DE TRABALHO	DESCRIÇÃO
3.3.1 Requisição de materiais	A requisição de materiais deve atender às normas da CEN e da INB, seguindo os rigorosos padrões de controle de qualidade estipulados no documento “Guia Técnico de Qualidade de Materiais para Instalações de Plantas Nucleares”, fornecido pelo cliente com memorial técnico de especificações.

DECLARAÇÃO DE TRABALHO (*STATEMENT OF WORK* - SOW)

Quando um pacote de trabalho for contratado de uma empresa externa, como no caso da fabricação do protótipo na EAP da Figura 7.4, sua especificação deve se revestir de cuidados especiais, para que não pairem dúvidas do fornecedor em relação ao que se deseja. A essa forma mais cuidadosa de especificação de um pacote de trabalho a ser contratado chamamos de "Declaração de trabalho" (*Statement of Work* - SOW). Ela deve descrever o item a ser adquirido em detalhes suficientes para permitir aos fornecedores determinarem se são capazes de prover o item (por exemplo, memorial descritivo, objeto de uma licitação etc.).

Um grande debate na área de Aquisições diz respeito ao nível de detalhes que deve ter o SOW. Uma linha argumenta que o SOW deve ser bem detalhado, deixando pouco espaço para interpretação do contratado, o que aumentará as chances de receber o que está sendo solicitado. A outra linha de pensamento sustenta que os melhores SOWs são os que esboçam os itens de que se necessita, sem envolver detalhes, mas sim os resultados esperados, permitindo ao contratado apresentar a melhor solução. Na prática, a abordagem a ser seguida será governada pelas circunstâncias envolvidas. Assim, se a empresa estiver contratando um produto de uma área dinâmica, em que a tecnologia evolui rapidamente, será de bom senso que o contratado determine a melhor solução para alcançar os objetivos desejados pelo cliente. Para tanto, pode-se fazer uso de requisitos obrigatórios e desejáveis no SOW, permitindo, assim, aos fornecedores potenciais, variações na solução proposta.

O SOW deve ser claro, completo e conciso, e conter:

- especificação técnica, qualidade, data ou prazo de entrega, preço estimado e condições de pagamento (pode conter uma EAP como ferramenta de especificação);
- suporte técnico e treinamentos necessários;
- nível (padrão) de atendimento na manutenção e garantia.

Se bem elaborados, os SOWs desempenham os seguintes papéis no processo de gerenciamento de aquisições:

- permitem aos fornecedores apresentar propostas mais acuradas em relação à técnica e ao preço;
- proveem uma base de referência para o desenvolvimento de outras partes da solicitação, como os critérios de avaliação e as estimativas independentes de custo;
- minimizam a necessidade de mudanças futuras de escopo que podem aumentar o custo e atrasar o projeto;
- permitem ao contratante realizar uma estimativa firme do custo total de propriedade (*Total Cost of Ownership* – TCO), pois nem sempre o que custa menos quando comprado custará menos para ser mantido funcionando;
- permitem ao contratante e ao contratado avaliar a *performance*;
- reduzem disputas e reivindicações sob um contrato.

DECLARAÇÃO DE OBJETIVOS (*STATEMENT OF OBJECTIVES* – SOO)

Em algumas áreas, o termo **SOW** é reservado para a compra de um produto ou serviço claramente especificado, e o termo **SOO** refere-se à compra de um item que representa um problema a ser resolvido. Dessa forma, é possível aos fornecedores oferecerem produtos/serviços para os clientes escolherem. Para o cliente, um adequado entendimento por parte do fornecedor em relação às suas necessidades é fator de grande influência no processo de tomada de decisão da compra.

7.4.2 ATUALIZAÇÕES DE DOCUMENTOS DO PROJETO

Durante a elaboração da EAP, pode-se chegar à conclusão de que informações contidas em outros documentos, como na matriz de rastreabilidade de requisitos, precisam ser alteradas.

7.5 ESTUDO DE CASO

Dando continuidade ao estudo de caso do tópico 6.5, após a aprovação da declaração de escopo, este deve, então, ser detalhado por meio da elaboração da EAP, o que definirá a base de referência para o escopo, junto com seu Dicionário.

FIGURA 7.8 Projeto de melhoria do processo de gerenciamento de projetos na empresa Reivax

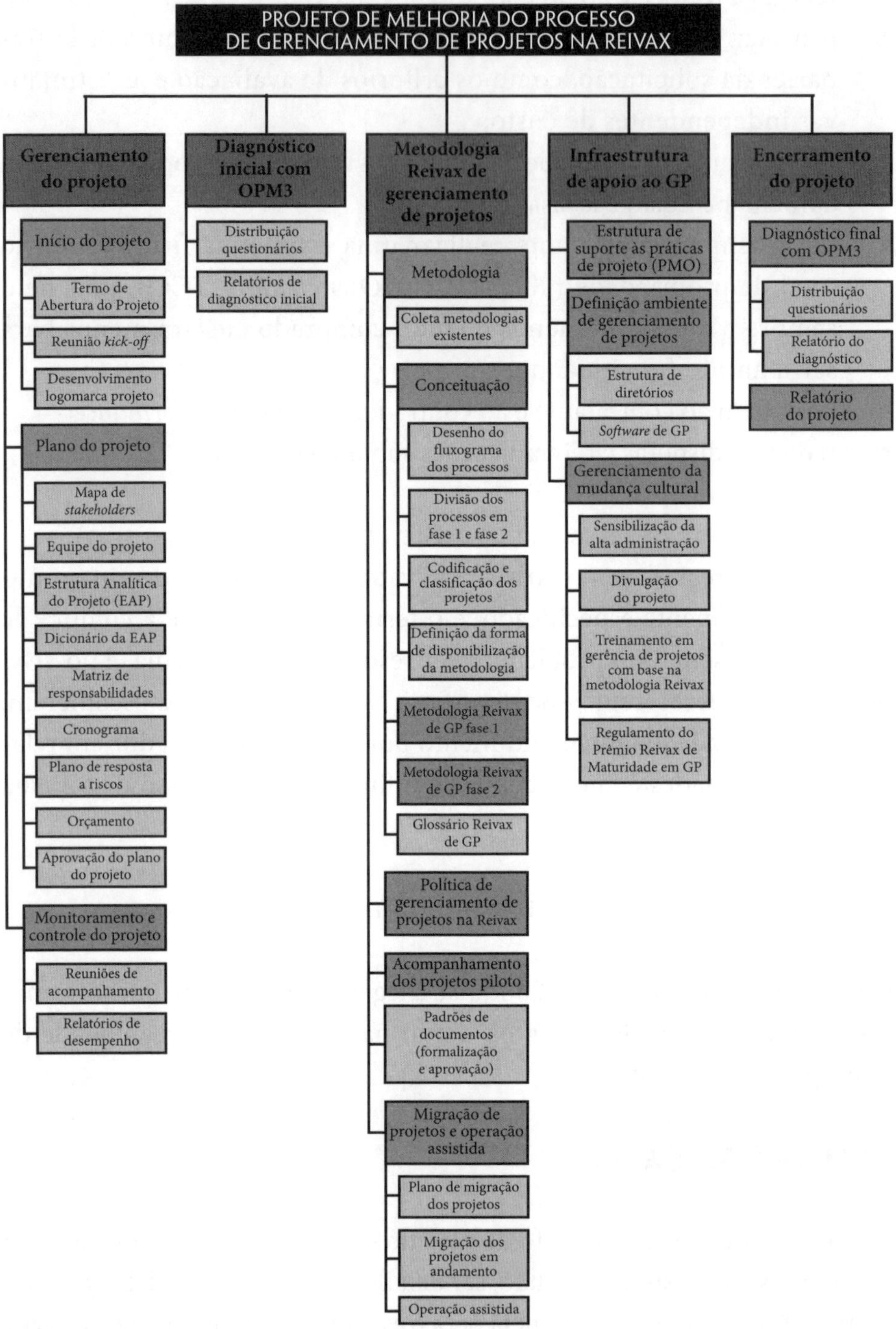

Fonte: elaborada pelo autor.

A EAP deve ser organizada a partir das fases e dos *deliverables* principais listados na declaração de escopo. O detalhamento da EAP dependerá do tamanho e da complexidade do projeto e da necessidade de detalhamento para seu planejamento e controle.

Após os principais interessados terem assinado a declaração de escopo, o escopo deve então ser detalhado pela elaboração da EAP, constante da Figura 7.8, que definirá a base de referência para o escopo.

Comentário:

A EAP foi elaborada a partir do escopo e da estratégia de condução do projeto. O detalhamento da EAP dependerá do tamanho e da complexidade do projeto e da necessidade para seu planejamento e controle.

7.6 EXEMPLOS DE EAP

A seguir, podem ser vistos alguns exemplos de EAP obtidos do acompanhamento de projetos reais. Os exemplos são apenas ilustrativos, podendo servir de orientação para os leitores; não há aqui nenhuma intenção de que sejam recomendados, preferidos ou adequados a qualquer tipo de projeto que objetive entregar o mesmo produto e serviço.

Propositalmente, não foram detalhados os itens de **gerenciamento de projeto**, tendo em vista que, em cada projeto, a equipe de planejamento deve decidir quais serão os *deliverables* necessários para o planejamento, o controle e o fechamento adequados. Esses possíveis *deliverables* foram citados no passo 4 para elaboração de uma EAP (veja o subitem 7.3.1.1).

7.6.1 EVENTOS, ESPORTE E CULTURA

Projeto de uma festa de 15 anos

1 Festa de 15 anos
- 1.1 Gerenciamento do projeto
- 1.2 Preparação do evento
  - 1.2.1 Reunião para seleção de tema, data e local

- 1.2.2 Lista de convidados
- 1.2.3 Definição do limite do orçamento
- 1.2.4 Contratação de materiais e serviços
- 1.2.5 Ensaio da valsa
- 1.2.6 Roupa para a família e as damas
- 1.2.7 Divulgação
  - 1.2.7.1 Convites
  - 1.2.7.2 Entrega de convites
  - 1.2.7.3 Nota na imprensa

1.3 Festa

- 1.3.1 Local
  - 1.3.1.1 Salão
  - 1.3.1.2 Toldos
  - 1.3.1.3 Iluminação
  - 1.3.1.4 Decoração
    - 1.3.1.4.1 Decoração do salão
    - 1.3.1.4.2 Decoração das mesas
- 1.3.2 Bufê
- 1.3.3 Música
- 1.3.4 Cerimonial
- 1.3.5 Serviços de apoio
  - 1.3.5.1 Orador
  - 1.3.5.2 Fotografia
  - 1.3.5.3 Filmagem
  - 1.3.5.4 Segurança
  - 1.3.5.5 Transporte
  - 1.3.5.6 Limpeza

1.4 Finalização do evento

- 1.4.1 Pagamento de contas
- 1.4.2 Cartões de agradecimento
- 1.4.3 Entrega de cartões de agradecimento
- 1.4.4 Relatório do evento

Projeto de um filme

1 Filme *Os anormais*
- 1.1 Gerenciamento do projeto
- 1.2 Roteirização
  - 1.2.1 Leitura e compreensão do argumento
  - 1.2.2 Reunião com o diretor
    - 1.2.2.1 Preparação dos diálogos dos personagens
    - 1.2.2.2 Detalhamento das ações por cena
    - 1.2.2.3 Detalhamento das tomadas
  - 1.2.3 Aprovação do roteiro final (marco)
- 1.3 Escolha do elenco
  - 1.3.1 Reunião com o produtor-executivo
    - 1.3.1.1 Definição do critério de escolha dos atores
    - 1.3.1.2 Relação dos possíveis candidatos
  - 1.3.2 Entrevista com os candidatos
  - 1.3.3 Contratação dos atores (marco)
- 1.4 Filmagem
  - 1.4.1 Preparação das locações
    - 1.4.1.1 Seleção dos locais para locação
    - 1.4.1.2 Transporte de equipamentos, atores e equipe técnica para os locais
    - 1.4.1.3 Contratação de alojamentos e alimentação
  - 1.4.2 Construção e montagem dos estúdios
    - 1.4.2.1 Construção da obra civil
    - 1.4.2.2 Montagem dos equipamentos elétricos
    - 1.4.2.3 Planejamento dos cenários
    - 1.4.2.4 Contratação da construtora e do cenógrafo
  - 1.4.3 Confecção dos figurinos
    - 1.4.3.1 Pesquisa e seleção dos modelos a serem utilizados pelos atores
    - 1.4.3.2 Tiragem de medidas dos atores
    - 1.4.3.3 Contratação de figurinista (marco)
  - 1.4.4 Filmagem das cenas

1.4.4.1 Estabelecimento da ordem de filmagem das cenas
1.4.4.2 Definição da iluminação, do tom da fotografia, dos ângulos da câmera e dos tipos de lentes
1.4.5 Revelação dos filmes
1.4.5.1 Escolha do laboratório fotográfico
1.4.5.2 Contratação do laboratório fotográfico (marco)
1.4.6 Criação do copião
1.5 Montagem
1.5.1 Cortes e colagem do filme
1.6 Composição das músicas
1.6.1 Contratação do compositor
1.6.2 Gravação da trilha musical
1.7 Mixagem
1.7.1 Gravação dos diálogos
1.7.2 Gravação dos sons especiais
1.7.3 Reunião para a mixagem
1.7.4 Produção do máster do som
1.8 Finalização
1.8.1 Encerramento dos contratos
1.8.2 Relatório de lições aprendidas
1.8.3 Termo de encerramento do projeto

Contribuição: GP2POA (Ana Cristina Schuch, Emília Sumie Adachi, Everson Rodrigo Rizzon, Franco Vieira e Souza e Márcia Helena Oliveira Pinto).

Projeto de uma montagem teatral

1 Montagem teatral
1.1 Produção
1.1.1 Escolha do autor/texto
1.1.2 Escolha do diretor
1.1.3 Seleção do elenco
1.1.4 Escolha do local
1.1.5 Levantamento dos custos

1.1.5.1 Aluguel do teatro
1.1.5.2 Direito autoral
1.1.5.3 Direção/elenco/local
1.1.5.4 Cenário/iluminação/figurino/sonorização
1.1.5.5 Divulgação
1.1.5.6 Equipe de apoio (operadores/técnicos/montadores)
1.1.6 Patrocinadores
1.1.6.1 Âncora
1.1.6.2 Apoiadores
1.1.7 Contratação
1.2 Montagem
1.2.1 Preparação do elenco (ensaio)
1.2.2 Fabricação do cenário
1.2.3 Confecção dos figurinos
1.2.4 Iluminação
1.2.5 Sonorização
1.2.6 Divulgação na imprensa
1.2.7 Confecção/distribuição de convites
1.2.8 Apresentação
1.2.8.1 Estreia
1.2.8.2 Encenação
1.3 Apuração de resultados
1.3.1 Pesquisa de opinião
1.3.2 Retorno financeiro do investimento

Contribuição: Italo Lomba Bastos Junior.

Projeto de produção de livro técnico

1 Gerenciamento do projeto
2 Produção Editorial
2.1 Preparação de matérias
2.2 Esboço de ilustrações
2.3 Revisão ortográfica e gramatical

2.4 Preparo da ficha técnica
2.5 Registro de direito autoral
2.6 Registro (ISBN)
3 Produção gráfica
3.1 Projeto gráfico
3.1.1 Capa
3.1.2 Miolo
3.2 Gráficos e ilustrações
3.3 Diagramação
3.4 Provas
3.4.1 Provas da capa
3.4.2 Provas do miolo
3.5 Impressão
3.6 Acabamento
4 Divulgação
4.1 Parceria comercial
4.2 Entrega para distribuição

Contribuição: GP9RJ (Davi Miranda, Denis Matias, Fabiano Jardim, Pedro Oishi, Roberto Pons e Virgílio Costa).

Projeto de evento esportivo

1 Maratona ciclística da Pampulha
1.1 Infraestrutura administrativa
1.1.1 Inscrição de atletas
1.1.2 Distribuição do material de identificação
1.1.3 Atendimento a atletas de "elite"
1.2 Autorizações/comunicações legais
1.2.1 Autorização da Secretaria Municipal de Trabalho e Emprego (SMTE)
1.2.2 Autorização da Empresa de Transportes e Trânsito de Belo Horizonte (BHTrans)
1.2.3 Comunicação à Fundação Hospitalar do Estado de Minas Gerais (FHEMIG)

- 1.2.4 Solicitação de destacamento do Corpo de Bombeiros – MG
- 1.2.5 Solicitação de destacamento policial

1.3 Busca de patrocinadores (iniciativa privada)
- 1.3.1 Contratos com empresas de material esportivo
- 1.3.2 Contratos com indústria alimentícia
- 1.3.3 Contratos com meios de comunicação
- 1.3.4 Contratos com empresas "âncora"

1.4 Solicitação de apoio (governo)
- 1.4.1 Via pública – Prefeitura Municipal de Belo Horizonte/Regional Pampulha
- 1.4.2 Inclusão no calendário de eventos – Secretaria de Esporte, Turismo e Lazer

1.5 Validação técnica da Confederação Brasileira de Ciclismo (CBC)
- 1.5.1 Planejamento logístico da prova
  - 1.5.1.1 Sinalização do local
  - 1.5.1.2 Estabelecimento e distribuição de pontos de controle
  - 1.5.1.3 Regras, pontuação
- 1.5.2 Recomendações
  - 1.5.2.1 Distribuição de fiscais
  - 1.5.2.2 Regras para sinalização

1.6 Infraestrutura
- 1.6.1 Público
  - 1.6.1.1 Ambulantes
  - 1.6.1.2 Banheiros químicos
- 1.6.2 Atletas/organizadores
  - 1.6.2.1 Reservas em hotéis
  - 1.6.2.2 Recomendações de restaurantes
  - 1.6.2.3 Espaço reservado para patrocinadores

1.7 Divulgação

1.8 Evento
- 1.8.1 Organização do trânsito
- 1.8.2 Policiamento
- 1.8.3 Assistência médica
- 1.8.4 Premiação

1.8.5 Fechamento
1.9 Gerenciamento do projeto

Contribuição: GP4BH (Ariadne, Eduardo, Maristela e Wesley).

Projeto de preservação de patrimônio arquitetônico e cultural

1 Preservação de Patrimônio Arquitetônico e Cultural
- 1.1 Gerenciamento do projeto
- 1.2 Estudo de viabilidade
  - 1.2.1 Pesquisa
    - 1.2.1.1 Contratação de empresa especializada em pesquisa
    - 1.2.1.2 Definição das perguntas, do número de participantes, da localização dos pesquisadores
    - 1.2.1.3 Execução da pesquisa em campo/coleta dos dados
    - 1.2.1.4 Organização dos dados
    - 1.2.1.5 Relatório
  - 1.2.2 Definição das atividades da instituição cultural
  - 1.2.3 Determinação do programa arquitetônico
  - 1.2.4 Verificação das necessidades de cada atividade
  - 1.2.5 Definição dos espaços físicos
  - 1.2.6 Apresentação aos *stakeholders*
- 1.3 Ações com a comunidade e o público-alvo
  - 1.3.1 Identificação de interlocutores
  - 1.3.2 Calendário de atividades
  - 1.3.3 Reuniões e eventos
  - 1.3.4 Aquisição de materiais
  - 1.3.5 Prestação de contas à comunidade
- 1.4 Obras
  - 1.4.1 Serviços preliminares
    - 1.4.1.1 Levantamento cadastral
    - 1.4.1.2 Levantamento topográfico
    - 1.4.1.3 Fotomontagens e maquete

1.4.1.4 Levantamento fotográfico

1.4.1.5 Diagnóstico do estado de conservação do monumento (cobertura, alvenarias, estrutura, bens móveis e integrados etc.)

1.4.2 Projetos técnicos e consultorias

1.4.2.1 Arquitetura/restauração

1.4.2.2 Programação visual

1.4.2.3 Estrutura

1.4.2.4 Luminotécnica

1.4.2.5 Instalação elétrica

1.4.2.6 Instalação de telefone

1.4.2.7 Instalação hidrossanitária

1.4.2.8 Drenagem

1.4.2.9 Sonorização

1.4.2.10 Lógica

1.4.2.11 Climatização/ar-condicionado

1.4.2.12 Sistema de segurança

1.4.2.13 Paisagismo

1.4.2.14 Impermeabilização

1.4.2.15 Consultorias de restauração (alvenarias, revestimentos etc.)

1.4.2.16 Ensaios técnicos (aço, alvenaria, concreto etc.)

1.4.3 Aprovações e licenças

1.4.3.1 Aprovação do projeto com os parceiros (patrocinadores)

1.4.3.2 Aprovação dos projetos técnicos dos órgãos competentes

1.4.3.3 Obtenção de licença de obra

1.4.3.4 Vistoria final dos órgãos competentes

1.4.3.5 Obtenção do Habite-se

1.4.4 Obras civis de restauração e adaptação arquitetônica

1.4.4.1 Canteiro de obras e instalações provisórias (elétrica, hidráulica e esgoto)

1.4.4.2 Proteções nos elementos artísticos e bens móveis

1.4.4.3 Recuperação da cobertura

1.4.4.4 Restauração das fachadas

1.4.4.5 Restauração das esquadrias

- 1.4.4.6 Recuperação estrutural ou execução de nova estrutura
- 1.4.4.7 Paredes de alvenaria e painéis
- 1.4.4.8 Restauração ou execução de novos revestimentos de piso, parede e forro
- 1.4.4.9 Restauração de elementos artísticos
- 1.4.4.10 Restauração dos bens móveis e integrados
- 1.4.5 Instalações complementares
  - 1.4.5.1 Elétrica
  - 1.4.5.2 Telefone
  - 1.4.5.3 Hidrossanitária
  - 1.4.5.4 Drenagem
  - 1.4.5.5 Sonorização
  - 1.4.5.6 Lógica
  - 1.4.5.7 Climatização/ar-condicionado
  - 1.4.5.8 Sistema de segurança
  - 1.4.5.9 Execução de impermeabilização (terraços, reservatórios, banheiros etc.)
  - 1.4.5.10 Recuperação de esquadrias e serralheria
  - 1.4.5.11 Recuperação paisagística
  - 1.4.5.12 Aquisição e instalação de novos equipamentos (elevadores, monta-cargas etc.)
  - 1.4.5.13 Aquisição e instalação de mobiliário e de equipamentos
  - 1.4.5.14 Vistoria técnica, com elaboração de *checklist*, de todos os serviços
  - 1.4.5.15 Revisão dos serviços
  - 1.4.5.16 Vistoria técnica final
  - 1.4.5.17 Limpeza geral
- 1.5 Aspectos culturais
  - 1.5.1 Exposição
    - 1.5.1.1 Relatório da pesquisa e elaboração de conteúdo
    - 1.5.1.2 Projeto museográfico
    - 1.5.1.3 Projeto multimídia
    - 1.5.1.4 Projeto de artes gráficas
    - 1.5.1.5 Projeto de luminotécnica

1.5.1.6 Produção da exposição (material iconográfico, legendas etc.)
1.5.1.7 Produção de painéis e suportes expositivos (vitrines, praticáveis, painéis e bases)
1.5.1.8 Instalação de sistema de iluminação e sonorização
1.5.1.9 Aquisição e instalação de equipamentos
1.5.1.10 Visitas guiadas

1.5.2 Ações de educação
1.5.2.1 Conteúdo pedagógico
1.5.2.2 Assinatura de convênios
1.5.2.3 Contratação de professores
1.5.2.4 Capacitação de professores
1.5.2.5 Aquisição de material didático e de apoio
1.5.2.6 Aulas teóricas e práticas
1.5.2.7 Certificação dos participantes

1.5.3 Publicação
1.5.3.1 Contratação de coordenador-geral
1.5.3.2 Pesquisa e criação de conteúdo
1.5.3.3 Contratação de fotógrafo
1.5.3.4 Escolha de imagens
1.5.3.5 Elaboração de textos e legendas
1.5.3.6 Aquisição de direitos autorais de textos e imagens
1.5.3.7 Elaboração do *layout* e aprovação do "boneco"
1.5.3.8 Provas de capa e de miolo
1.5.3.9 Impressão
1.5.3.10 Distribuição

1.5.4 Entidade gestora
1.5.4.1 Realização de *workshops* para a definição das atividades da instituição cultural
1.5.4.2 Definição do modelo de gestão e do organograma
1.5.4.3 Composição do conselho curatorial
1.5.4.4 Convênio de cooperação técnica entre a entidade gestora e alguma instituição para transferência de informações/tecnologia
1.5.4.5 Capacitação dos funcionários

1.6 Marketing
- 1.6.1 Ações de divulgação do projeto
  - 1.6.1.1 Plano de divulgação
  - 1.6.1.2 Logomarca do projeto
  - 1.6.1.3 Placas de obras
  - 1.6.1.4 *Banners*
  - 1.6.1.5 *Folder* do espaço cultural
  - 1.6.1.6 *Flyers* com a programação do espaço cultural
  - 1.6.1.7 Vídeo institucional e *making of* das obras
  - 1.6.1.8 Convites e envelopes para evento de inauguração
  - 1.6.1.9 Criação, montagem, arte-final e fotolito de todas as peças gráficas
- 1.6.2 Plano de mídia
  - 1.6.2.1 Matéria em jornal do bairro e revistas especializadas
  - 1.6.2.2 Produção de anúncio para jornal, revista e rádio
- 1.6.3 Assessoria de imprensa
  - 1.6.3.1 Elaboração de *release* das principais atividades do projeto
  - 1.6.3.2 Criação e atualização constante do *site*
  - 1.6.3.3 Criação de *e-group*
  - 1.6.3.4 Montagem de *kits* para imprensa, com *release*, fotos etc.
  - 1.6.3.5 Visita de jornalistas às obras e aos eventos com a comunidade
  - 1.6.3.6 Contratação de fotógrafo para registro de todas as atividades do projeto
- 1.6.4 Eventos
  - 1.6.4.1 Definição do tipo de evento, data e convidados especiais
  - 1.6.4.2 Distribuição dos convites
  - 1.6.4.3 Contratação de bufê
  - 1.6.4.4 Contratação de apresentação artística/musical
  - 1.6.4.5 Contratação de equipe de apoio: mestre de cerimônia, recepcionistas, equipe de filmagem, fotógrafo, equipe de manutenção e de limpeza
  - 1.6.4.6 Aluguel de equipamentos audiovisuais (sonorização, iluminação, telões)

1.6.4.7 Aluguel de infraestrutura para evento (palco, púlpito, cobertura)
1.6.4.8 Ornamentação (interna e externa)
1.6.4.9 Brindes (camisetas, canetas, blocos etc.)
1.7 Fechamento do projeto
1.7.1 Encerramento dos contratos
1.7.2 Criação/envio de Formulário de Avaliação do Projeto aos *stakeholders*
1.7.3 Tabulação e análise das informações
1.7.4 Reunião de todos os projetos técnicos e informações relevantes
1.7.5 Relatório final
1.7.6 Apresentação e entrega do Manual de Manutenção ao gestor do monumento

Contribuição: Claudia Coutinho – UN Patrimônio e Ecologia.

Projeto de uma viagem

1 Viagem ecológica
1.1 Preparação da viagem
1.1.1 Plano da viagem
1.1.1.1 Trajeto
1.1.1.2 Atrações
1.1.1.3 Recomendações
1.1.1.4 Material necessário
1.1.2 Guia
1.1.3 Transportes
1.1.3.1 Aéreo
1.1.3.2 Rodoviário
1.1.4 Hospedagem
1.2 Gerenciamento da viagem
1.2.1 Controle
1.2.2 Plano de contingência

1.3 Realização das atrações
  1.3.1 Visitação a cavernas
  1.3.2 Trilha
  1.3.3 Rapel
  1.3.4 *Boia cross*
  1.3.5 *Mountain bike*
  1.3.6 Festa local
1.4 Registro da viagem

Contribuição: GP7RJ (Claudia Elaine Sanchez Floret Madeira, Ivon Faria de Siqueira, Paulo Roberto Schroeder Johann e Roberto Antonio Alves).

7.6.2 ENGENHARIA

Projeto de ampliação de uma fábrica

1 Ampliação de fábrica
  1.1 Início da obra
  1.2 Sondagem
  1.3 Projetos
    1.3.1 Arquitetônico
    1.3.2 Estrutural
    1.3.3 Contenção
  1.4 Regularização do projeto com a prefeitura
  1.5 Serviços preliminares
    1.5.1 Depósito
    1.5.2 Demolições no 1º andar
    1.5.3 Demolições no 2º andar
    1.5.4 Demolição de escada de acesso 2º andar
    1.5.5 Remoção de entulho do 1º andar
    1.5.6 Remoção de entulho do 2º andar
    1.5.7 Instalação e locação
  1.6 Muros de contenção
    1.6.1 Muro de contenção – fundos

- 1.6.2 Muro de contenção lateral
- 1.7 Fundações
  - 1.7.1 Blocos e sapatas armadas
  - 1.7.2 Cintas de travamento (fundação)
- 1.8 Estrutura (pilares + cintas de travamento)
  - 1.8.1 Formas
  - 1.8.2 Armação
  - 1.8.3 Concretagem
  - 1.8.4 Desforma
- 1.9 Cobertura
  - 1.9.1 Confecção das treliças
  - 1.9.2 Instalação das treliças
  - 1.9.3 Colocação das telhas
  - 1.9.4 Calhas
- 1.10 Utilidades
  - 1.10.1 Instalações elétricas
  - 1.10.2 Instalações hidráulicas
  - 1.10.3 Instalações de gás natural
  - 1.10.4 Instalações de oxigênio
  - 1.10.5 Instalações de propano
  - 1.10.6 Instalações de ar comprimido
  - 1.10.7 Instalações mecânicas
- 1.11 Acabamento
  - 1.11.1 Paredes
    - 1.11.1.1 Assentamento de alvenaria
    - 1.11.1.2 Chapisco
    - 1.11.1.3 Reboco
    - 1.11.1.4 Emassamento
    - 1.11.1.5 Pintura
    - 1.11.1.6 Divisórias
  - 1.11.2 Piso
    - 1.11.2.1 Enchimentos e regularizações
    - 1.11.2.2 Contrapiso
      - 1.11.2.2.1 Armação

1.11.2.2.2 Concretagem
1.11.2.2.3 Juntas de dilatação
1.11.2.3 Serviços de acabamento
1.11.3 Esquadrias
1.11.3.1 Assentamento de janelas
1.11.3.2 Assentamento de portas
1.11.3.3 Assentamento de venezianas
1.11.4 Vidro
1.12 Instalação da linha de produção
1.12.1 Chegada do equipamento no porto – RJ
1.12.2 Liberação alfandegária
1.12.3 Transporte
1.12.4 Descarregamento
1.12.5 Montagem de equipamentos
1.13 Gerenciamento do projeto

Contribuição: Túlio Teixeira.

Projeto de um condomínio residencial

1 Gerenciamento do projeto
2 Projetos
2.1 Anteprojeto
2.1.1 Levantamento planialtimétrico
2.1.2 Levantamento das leis de uso do solo e de zoneamento
2.1.3 Apresentação do anteprojeto
2.1.4 Aceite do anteprojeto
2.1.5 Estudo de viabilidade econômica
2.2 Apresentação
2.2.1 Apresentação do projeto de arquitetura
2.2.2 Apresentação do projeto urbanístico (implantação)
2.2.3 Aceite das apresentações
2.3 Aprovação em órgãos públicos
2.3.1 Elaboração dos desenhos para aprovação nos órgãos públicos

- 2.3.2 Acompanhamento dos processos até a liberação dos alvarás
- 2.3.3 Solicitação do Habite-se após a conclusão da obra
- 2.3.4 Acompanhamento dos processos até a liberação do Habite-se

2.4 Projeto-base

- 2.4.1 Projeto-base de arquitetura
- 2.4.2 Projeto-base de urbanismo

2.5 Projeto executivo

- 2.5.1 Projeto executivo e detalhes
- 2.5.2 Projeto estrutural e cálculos
- 2.5.3 Projeto de instalações hidráulicas
- 2.5.4 Projeto de instalações elétricas
- 2.5.5 *As-built*
- 2.5.6 Projeto paisagístico e de iluminação

3 Construção

3.1 Serviços preliminares

- 3.1.1 Terraplanagem
- 3.1.2 Canteiro de obras

3.2 Infraestrutura

- 3.2.1 Topografia
- 3.2.2 Drenagem e esgoto
- 3.2.3 Arruamento
- 3.2.4 Iluminação pública
- 3.2.5 Muro de fechamento e guarita

3.3 Residências

- 3.3.1 Fundações
- 3.3.2 Estrutura
- 3.3.3 Acabamento
    - 3.3.3.1 Revestimentos
    - 3.3.3.2 Instalações
    - 3.3.3.3 Esquadrias
    - 3.3.3.4 Cobertura

3.4 Paisagismo

- 3.4.1 Praças
- 3.4.2 Residências

3.5 Conclusão da obra
4 Marketing e Comercial
4.1 Divulgação (mídia)
4.2 Lançamento (evento)
4.3 Vendas (contrato)

Contribuição: GP4 Campinas (Albino Mercado, Marcelo Cardoso Gothe, Marcos Andrade Batista, Nilton Sergio Capuano e Rogério Rocha e Silva Mandetta).

Projeto de uma nova fábrica

1 Nova fábrica
1.1 Estudos preliminares
1.1.1 Aprovação de investimento
1.1.2 Designação da equipe de trabalho
1.1.3 Estudos preliminares, anteprojeto e pré-seleção de fornecedores
1.1.4 Análise da localização da fábrica
1.2 Projeto
1.2.1 Projeto civil
1.2.1.1 Estudo preliminar
1.2.1.2 Escopo civil
1.2.1.3 Cotações com fornecedores
1.2.1.4 Análise/equalização/negociação do projeto civil
1.2.1.5 Projeto civil básico (*design*)
1.2.1.6 Aprovações oficiais
1.2.1.7 Detalhamento do projeto
1.2.2 Projeto elétrico
1.2.2.1 Projeto elétrico básico
1.2.2.2 Revisão do projeto elétrico básico
1.2.3 Projeto mecânico
1.2.3.1 Projeto mecânico básico
1.2.3.2 Revisão do projeto mecânico básico
1.2.3.3 Cotação da instalação
1.2.3.4 Análise/equalização/negociação

1.3 Equipamentos
- 1.3.1 Equipamento mecânico
  - 1.3.1.1 Equipamentos de processo
    - 1.3.1.1.1 Análise/equalização/negociação
    - 1.3.1.1.2 Desenhos informativos dos equipamentos de processo para construção civil
    - 1.3.1.1.3 Desenhos da implantação mecânica e dos equipamentos de processos
    - 1.3.1.1.4 Suprimento dos equipamentos importados
    - 1.3.1.1.5 Transporte e desembaraço alfandegário
    - 1.3.1.1.6 Fabricação de equipamentos nacionais
  - 1.3.1.2 Monta-cargas
    - 1.3.1.2.1 Especificação do monta-cargas
    - 1.3.1.2.2 Licitação do monta-cargas
    - 1.3.1.2.3 Suprimento do monta-cargas
    - 1.3.1.2.4 Instalação do monta-cargas
    - 1.3.1.2.5 Teste
  - 1.3.1.3 Talhas elétricas
    - 1.3.1.3.1 Especificação da estrutura metálica e das talhas
    - 1.3.1.3.2 Licitação da estrutura metálica e das talhas
    - 1.3.1.3.3 Suprimento da estrutura metálica e das talhas
    - 1.3.1.3.4 Instalação da estrutura metálica e das talhas
  - 1.3.1.4 Equipamentos de acondicionamento
    - 1.3.1.4.1 Estudos de alternativas para acondicionamento
- 1.3.2 Equipamento elétrico
  - 1.3.2.1 Especificação dos equipamentos elétricos
  - 1.3.2.2 Licitação dos equipamentos elétricos
  - 1.3.2.3 Suprimento dos equipamentos/materiais elétricos
- 1.3.3 Laboratório de controle de processo
  - 1.3.3.1 Especificação das necessidades
  - 1.3.3.2 Licitação dos equipamentos complementares
  - 1.3.3.3 Suprimento dos equipamentos/materiais complementares
  - 1.3.3.4 Bancadas de granito
  - 1.3.3.5 Armários sob as bancadas

- 1.4 Instalações
  - 1.4.1 Instalações mecânicas
    - 1.4.1.1 Montagem dos equipamentos de processo
    - 1.4.1.2 Testes
  - 1.4.2 Instalações elétricas
    - 1.4.2.1 Cotação da instalação elétrica
    - 1.4.2.2 Análise/equalização/negociação
    - 1.4.2.3 Suprimento de materiais e equipamentos elétricos
    - 1.4.2.4 Montagem elétrica
    - 1.4.2.5 Testes na instalação elétrica
    - 1.4.2.6 Energização e entrega da instalação elétrica
- 1.5 Civil
  - 1.5.1 Liberação do terreno
    - 1.5.1.1 Relocação do tanque de nitrogênio
    - 1.5.1.2 Demolição do *pipe-rack*
    - 1.5.1.3 Relocação do tanque de ar comprimido
    - 1.5.1.4 Relocação do tanque de ácido clorídrico
    - 1.5.1.5 Demolição do piso e adjacências
    - 1.5.1.6 Construção da nova rua
  - 1.5.2 Construção civil
    - 1.5.2.1 Cotação com fornecedores
    - 1.5.2.2 Análise/equalização/negociação
    - 1.5.2.3 Contratação
    - 1.5.2.4 Serviços preliminares
      - 1.5.2.4.1 Mobilização da equipe
      - 1.5.2.4.2 Locação da torre
      - 1.5.2.4.3 Locação dos armazéns
    - 1.5.2.5 Movimento de terra
      - 1.5.2.5.1 Torre
      - 1.5.2.5.2 Armazéns
    - 1.5.2.6 Estaqueamento
      - 1.5.2.6.1 Torre
      - 1.5.2.6.2 Armazéns
    - 1.5.2.7 Infraestrutura

1.5.2.7.1 Torre
1.5.2.7.2 Armazéns
1.5.2.8 Estrutura *in loco*
1.5.2.8.1 Torre
1.5.2.8.2 Armazéns
1.5.2.9 Estrutura metálica de cobertura
1.5.2.10 Alvenarias e fechamentos
1.5.2.10.1 Torre
1.5.2.10.2 Armazéns
1.5.2.11 Revestimentos de parede
1.5.2.11.1 Torre
1.5.2.11.2 Armazéns
1.5.2.12 Revestimentos de piso
1.5.2.12.1 Piso de concreto na torre
1.5.2.12.2 Piso de concreto nos armazéns
1.5.2.13 Pintura
1.5.2.13.1 Torre
1.5.2.13.2 Armazéns
1.5.2.14 Impermeabilizações
1.5.2.14.1 Torre
1.5.2.15 Esquadrias
1.5.2.16 Vidros
1.5.2.17 Louças e metais sanitários
1.5.2.18 Instalações hidráulicas
1.5.2.18.1 Torre
1.5.2.18.2 Armazéns
1.5.2.19 Divisórias e forros
1.5.2.20 Diversos
1.5.2.21 Prateleiras e *drives-in*
1.5.2.21.1 Especificação das prateleiras
1.5.2.21.2 Licitação das prateleiras
1.5.2.21.3 Suprimento das prateleiras
1.5.2.21.4 Instalação das prateleiras
1.5.2.22 Arruamento

1.5.2.22.1 Especificação do arruamento
1.5.2.22.2 Licitação do arruamento
1.5.2.22.3 Obra do arruamento
1.5.2.23 Finais
1.5.3 Aplicação do piso epóxi
1.5.3.1 Obras
1.6 Recursos Humanos
1.6.1 Seleção e contratação de pessoal
1.6.2 Treinamento de pessoal
1.7 Posta em marcha
1.7.1 Comissionamento do processo
1.7.2 *Start-up*
1.7.3 Operação assistida
1.7.4 Disponibilização da elevação do estoque em 15 dias
1.8 Transferência de máquinas da fábrica antiga
1.8.1 Contratação de fornecedor
1.8.2 Desmontagem
1.8.3 Transporte
1.8.4 Montagem na nova fábrica
1.9 Conclusão

Contribuição: Warlei Agnelo de Oliveira.

Projeto de construção de um motel

1 Construção de motel
1.1 Gerenciamento do projeto
1.2 Pesquisa do local
1.2.1 Consulta a imobiliárias
1.2.2 Visita a terrenos
1.2.3 Escolha do terreno
1.3 Estudo de viabilidade
1.3.1 Impacto do negócio
1.3.2 Restrições legais
1.3.3 Avaliação de custos

- 1.3.4 *Payback*
- 1.3.5 Relatório consolidado
- 1.4 Aquisição do terreno
  - 1.4.1 Fechamento de compra/venda
  - 1.4.2 Pagamento do terreno
  - 1.4.3 Registros em cartório
- 1.5 Licenças
  - 1.5.1 Licenças municipais
  - 1.5.2 Vigilância sanitária
  - 1.5.3 Vigilância ambiental
- 1.6 Instalação
  - 1.6.1 Obra civil
    - 1.6.1.1 Subcontratação de arquiteto
    - 1.6.1.2 Aprovação do projeto civil
    - 1.6.1.3 Subcontratação da construtora
    - 1.6.1.4 Aprovação do contrato com a construtora
    - 1.6.1.5 Conclusão das obras
  - 1.6.2 Decoração
    - 1.6.2.1 Subcontratação do decorador
    - 1.6.2.2 Aprovação do projeto do decorador
    - 1.6.2.3 Acompanhamento da execução do projeto do decorador
    - 1.6.2.4 Conclusão do projeto de decoração
- 1.7 Marketing
  - 1.7.1 Seleção da agência de publicidade
  - 1.7.2 Contratação da agência de publicidade
  - 1.7.3 Divulgação
- 1.8 Fechamento
  - 1.8.1 Entrega do motel
  - 1.8.2 Aceite do cliente
  - 1.8.3 Encerramento de contratos
  - 1.8.4 Relatórios de conclusões
  - 1.8.5 Encerramento do projeto

Contribuição: GP4 Campinas (Adriana Araujo, Marcello Ribeiro Skliutas, Fabio Madureira, Simone Froes, Vilson da Mata Jr. e Douglas Silva).

Projeto de fabricação, entrega e comissionamento (instalação/funcionamento) de um equipamento turbogerador

1 Equipamento turbogerador
- 1.1 Gerenciamento do projeto
- 1.2 Definição/concepção
- 1.3 Seleção de fornecedores
  - 1.3.1 Pesquisa
    - 1.3.1.1 Opções de tecnologia
    - 1.3.1.2 *Benchmarking*
    - 1.3.1.3 Fornecedores potenciais
    - 1.3.1.4 Apresentação de relatórios
  - 1.3.2 Seleção
    - 1.3.2.1 Definição de tecnologias
    - 1.3.2.2 Licitação
- 1.4 Contratação
  - 1.4.1 Negociação
  - 1.4.2 Redação de contratos
  - 1.4.3 Assinatura de contratos
- 1.5 Fabricação
  - 1.5.1 Equipamento
    - 1.5.1.1 Turbina
    - 1.5.1.2 Gerador
    - 1.5.1.3 Instrumentação
    - 1.5.1.4 Segurança
    - 1.5.1.5 Controle
    - 1.5.1.6 Sistemas auxiliares
      - 1.5.1.6.1 Motores elétricos
      - 1.5.1.6.2 Tratamento de ar de combustão
      - 1.5.1.6.3 Redes
      - 1.5.1.6.4 Embreagem
      - 1.5.1.6.5 Ventilação/exaustão

- 1.5.2 Documentos
  - 1.5.2.1 Manuais
    - 1.5.2.1.1 Manual de operação
    - 1.5.2.1.2 Manual de manutenção
  - 1.5.2.2 *Databook* de fabricação
  - 1.5.2.3 Certificados/legislação
- 1.5.3 Testes
  - 1.5.3.1 Planilhas de testes
  - 1.5.3.2 Certificados

1.6 Entrega/transporte
- 1.6.1 Transporte *on-shore*
  - 1.6.1.1 Rota
  - 1.6.1.2 Plano de transporte *on-shore*
  - 1.6.1.3 Termo de recebimento
- 1.6.2 Transporte *off-shore*
  - 1.6.2.1 Rota
  - 1.6.2.2 Plano de transporte *off-shore*
  - 1.6.2.3 Termo de recebimento

1.7 Comissionamento (instalação)
- 1.7.1 Obras civis
- 1.7.2 Obras eletromecânicas
- 1.7.3 Instalação
- 1.7.4 Testes
- 1.7.5 Termo de recebimento

1.8 Garantia
- 1.8.1 Manuais
- 1.8.2 Descrição de sobressalentes
- 1.8.3 Testes

1.9 Fechamento
- 1.9.1 Encerramento de contratos
- 1.9.2 Relatório de lições aprendidas
- 1.9.3 Encerramento do projeto

Projeto de lançamento de um novo veículo

1 Lançamento de um novo veículo
    1.1 Definição do produto
        1.1.1 Análise da concorrência
        1.1.2 Pesquisa de mercado
    1.2 Definição do modelo de estilo
        1.2.1 Pré-estudos (desenho)
            1.2.1.1 Definição de dimensões máximas
        1.2.2 Construção de maquetes
    1.3 Descrição técnica do produto
        1.3.1 Valorização do investimento e custo do produto
            1.3.1.1 Avaliação de custos
            1.3.1.2 *Payback*
        1.3.2 Definição do chassi
        1.3.3 Definição da carroceria
        1.3.4 Definição da instalação elétrica
        1.3.5 Definição do motor
    1.4 Desenvolvimento do projeto do produto
        1.4.1 Projeto do produto
            1.4.1.1 Planejamento
            1.4.1.2 Detalhamento
            1.4.1.3 Cronograma
            1.4.1.4 Elaboração matemática das peças
    1.5 Desenvolvimento do projeto do processo
        1.5.1 Projeto do processo
            1.5.1.1 Análise de investimento
            1.5.1.2 Análise de mão de obra
            1.5.1.3 Definição da capacidade produtiva
    1.6 Construção de protótipos
        1.6.1 Protótipos
            1.6.1.1 Definição de fornecedores e contratações
            1.6.1.2 Recebimento de peças
            1.6.1.3 Montagem de protótipos

1.6.1.4 Testes dos protótipos

1.7 Construção de ferramental

1.7.1 Definição dos ferramentais

1.7.1.1 Fabricação do ferramental

1.7.1.2 Qualificação do ferramental

1.8 Pré-séries

1.8.1 Recebimento de peças

1.8.2 Montagem de pré-séries

1.8.3 Testes de durabilidade e confiabilidade

1.8.4 Aprovação do processo produtivo

1.9 Desenvolvimento do *site* de vendas *on-line*

1.9.1 Contratação de fornecedores

1.9.2 Elaboração do *site*

1.9.3 Aprovação do *site*

1.10 Treinamento da rede assistencial

1.10.1 Contratação das empresas para treinamento

1.10.2 Definição do treinamento

1.10.3 Realização do treinamento

1.10.4 Certificação

1.11 Início de produção

1.11.1 Programação dos componentes

1.11.2 Programação da produção

1.11.3 Montagem

1.12 Lançamento do produto

1.12.1 Definição da publicidade

1.12.2 Contratação da empresa de publicidade

1.12.3 Divulgação do produto na mídia

1.12.4 Evento de lançamento

1.13 Fechamento

1.13.1 Memória técnica

1.13.2 Encerramento de contratos

1.13.3 Relatórios de lições aprendidas

1.13.4 Encerramento do projeto

Projeto de pesquisa de extração de diamantes

1 Gerenciamento do projeto
- 1.1 Reuniões
- 1.2 Plano do projeto
- 1.3 Local de trabalho do projeto
- 1.4 Equipamentos do projeto

2 Documentação
- 2.1 Departamento Nacional de Produção Mineral (DNPM)
  - 2.1.1 Taxas anuais
  - 2.1.2 Relatório final de pesquisa
- 2.2 Fundação Estadual do Meio Ambiente (Feam)
  - 2.2.1 Licença de operação
  - 2.2.2 Condicionantes
  - 2.2.3 Vistorias
- 2.3 Instituto Estadual de Florestas (IEF)
  - 2.3.1 Projetos Técnicos de Recomposição Florestal (PTRFs)
  - 2.3.2 Condicionantes
  - 2.3.3 Vistorias
- 2.4 Instituto Mineiro de Gestão das Águas (Igam)
  - 2.4.1 Outorga
  - 2.4.2 Condicionantes
- 2.5 Contratos
  - 2.5.1 Superficiários
  - 2.5.2 Empresas terceirizadas
  - 2.5.3 Aluguéis

3 Operação de campo
- 3.1 Amostragem (lavra)
  - 3.1.1 Preparação
  - 3.1.2 Seleção da área
  - 3.1.3 Abertura das cavas
  - 3.1.4 Bacias de decantação
  - 3.1.5 Rejeitos
  - 3.1.6 Recuperação da área

- 3.1.7 Equipamentos
- 3.2 Beneficiamento
  - 3.2.1 Transporte
  - 3.2.2 Desagregação
  - 3.2.3 Classificação
  - 3.2.4 Concentração
  - 3.2.5 Recuperação
  - 3.2.6 Equipamentos
- 4 Infraestrutura
  - 4.1 Operacional
    - 4.1.1 Almoxarifado
    - 4.1.2 Escritório
    - 4.1.3 Oficina mecânica
    - 4.1.4 Alojamento
    - 4.1.5 Refeitório
    - 4.1.6 Banheiros
    - 4.1.7 Portaria
    - 4.1.8 Fossas
    - 4.1.9 Caixas de graxas
    - 4.1.10 Veículos
  - 4.2 Administrativa
    - 4.2.1 Montagem do escritório
    - 4.2.2 Apoio e logística
    - 4.2.3 Contratação
    - 4.2.4 Licitação
  - 4.3 Física
    - 4.3.1 Energia elétrica
    - 4.3.2 Segurança e higiene
    - 4.3.3 Transporte e sinalização
- 5 Avaliação
  - 5.1 Teor médio
  - 5.2 Estimativas de reserva
  - 5.3 Estudo de viabilidade
- 6 Relatório final de pesquisa

- 6.1 Confecção
- 6.2 Apresentação ao DNPM
- 6.3 Aceite final

Fonte: GP1BH (Angela Rocha Rabello, Dulcinéia de Oliveira Carvalhaes, Glícia Mourthe, Luis Carlos Ferreira da Silva, Maria do Carmo Miranda Barbosa, Myrian Teixeira Moura, Simone Ribeiro Furbino Souza, Tarciso Satler Hot e Washington Luiz Soares de Carvalho).

Projeto de reforma de um escritório

- 1 Criação
  - 1.1 Definição dos cinco melhores candidatos a arquitetos
  - 1.2 Entrevista com arquitetos
  - 1.3 Seleção do arquiteto
  - 1.4 Primeiro rascunho do plano
  - 1.5 Plano final
  - 1.6 Plano de telecomunicações
  - 1.7 Permissão para construção
- 2 Preparação para a reforma
  - 2.1 Orçamento das empresas transportadoras
  - 2.2 Contrato da transportadora
  - 2.3 Empacotamento do conteúdo das salas
  - 2.4 Remoção das caixas do depósito
- 3 Reforma
  - 3.1 Construção
    - 3.1.1 Retirada do papel de parede
    - 3.1.2 Remoção de parede
    - 3.1.3 Paredes novas
    - 3.1.4 Inspeção da construção
    - 3.1.5 Parede seca
    - 3.1.6 Empastamento
    - 3.1.7 Pintura
    - 3.1.8 Rodapés e acabamento
    - 3.1.9 Instalação de armários novos

3.1.10 Pintura dos armários
3.1.11 Assoalho
3.1.12 Instalação de dispositivos
3.2 Ar-condicionado
3.3 Eletricidade
3.4 Encanamento
3.5 Telecomunicações
3.6 Inspeção final
4 Decoração
4.1 Contrato com decorador
4.2 Seleção de esquema de cores e móveis
4.3 Móveis novos
4.4 Persianas
5 Após a reforma
5.1 Retirada de caixas do depósito
5.2 Instalação de acessórios
5.2.1 Lâmpadas
5.2.2 Plantas
5.2.3 Quadros
5.3 Instalação de equipamentos

Projeto de implantação de uma termoelétrica

1 Fase de implantação do projeto (execução)
1.1 Gerenciamento do projeto
1.2 Montagem eletromecânica
1.2.1 Turbinas
1.2.1.1 Turbina a gás I
1.2.1.1.1 Estrutura
1.2.1.1.2 Mecânica
1.2.1.1.3 Tubulação
1.2.1.1.4 Elétrica
1.2.1.1.5 Instrumentação
1.2.1.1.6 Isolamento

1.2.1.1.7 Pintura
1.2.1.1.8 Chaminé
1.2.1.2 Turbina a gás II
1.2.1.2.1 Estrutura
1.2.1.2.2 Mecânica
1.2.1.2.3 Tubulação
1.2.1.2.4 Elétrica
1.2.1.2.5 Instrumentação
1.2.1.2.6 Isolamento
1.2.1.2.7 Pintura
1.2.1.2.8 Chaminé
1.2.1.3 Turbina a vapor
1.2.1.3.1 Estrutura
1.2.1.3.2 Mecânica
1.2.1.3.3 Tubulação
1.2.1.3.4 Elétrica
1.2.1.3.5 Instrumentação
1.2.1.3.6 Isolamento
1.2.1.3.7 Pintura
1.2.1.3.8 Chaminé
1.2.2 Caldeira
1.2.2.1 Caldeira I
1.2.2.1.1 Estrutura
1.2.2.1.2 Módulos
1.2.2.1.3 Tanques
1.2.2.1.4 Tubulação
1.2.2.1.5 Elétrica
1.2.2.1.6 Instrumentação
1.2.2.1.7 Limpeza química
1.2.2.1.8 Isolamento
1.2.2.1.9 Pintura
1.2.2.2 Caldeira II
1.2.2.2.1 Estrutura
1.2.2.2.2 Módulos

- 1.2.2.2.3 Tanques
- 1.2.2.2.4 Tubulação
- 1.2.2.2.5 Elétrica
- 1.2.2.2.6 Instrumentação
- 1.2.2.2.7 Limpeza química
- 1.2.2.2.8 Isolamento
- 1.2.2.2.9 Pintura
- 1.2.3 *Blow Out Preventer* (BOP)
  - 1.2.3.1 *Pipe-rack*
  - 1.2.3.2 Tubulação de vapor
  - 1.2.3.3 Tubulação de água
  - 1.2.3.4 Tubulação de ar
  - 1.2.3.5 Tubulação hidráulica
- 1.2.4 Sistemas auxiliares
  - 1.2.4.1 Tanques
  - 1.2.4.2 Bombas
  - 1.2.4.3 Pontes rolantes
  - 1.2.4.4 Filtros
  - 1.2.4.5 Compressores
  - 1.2.4.6 Torre de resfriamento
  - 1.2.4.7 Condensador
  - 1.2.4.8 Caldeira auxiliar
  - 1.2.4.9 Transformadores
- 1.3 Subcontrato (obras civis)
  - 1.3.1 Fundações
  - 1.3.2 Prédios/instalações provisórias
  - 1.3.3 Bases de equipamentos
- 1.4 Comissionamento
  - 1.4.1 Teste individual
  - 1.4.2 Teste conjunto
  - 1.4.3 Teste de partida
  - 1.4.4 Entrega

Contribuição: GP2SP.

7.6.3 PROCESSOS

Projeto de remodelagem e automatização de processo

1 Remodelagem e automatização de processo
- 1.1 Modelagem do processo atual
  - 1.1.1 Lista dos funcionários e setores envolvidos
  - 1.1.2 Formação da equipe de validação
  - 1.1.3 Levantamento do processo atual
  - 1.1.4 Reunião de validação do processo atual
  - 1.1.5 Modelo do processo atual
- 1.2 Modelagem do processo otimizado
  - 1.2.1 Levantamento de alternativas de solução
  - 1.2.2 Reunião de formulação do processo otimizado
  - 1.2.3 Escolha da solução a ser implementada no *software*
  - 1.2.4 Apresentação da solução à equipe de validação
  - 1.2.5 Registro dos ajustes apontados
  - 1.2.6 Modelo do processo otimizado
- 1.3 Implementação do processo otimizado
  - 1.3.1 Desenvolvimento do *software*
  - 1.3.2 Testes preliminares
    - 1.3.2.1 Plano de testes
    - 1.3.2.2 Testes
    - 1.3.2.3 Relatório de testes preliminares
  - 1.3.3 Reunião de avaliação do relatório de testes
  - 1.3.4 Ajustes após avaliação
  - 1.3.5 Manuais
    - 1.3.5.1 Manual de operação
    - 1.3.5.2 Manual do usuário
- 1.4 Implantação
  - 1.4.1 Estratégia de implantação
  - 1.4.2 Instalação do sistema
  - 1.4.3 Migração de dados
  - 1.4.4 Treinamento

- 1.4.5 Início da operação (marco)
- 1.5 Encerramento do projeto
  - 1.5.1 Acompanhamento do início da operação
  - 1.5.2 Relatório de lições aprendidas
  - 1.5.3 Relatório do projeto

Projeto "Ilha do Pão" – implantação de uma minipadaria

- 1 Implantação de minipadaria
  - 1.1 Definição do local
    - 1.1.1 Estudo de campo para escolha do local
    - 1.1.2 Relatório de viabilidade do local
    - 1.1.3 Definição de local
  - 1.2 Contratação
    - 1.2.1 Redação de contrato
    - 1.2.2 Assinatura de contrato
  - 1.3 Treinamento
    - 1.3.1 Plano de aula
    - 1.3.2 Aula
    - 1.3.3 Certificação
  - 1.4 Transporte
    - 1.4.1 Programação da entrega
    - 1.4.2 Materiais entregues
  - 1.5 Instalação
    - 1.5.1 *Freezer*
    - 1.5.2 Forno
    - 1.5.3 Balcão
    - 1.5.4 Luminoso
    - 1.5.5 Testes de equipamentos
      - 1.5.5.1 Plano de testes
      - 1.5.5.2 Testes
      - 1.5.5.3 Relatório de testes
  - 1.6 Fechamento
    - 1.6.1 Relatório de correções do equipamento

1.6.2 Relatório de avaliação da *performance* do equipamento
1.6.3 Relatório de avaliação do atendimento e do produto elaborado
1.6.4 Relatório de lições aprendidas na implantação
1.7 Gerenciamento de projeto (GP)

Contribuição: GP2POA (Andres Schmitt da Silva Mello, Carlos Roberto da Silva Chitão, Marcos André Deboni, Rodrigo Artioli e Taylor Fávero Guedes).

Project Management Office (Projeto de implementação de um PMO)

1 Implementação do PMO
1.1 Gerenciamento do projeto
1.2 Venda interna do projeto
1.2.1 Questionário com diretores para ver se acreditam em Gerenciamento de Projeto (GP)
1.2.2 Apresentação de casos de PMOs bem-sucedidos
1.2.3 Lista dos projetos dos últimos seis meses
1.2.4 Lista de métricas de sucesso de um projeto na NetCentrics
1.2.5 Escore dos projetos atuais
1.2.6 Lista dos desafios e problemas nos projetos
1.3 Criação de cultura sobre GP
1.3.1 Palestras com convidados externos
1.3.2 Eventos e *workshops* internos
1.3.3 *Banners* e *folders* para divulgação interna
1.4 Implementação do PMO
1.4.1 Sistema de Gestão Eletrônica de Documentos (GED) – *Knowledge Base* (KB)
1.4.2 Integração do GED com sistema financeiro
1.4.3 Nomeação de gerente do PMO
1.4.4 Criação oficial do departamento do PMO
1.4.5 Criação de *templates* básicos
1.4.6 Tabela de categorização de projetos
1.4.7 Tabela de *deliverables* por categoria de projeto
1.5 Treinamento da equipe

- 1.5.1 Treinamento da equipe na metodologia *Project Management Institute* (PMI)
- 1.5.2 Treinamento da equipe nas ferramentas de GP
- 1.5.3 *Guideline* de uso da metodologia
- 1.5.4 Plano de treinamento e certificação PMI para GPs
- 1.5.5 Métricas de avaliação dos GPs e das equipes de projeto

1.6 Desenvolvimento de um piloto
- 1.6.1 Identificação do projeto piloto
- 1.6.2 Lista de métricas
- 1.6.3 Escore do projeto

1.7 Acompanhamento da operação inicial do PMO
- 1.7.1 Revisão das métricas de projetos
- 1.7.2 Revisão dos *templates* revisados
- 1.7.3 Cronograma de *reporting* dos GPs nos projetos
- 1.7.4 Matriz de responsabilidades dos GPs e PMOs

Contribuição: GP2POA (Fernando Lopes Maia, Gustavo Corrêa Schuch, Lisandro Santos dos Santos, Luciano Alan Brasil da Silva, Marcelo Hunecke e Roberta Pereira Rauber).

Implementação de um sistema de gestão de qualidade em saúde e segurança

1 Implementação de sistema de gestão de qualidade

1.1 Gerenciamento do projeto

1.2 Estrutura organizacional do projeto
- 1.2.1 Definição da estrutura organizacional para coordenação do projeto
- 1.2.2 Plano de capacitação para a equipe de projeto
- 1.2.3 Mapeamento dos processos da XYPT
- 1.2.4 Formação de um grupo de "agentes" de saúde e segurança
- 1.2.5 Elaboração e implementação de plano de capacitação para os agentes de saúde e segurança

1.3 Capacitação da divisão de saúde e segurança

1.4 Mapeamento dos processos da área de saúde e segurança

1.5 Programa de comunicação e educação em saúde e segurança

- 1.5.1 Definição de estratégias de comunicação para assuntos relacionados à saúde e segurança
- 1.5.2 Definição de estratégia de capacitação e desenvolvimento para assuntos relacionados à saúde e segurança
- 1.5.3 Elaboração de programa de capacitação e desenvolvimento sobre saúde e segurança
- 1.6 Política + planejamento estratégico + análise crítica pela direção
  - 1.6.1 Relatório financeiro de *Environmental, Health and Safety* (EHS – custo de absenteísmo, acidentes, assistência médica etc.)
  - 1.6.2 Plano estratégico (até nível setorial e pessoal)
  - 1.6.3 Formação de comitê executivo de EHS
- 1.7 Avaliação de riscos
- 1.8 Legislação
- 1.9 Comunicação externa
- 1.10 Documentação de saúde e segurança
- 1.11 Controles e monitoramento
  - 1.11.1 Relatório de inspeção de segurança
  - 1.11.2 Plano de atuação da Comissão de Controle de Materiais Perigosos (CCMP)
- 1.12 Gestão de fornecedores
  - 1.12.1 Relatório de controle de terceiros
  - 1.12.2 Plano de integração de terceiros
- 1.13 Programa de capacitação em EHS para envolvidos com projetos de engenharia
- 1.14 Plano de emergência
  - 1.14.1 Capacitação dos empregados
  - 1.14.2 Plano de manutenção de equipamentos
- 1.15 Investigação e tratamento de incidentes
  - 1.15.1 Procedimento para detecção e registro de incidentes
  - 1.15.2 Plano de ações preventivas
- 1.16 Auditorias internas

Contribuição: GP3 Campinas (Flavio Feltrin, Renato Beani, Paulo Jardim, Geraldo Rondan, Luiz Kawakami, Luciano Boza e Domingos Miranda).

Projeto de recuperação de uma empresa

1 "Recuperação de empresa"
- 1.1 Definição/concepção
  - 1.1.1 Diagnóstico de oportunidade
  - 1.1.2 Estudo de viabilidade
    - 1.1.2.1 Avaliação de custos
    - 1.1.2.2 Pesquisa de novos investimentos nas áreas de petróleo, gás, petroquímica, siderúrgica, metalúrgica, energia elétrica e plantas industriais
    - 1.1.2.3 Impacto de ajuste ambiental
    - 1.1.2.4 Restrições legais
    - 1.1.2.5 *Payback period*
  - 1.1.3 *Project Charter*
    - 1.1.3.1 Impacto nos negócios
    - 1.1.3.2 Descrição do produto
    - 1.1.3.3 Definições de responsabilidades
    - 1.1.3.4 Designação do gerente de projeto
  - 1.1.4 Premissas
  - 1.1.5 Restrições
  - 1.1.6 Autorização do projeto
- 1.2 Planejamento
  - 1.2.1 Escopo
    - 1.2.1.1 Planejamento
    - 1.2.1.2 Detalhamento
  - 1.2.2 Cronograma
  - 1.2.3 Orçamento
  - 1.2.4 Recursos
  - 1.2.5 Risco
  - 1.2.6 Qualidade
  - 1.2.7 Suprimentos
  - 1.2.8 Apresentação do plano do projeto
- 1.3 Pesquisa
  - 1.3.1 Opções de investimentos

        1.3.2 Fornecedores prioritários
        1.3.3 Apresentação de relatório
    1.4 Seleção
        1.4.1 Definição de fornecedores
        1.4.2 Negociação com fornecedores
    1.5 Vendas/contratação
        1.5.1 Conversão de contratos
        1.5.2 Assinatura de contratos
    1.6 Implementação da solução
        1.6.1 Desenvolvimento de novos produtos
        1.6.2 Treinamento
    1.7 Avaliação econômico-financeira
    1.8 Fechamento
        1.8.1 Encerramento das negociações com credores
        1.8.2 Relatório de lições aprendidas
        1.8.3 Encerramento do projeto

Contribuição: GP7RJ (Fernando de Novais Cordeiro Filho).

7.6.4 TECNOLOGIA DA INFORMAÇÃO

Projeto de desenvolvimento de sistema utilizando o método tradicional (em cascata)

1 Desenvolvimento de sistema pelo método tradicional
    1.1 Gerenciamento do projeto
    1.2 Infraestrutura de desenvolvimento
        1.2.1 *Hardware*
        1.2.2 *Software*
        1.2.3 Treinamento de equipe de desenvolvimento
    1.3 Levantamento
        1.3.1 Entrevistas
        1.3.2 Modelo funcional atual
        1.3.3 Modelo de dados atual

- 1.3.4 Alternativas de solução
- 1.3.5 Seleção alternativa

1.4 Projeto

- 1.4.1 Modelo funcional proposto
- 1.4.2 Modelo de dados proposto

1.5 Implementação

- 1.5.1 Prototipagem
  - 1.5.1.1 Desenho de telas
  - 1.5.1.2 Relatório de alterações
  - 1.5.1.3 Realização das alterações
  - 1.5.1.4 Aceite do cliente
- 1.5.2 Desenvolvimento
  - 1.5.2.1 Projeto físico
  - 1.5.2.2 Codificação dos módulos
  - 1.5.2.3 Plano de testes unitários
  - 1.5.2.4 Plano de testes integrados
- 1.5.3 Testes
  - 1.5.3.1 Plano de testes
  - 1.5.3.2 Testes unitários I
  - 1.5.3.3 Testes integrados I
  - 1.5.3.4 Resultado dos testes I
- 1.5.4 Ajustes e correções
  - 1.5.4.1 Ajustes e correções I
  - 1.5.4.2 Testes unitários II
  - 1.5.4.3 Testes integrados II
  - 1.5.4.4 Resultado dos testes II
  - 1.5.4.5 Relatório de ajustes e correções I
  - 1.5.4.6 Ajustes e correções II
- 1.5.5 Documentação
  - 1.5.5.1 Manual do sistema
  - 1.5.5.2 Manual do usuário
  - 1.5.5.3 Manual de operação
  - 1.5.5.4 Material de treinamento

1.6 Implantação

1.6.1 Configuração da infraestrutura
1.6.2 Instalação do sistema
1.6.3 Testes do cliente
1.6.4 Conversão dos dados
1.6.5 Treinamento
1.6.6 Operação assistida
1.6.6.1 Ajustes e correções
1.6.6.2 Acompanhamento
1.7 Fechamento
1.7.1 Aceite formal do cliente
1.7.2 Relatório de lições aprendidas
1.7.3 Comemoração

Projeto de desenvolvimento de *software* utilizando o *Rational Unified Process* (RUP)

1 Desenvolvimento de *software* utilizando o RUP
1.1 Concepção
1.1.1 Gerenciamento do projeto
1.1.2 Modelagem de negócio
1.1.2.1 Modelo de processos de negócio
1.1.2.2 Especificação dos processos de negócio
1.1.3 Requisitos
1.1.3.1 Documento de visão
1.1.3.2 Glossário
1.1.3.3 Modelo de casos de uso
1.1.4 Análise e *design*
1.1.4.1 Prova de conceito arquitetural
1.1.4.2 Protótipo
1.1.5 Testes
1.1.5.1 Plano de testes
1.1.5.2 Protótipo validado
1.1.6 Ambiente
1.1.6.1 RUP customizado para o projeto

1.1.6.2 *Templates* para o projeto

1.2 Elaboração (subprojeto)

1.2.1 Gerenciamento do projeto

1.2.2 Requisitos

1.2.2.1 Especificações dos casos de uso

1.2.2.2 Modelo de casos de uso

1.2.3 Análise e *design*

1.2.3.1 Documento da arquitetura do *software*

1.2.3.2 Modelo de análise

1.2.3.3 Modelo de *design*

1.2.3.4 Modelo de dados

1.2.3.5 Modelo de subsistemas

1.2.3.6 Modelo de implantação

1.2.3.7 Realizações dos casos de uso

1.2.4 Implementação

1.2.4.1 Modelo de implementação

1.2.4.2 Plano de integrações

1.2.5 Testes

1.2.5.1 Plano de testes

1.2.5.2 Especificações de testes

1.2.5.3 Configuração do ambiente de testes

1.2.5.4 Massa de dados de testes

1.2.6 Ambiente

1.2.6.1 RUP customizado para o projeto

1.2.6.2 *Templates* para o projeto

1.3 Construção (subprojeto)

1.3.1 Gerenciamento do projeto

1.3.2 Requisitos

1.3.2.1 Especificações dos casos de uso

1.3.2.2 Modelo de casos de uso

1.3.3 Análise e *design*

1.3.3.1 Modelo de análise

1.3.3.2 Modelo de *design*

1.3.3.3 Modelo de dados

1.3.3.4 Realizações dos casos de uso
1.3.4 Implementação
1.3.4.1 Modelo de implementação
1.3.4.2 Plano de integrações
1.3.5 Testes
1.3.5.1 Plano de testes
1.3.5.2 Especificações de testes
1.3.5.3 Configuração do ambiente de testes
1.3.5.4 Massa de dados de testes
1.3.5.5 Resultados dos testes
1.3.6 Implantação
1.3.6.1 Plano de implantação
1.3.6.2 Ambiente de produção preparado para implantação
1.3.7 Ambiente
1.3.7.1 RUP customizado para o projeto
1.3.7.2 *Templates* para o projeto
1.4 Transição (subprojeto)
1.4.1 Gerenciamento do projeto
1.4.2 Testes
1.4.2.1 Massa de dados de testes
1.4.2.2 Resultados dos testes
1.4.3 Implantação
1.4.3.1 Plano de implantação
1.4.3.2 Material de treinamento
1.4.3.3 Material de suporte
1.4.3.4 Implantação de sistema
1.4.3.5 Treinamento dos usuários
1.4.3.6 Assistência de operação

Contribuição: GP4BH (Doris Iabrudi, Eduardo Seba, Goreth Corrêa e Rodrigo Duran).

Projeto de desenvolvimento de sistemas de informações (modelo espiral ou incremental)

1 Desenvolvimento de sistema em espiral
  1.1 Estudos iniciais
    1.1.1 Definição inicial do escopo
    1.1.2 Estudo de viabilidade inicial
  1.2 Escolha de *hardware* e *software*
  1.3 Aquisição de tecnologia
  1.4 Construção do incremento I
    1.4.1 Definição do escopo
    1.4.2 Planejamento
    1.4.3 Análise
    1.4.4 Prototipação
    1.4.5 Estudo de viabilidade (refinamento)
    1.4.6 Projeto
    1.4.7 Codificação
    1.4.8 Teste de aceitação
    1.4.9 Implantação
  1.5 Construção do incremento II
    1.5.1 Definição do escopo
    1.5.2 Planejamento
    1.5.3 Análise
    1.5.4 Prototipação
    1.5.5 Estudo de viabilidade (refinamento)
    1.5.6 Projeto
    1.5.7 Codificação
    1.5.8 Teste de aceitação
    1.5.9 Implantação
  1.6 Entrega do sistema

Projeto de desenvolvimento de *website*

1 Projeto *website*
  1.1 Características do *website*
    1.1.1 Contexto organizacional
    1.1.2 Objetivos do *website*
    1.1.3 Público-alvo do *website* (nível cultural, tipo de acesso, faixa etária, perfil de acesso, expectativa de acesso etc.)
    1.1.4 Expectativas do cliente
    1.1.5 Grandes grupos de informação do *website*
    1.1.6 Condicionantes de desenvolvimento do *website* (volume de informação, plataforma tecnológica, frequência de atualização, fontes de informação, idioma, domínio, provedor, premissas, definições e preferências dos clientes etc.)
    1.1.7 Expectativa de prazo e custos do cliente
    1.1.8 Indicadores para avaliação do *website*
    1.1.9 Estudo de *website* de outras empresas relacionadas com o cliente (concorrentes, matriz, similares, *websites* premiados etc.)
    1.1.10 *Briefing*
  1.2 Proposta técnica
    1.2.1 Estratégia de atendimento ao cliente com equipe interna e parceiros
    1.2.2 Funcionalidades e navegação do website
    1.2.3 Plataforma tecnológica
    1.2.4 Identificação de fontes e definição de mídias para povoamento do *website*
    1.2.5 Interfaces com sistemas de informação
    1.2.6 Plano de trabalho com prazos
    1.2.7 Validação da proposta técnica com o cliente
  1.3 Projeto da estrutura do conteúdo
    1.3.1 Itens do conteúdo
    1.3.2 Relacionamento entre os itens
    1.3.3 Partes estáticas e dinâmicas do *website*
    1.3.4 Funcionalidades para publicação e gestão do *website* (estatísticas, busca e *download*)

- 1.3.5 *Storyboard*
- 1.3.6 Validação com o cliente

1.4 Projeto visual

- 1.4.1 Identidade visual (cores, fontes, logotipos, figuras, resolução, espaços para *banners* e folhas de estilo)
- 1.4.2 Forma de navegação
- 1.4.3 Validação com cliente
- 1.4.4 Documento padrão
- 1.4.5 Esqueletos (*templates*)

1.5 Estrutura do *website*

- 1.5.1 Estrutura física do *website* em desenvolvimento
- 1.5.2 Publicação da versão inicial, sem conteúdo ainda, no ambiente de desenvolvimento
- 1.5.3 Incorporação dos aplicativos ao *website*
- 1.5.4 Incorporação e customização de funcionalidades

1.6 Povoamento do *website*

- 1.6.1 Redação de textos e produção de conteúdo
- 1.6.2 Captação de material
- 1.6.3 Tradução de textos e imagens
- 1.6.4 Conversão do conteúdo para formato de publicação
- 1.6.5 Composição do conteúdo na estrutura do *website* no ambiente de desenvolvimento
- 1.6.6 Carga inicial das bases de dados
- 1.6.7 Revisão do *website*
- 1.6.8 Teste do *website* no ambiente de desenvolvimento
- 1.6.9 Validação com o cliente

1.7 Implantação do *website*

- 1.7.1 Interação com o provedor para preparação do ambiente de implantação
- 1.7.2 Configuração do ambiente *web* e de banco de dados
- 1.7.3 Publicação do *website* no ambiente de produção
- 1.7.4 Teste do *website* de forma integrada
- 1.7.5 Liberação do *website* para uso

1.7.6 Monitoramento do funcionamento do *website* (estatísticas, estabilidade, *feedback* do usuário e suporte do provedor)

1.8 Promoção do *website*

1.8.1 Definição com o usuário da estratégia de promoção interna e externa do *website*

1.8.2 Inclusão do *website* nos websites de busca

Contribuição: Informal Serviços e Consultoria em Informática Ltda. (*template* no *software Project Builder*).

Projeto de ensino a distância (*e-learning*)

1 Definição/concepção

1.1 Diagnóstico da oportunidade

1.2 Estudo de viabilidade

1.3 Autorização para continuar

2 Gerenciamento do projeto

3 Levantamento e desenho da solução

3.1 Reuniões de levantamento

3.2 Documento de detalhamento

3.2.1 Roteiro do curso intranet/CD-ROM

3.2.2 Roteiro em *PowerPoint*

3.2.3 *Layout* do curso

3.3 Validação do documento de detalhamento

4 Implementação

4.1 Ambiente de desenvolvimento

4.2 Versão intranet

4.2.1 Imagens

4.2.2 Mapa do treinamento

4.2.3 Exercícios

4.2.4 Módulos do treinamento

4.2.4.1 Abertura e saudação

4.2.4.2 A empresa no mundo

4.2.4.3 Competências da empresa

- 4.2.4.4 Projeto Globe
- 4.2.4.5 Política de meio ambiente
- 4.2.4.6 Encerramento
- 4.2.4.7 A história da empresa
- 4.2.4.8 Missão, visão e valores
- 4.2.4.9 Carreira e treinamento
- 4.2.4.10 Política de qualidade
- 4.2.4.11 Projeto Nutrir
- 4.2.5 Integração com o SVM
- 4.2.6 Animação de abertura
- 4.3 Desenvolvimento da versão CD-ROM
- 4.3.1 Inclusão de vídeos
- 4.3.2 Capa do CD-ROM
- 4.4 Desenvolvimento da versão *PowerPoint*
- 4.5 Documentação
- 4.6 Testes integrados
- 4.7 Apresentação do curso desenvolvido
- 5 Homologação
- 5.1 Preparação do ambiente de homologação
- 5.2 Validação do curso desenvolvido
- 6 Implantação
- 6.1 Preparação do ambiente de produção
- 6.2 Teste-piloto
- 6.3 Início da utilização do treinamento
- 6.4 Medição da satisfação dos usuários
- 6.5 Aceitação do projeto
- 7 Encerramento
- 7.1 Relatório de lições aprendidas
- 7.2 Encerramento do projeto

Contribuição: GP4RJ (Cosmo Filho, Fernanda Uzêda, Helena Lesqueves, Luciano Luna e Segismar Pagotto).

Projeto de implantação de Gestão Eletrônica de Documentos (GED)

1 Projeto de Implantação de GED
- 1.1 Descoberta ou introdução dos conceitos de GED
  - 1.1.1 Pesquisas
  - 1.1.2 Cursos
  - 1.1.3 Congressos
  - 1.1.4 Demonstrações de produtos
- 1.2 Levantamento
  - 1.2.1 Documentos envolvidos
  - 1.2.2 Acessos
  - 1.2.3 Volumes
  - 1.2.4 Usuários
  - 1.2.5 Infraestrutura disponível
  - 1.2.6 Requisitos legais
  - 1.2.7 Tabelas de temporalidade
- 1.3 Análise
  - 1.3.1 Viabilidade técnica
  - 1.3.2 Análise de custo-benefício
- 1.4 Detalhamento da arquitetura
  - 1.4.1 Recursos necessários
    - 1.4.1.1 *Scanners*
    - 1.4.1.2 *Hardware* de armazenamento e exibição
    - 1.4.1.3 Impressoras
    - 1.4.1.4 Redes de comunicação
    - 1.4.1.5 *Software*
    - 1.4.1.6 Customização de produtos
    - 1.4.1.7 Treinamento de usuários
    - 1.4.1.8 Revisão dos procedimentos operacionais
- 1.5 Seleção de produtos e fornecedores
  - 1.5.1 Avaliação de produtos e fornecedores
  - 1.5.2 Seleção
- 1.6 Construção ou implementação
  - 1.6.1 Instalação

1.6.2 Customização da aplicação
1.6.2.1 Projeto
1.6.2.2 Desenvolvimento da aplicação
1.7 Conversão do acervo
1.8 Treinamento
1.9 Início da produção

Projeto de implantação de um pacote de *Enterprise Resource Planning* (ERP)

1 Projeto de implantação de um ERP
1.1 Gerenciamento do projeto
1.2 Definição
1.2.1 Definição de fronteiras/escopo do produto
1.2.2 Análise dos impactos
1.2.3 Comprometimento com o projeto
1.2.4 Formação da equipe
1.3 Estudo de viabilidade
1.3.1 Relatório técnico preliminar
1.3.2 Medida dos impactos nos negócios
1.3.3 Avaliação do custo
1.3.4 Período de retorno de investimento (*Payback period*)
1.3.5 Consolidação do relatório
1.3.6 Apresentação do estudo
1.4 Seleção de pacote de desenvolvimento
1.4.1 Pedido de proposta (*Request for proposal*)
1.4.2 Análise das propostas
1.4.2.1 Análise dos custos (*Total Cost of Ownership* – TCO)
1.4.2.1.1 Custos de preparação
1.4.2.1.1.1 Reestruturação dos processos
1.4.2.1.1.2 Curva de aprendizagem
1.4.2.1.1.3 Treinamento
1.4.2.1.1.4 Infraestrutura
1.4.2.1.1.4.1 Aquisição de novo *hardware*

1.4.2.1.1.4.2 Atualização do banco de dados
1.4.2.1.1.4.3 Atualização da rede
1.4.2.1.2 Custos de implantação
1.4.2.1.2.1 Consultorias
1.4.2.1.2.2 Customização
1.4.2.1.2.3 Migração dos dados dos sistemas legados para o novo sistema
1.4.2.1.2.4 Integração
1.4.2.1.2.5 Testes
1.4.2.1.3 Custos de operação
1.4.2.1.3.1 Administração da rede
1.4.2.1.3.2 Administração do novo sistema
1.4.2.2 Análise de características (ISO/IEC 9.126)
1.4.2.2.1 Funcionalidade
1.4.2.2.2 Confiabilidade
1.4.2.2.3 Usabilidade
1.4.2.2.4 Eficiência
1.4.2.2.5 Manutenibilidade
1.4.2.2.6 Portabilidade
1.4.2.3 Análise da arquitetura de informação
1.4.2.3.1 Infraestrutura tecnológica
1.4.2.3.2 Metodologia de desenvolvimento dos trabalhos
1.4.2.3.3 Ferramentas de suporte ao projeto
1.4.2.3.4 Estratégia de implantação
1.4.3 Relatório da seleção
1.5 Contratação do pacote/desenvolvimento
1.5.1 Redação do contrato
1.5.2 Negociação do contrato
1.5.3 Parecer jurídico
1.5.4 Assinatura do contrato
1.6 Preparação da implantação
1.6.1 Quebra de resistências (*change management*)
1.6.2 Reestruturação dos processos
1.6.3 Treinamento

1.6.4 Infraestrutura
1.6.4.1 Aquisição de novo *hardware*
1.6.4.2 Atualização do banco de dados
1.6.4.3 Atualização da rede
1.7 Customização
1.7.1 Adaptações do *software*
1.7.2 Migração
1.7.3 Testes
1.7.4 Correções
1.8 Implantação
1.8.1 Instalação
1.8.2 Treinamento
1.8.3 Migração final
1.8.4 Validação
1.8.5 Correções
1.9 Início da operação
1.9.1 Acompanhamento inicial
1.9.2 Correções

Projeto de implantação de uma nova tecnologia da informação

1 Projeto de implantação de uma nova tecnologia
1.1 Definição
1.1.1 Levantamento inicial de necessidades corporativas
1.1.2 Levantamento inicial de tecnologias disponíveis
1.1.3 *Project Charter*
1.1.4 Assinatura do *Project Charter* (marco)
1.2 Estudo de viabilidade
1.2.1 Relatório técnico preliminar
1.2.2 Medida dos impactos nos negócios
1.2.3 Avaliação do custo
1.2.4 *Payback period*
1.2.5 Consolidação do relatório
1.2.6 Apresentação do estudo

- 1.2.7 Aprovação do estudo (marco)
- 1.3 Pesquisa
  - 1.3.1 Levantamento detalhado das tecnologias disponíveis
  - 1.3.2 *Benchmarking*
  - 1.3.3 Fornecedores potenciais
  - 1.3.4 Consolidação do relatório
  - 1.3.5 Apresentação do relatório
  - 1.3.6 Aprovação do relatório da pesquisa (marco)
- 1.4 Seleção
  - 1.4.1 Escolha das tecnologias
  - 1.4.2 Avaliação
  - 1.4.3 Resultado da avaliação
  - 1.4.4 Aprovação do resultado da seleção (marco)
- 1.5 Contratação
  - 1.5.1 Redação dos contratos
  - 1.5.2 Negociação dos contratos
  - 1.5.3 Parecer jurídico
  - 1.5.4 Assinatura dos contratos (marco)
- 1.6 Implementação da solução (depende da tecnologia a ser implantada)
  - 1.6.1 Desenvolvimento ou customização (personalização)
  - 1.6.2 Integração com outras tecnologias
  - 1.6.3 Migração de documentos, informações e dados
- 1.7 Implantação (depende da tecnologia a ser implantada)
  - 1.7.1 Instalação
  - 1.7.2 Teste
  - 1.7.3 Correções
  - 1.7.4 Treinamento
- 1.8 Acompanhamento inicial da operação
- 1.9 Gerenciamento do projeto

Projeto de implantação de uma solução de *Business Intelligence* (com *data warehouse*)

1 Gerenciamento do projeto
2 Concepção
  2.1 Estabelecimento dos objetivos e metas do projeto
  2.2 Levantamento preliminar de dados
  2.3 Estudo inicial de viabilidade
3 Pesquisa das tecnologias existentes
4 Definição das arquiteturas de *hardware*, *software* e *peopleware*
5 Seleção/contratação de fornecedores
6 Projeto/modelagem dimensional
  6.1 Levantamento de necessidades
    6.1.1 Coleta e análise dos requerimentos do negócio
    6.1.2 Indicadores/*balanced score cards*
    6.1.3 Consultas e relatórios
  6.2 Administração de dados (padronização de formatos)
  6.3 Projeto do *Business Intelligence* (BD)
    6.3.1 Definição de fatos e dimensões
    6.3.2 Definição da granularidade
    6.3.3 Projeto físico do DW
  6.4 Projeto do processo de ETC (extração, limpeza, transformação e carga)
  6.5 Projeto das interfaces (inclusive com ERP)
7 Implementação/construção
  7.1 Criação do DW
  7.2 Desenvolvimento da aplicação de ETC
  7.3 Desenvolvimento/customização da aplicação usuária (indicadores, consultas e relatórios, Olap e *data mining*)
8 Implantação
  8.1 Instalação dos *softwares*
  8.2 Extração dos dados do banco operacional, transformação, limpeza e carga do DW (ETC)
  8.3 Validação da ETC
  8.4 Testes

- 8.5 Treinamento
- 8.6 Início da operação

Projeto de terceirização

1 Projeto de terceirização
- 1.1 Análise da necessidade
    - 1.1.1 Levantamento da necessidade para a terceirização
    - 1.1.2 Requisitos
    - 1.1.3 Especificações
    - 1.1.4 *Statement of Work* (SOW) de alto nível
- 1.2 Análise de mercado
    - 1.2.1 Levantamento da capacidade interna + custo
    - 1.2.2 Lista de fornecedores qualificados
    - 1.2.3 *Request for Information* (RFI)
    - 1.2.4 Avaliação da resposta RFI
    - 1.2.5 Análise de decisão (*make-or-buy*)
- 1.3 Desenvolvimento de *Request for Proposal* (RFP)
    - 1.3.1 Critérios de avaliação
        - 1.3.1.1 Pré-requisitos
        - 1.3.1.2 Modelo de ponderação para os desejos
    - 1.3.2 Cronograma da contratação
    - 1.3.3 Orçamento para contratação
    - 1.3.4 RFP
- 1.4 Solicitação
    - 1.4.1 Envio de RFP
    - 1.4.2 Recebimento das respostas
    - 1.4.3 Avaliação das respostas
    - 1.4.4 Negociação das três melhores propostas
    - 1.4.5 Carta de intenções
- 1.5 Contrato
    - 1.5.1 Acordo mestre
        - 1.5.1.1 Negociação
        - 1.5.1.2 Termos e condições

1.5.1.3 Escopo
1.5.1.4 Cronograma
1.5.1.5 Custo
1.5.1.6 Acordo mestre
1.5.2 *Contract orders/Task orders*
1.5.2.1 Especificação dos *deliverables*
1.5.2.2 Recursos
1.5.2.3 *Service Level Agreement* (SLA)
1.5.2.4 Critérios de aceitação dos *deliverables*
1.5.2.5 Medidas de *performance*
1.5.2.6 *Contract orders*
1.5.2.7 *Task orders*
1.6 Início do contrato

7.7 O PROJETO APÓS O DETALHAMENTO DO ESCOPO

Com o escopo (soma de produtos e serviços a serem entregues) do projeto definido por meio de uma EAP, é hora de planejar as demais áreas de gerenciamento (cronograma, custos, riscos etc.). Esse planejamento é feito analisando-se cada pacote de trabalho (elementos não decompostos da EAP, ou seja, aqueles na parte inferior do diagrama). Alguns serão contratados externamente (por exemplo, um treinamento) e outros, produzidos pela equipe do projeto. Para os pacotes contratados externamente (da mesma forma se for um subprojeto), a tarefa de elaborar o planejamento detalhado correspondente é daqueles que forem executá-los (empresa contratada ou gerente de subprojeto), caso a consideração sobre o rigor necessário assim o permita.

Em relação ao gerenciamento do cronograma, por exemplo, foram listadas atividades necessárias para a geração de cada pacote de trabalho a ser produzido internamente. As entregas foram decompostas em atividades com o objetivo de melhor estimar e controlar os prazos de execução. Nem sempre é preciso decompor em atividades os pacotes de trabalho. Por exemplo, para um pacote de trabalho do tipo treinamento, em que o plano de aulas, a apostila e os *slides* da apresentação já estejam prontos, não há necessidade de decomposição em atividades. A Figura 7.9 apresenta uma decomposição de algumas entregas do projeto em atividades necessárias para sua geração. Note que algumas entregas não possuem atividades listadas.

FIGURA 7.9 Decomposição de pacotes de trabalho em atividades

Fonte: elaborada pelo autor.

Enquanto as entregas são nomeadas como substantivos, as atividades devem ser iniciadas com verbos. Por exemplo, veja quais são as entregas necessárias para a geração dos pacotes de trabalho a seguir.

Exemplo 1 Pacote de trabalho: instalação de um *software* de segurança

- **Atividades necessárias**: criar a autoridade certificadora de teste, a autoridade de registro de teste do cliente e a respectiva jurisdição de certificação; instalar o módulo de *local hosting*, o módulo de administração, as páginas de *login* do *personal trust agent*, a página com exemplo de assinatura de transação do PTA e testar.

Exemplo 2 Pacote de trabalho: equipamento XPTO

- **Atividades necessárias**: montar a estrutura, alinhá-la, soldar as estruturas, levantar o conjunto estrutural sobre os trilhos, montar a cabine; soldá-la na estrutura, montar as partes hidráulica e elétrica e testar.

A decomposição do pacote de trabalho, citada no exemplo anterior, pode ser vista na Figura 7.10. Como associar as atividades identificadas aos seus pacotes de trabalho correspondentes na EAP? Isso dependerá da ferramenta que estiver usando. Como a maioria utiliza o *software* MS Project, o normal é utilizar o mesmo ambiente, adicionando subtarefas na EAP. Assim, teremos na EAP as entregas e as atividades necessárias para gerá-las.

FIGURA 7.10 Lista de atividades necessárias para geração de um pacote de trabalho

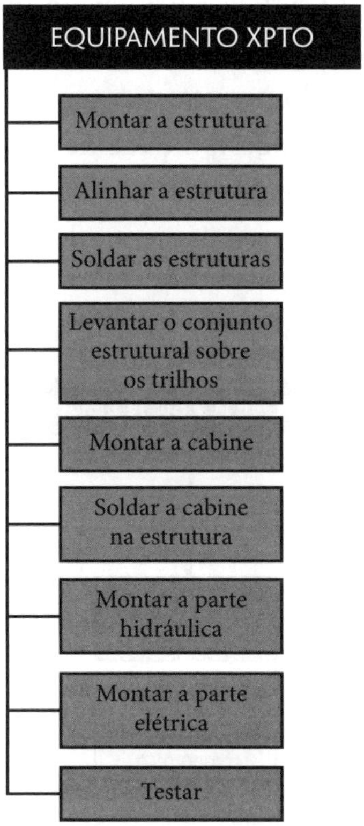

Fonte: elaborada pelo autor.

Vale lembrar que o projeto não entrega atividades, mas sim produtos e serviços, e é nesse padrão que deve ser obtido, com o cliente, a aceitação formal do escopo. Existem também clientes internos e externos à equipe em um mesmo projeto. Por exemplo, um treinamento da equipe em uma nova tecnologia não é escopo para um cliente externo, e sim do projeto, uma vez que ele é necessário para o desenvolvimento do produto. Nesse caso, considere que o cliente é interno (da própria equipe do projeto). Dessa forma, talvez seja necessário implementar várias visões de uma EAP, embora a EAP completa, que representa o escopo do projeto, seja uma só.

Essas visões podem ter, inclusive, níveis de detalhamento diferentes. Por exemplo, um patrocinador da nova bicicleta da Figura 7.4 teria uma visão mais macro do escopo do projeto, como o representado na EAP da Figura 7.11. Esse raciocínio é válido também para a EAP de um contrato. Ela deve ser colocada no nível de detalhe que interesse ao cliente. As entregas de gerenciamento, por exemplo, podem não interessar ao cliente. Mas devemos ter atenção ao controle de versões dessas visões. O *software* Primavera Project Planning, por exemplo, possibilita registrar visões distintas de uma mesma EAP. Caso a ferramenta de gerenciamento da equipe do projeto não tenha essa característica, deve-se ter um cuidado especial para a possibilidade de inconsistências entre essas visões, sobretudo quando alguma alteração de escopo é autorizada. É dessa forma que a EAP colabora com o gerenciamento da comunicação em projetos.

FIGURA 7.11 Visão de alto nível do escopo de um projeto para um patrocinador

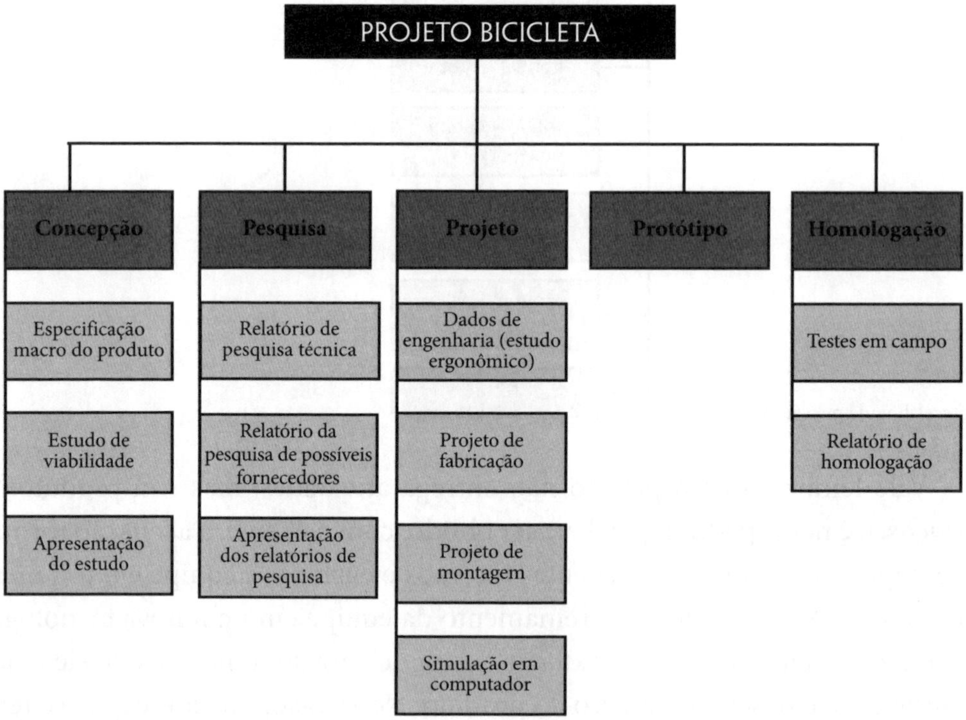

Fonte: elaborada pelo autor.

É importante lembrar que as demais áreas de gerenciamento podem gerar a necessidade de acréscimos de entregas ao escopo do projeto. Essas novas entregas devem ser adicionadas à EAP e descritas no seu dicionário. Dessa forma, somente teremos a EAP final do planejamento, primeira base de referência para medição do progresso do projeto, após o planejamento de todas as demais áreas.

CAPÍTULO 8

O PROCESSO DE VALIDAR O ESCOPO

A aceitação formal do escopo é fator fundamental para o cumprimento do planejamento do projeto.

8.1 INTRODUÇÃO

Os processos apresentados nos Capítulos 4, 5, 6 e 7 (planejar o gerenciamento do escopo, coletar os requisitos, definir o escopo e criar a Estrutura Analítica do Projeto) fazem parte do grupo de processos de planejamento. Ao término do planejamento do projeto, todas as entregas (*deliverables*) estarão representadas na Estrutura Analítica do Projeto (EAP). Com o início da execução do projeto, o trabalho realizado pela equipe começa a gerar os produtos e serviços. Por exemplo, em um projeto de construção de uma casa, uma das entregas é o anteprojeto (esboço preliminar). Após a finalização desse documento, o arquiteto necessita que o cliente o aprove antes de continuar o detalhamento do projeto (*design*).

A validação do escopo é o processo de obtenção da aprovação formal desse instrumento por parte dos envolvidos (*stakeholders*) responsáveis pela aceitação das entregas do projeto. O nome **validação** não deve dar a entender que o objetivo principal desse processo seja validar somente o trabalho que está sendo realizado, mas sim obter a **aceitação**. Talvez o nome ideal desse processo devesse ser "obter o aceite do escopo". No entanto, como este livro segue a terminologia do PMBOK®, manteremos o nome original. Esse processo, que faz parte do grupo de processos de monitoramento e controle, deve ocorrer a cada entrega ou, pelo menos, ao final de cada fase do ciclo de vida do projeto, a fim de revisar os *deliverables* entregues e os resultados do trabalho, garantindo que as tarefas sejam realmente executadas.

Enquanto o processo de controle de qualidade (um dos processos de gerenciamento da qualidade do projeto, citado no tópico 2.2) está preocupado com a exatidão do resultado do trabalho, a validação do escopo pretende sua aceitação.

Embora o processo de validação do escopo seja bem simples em termos de objetivos, ele é preponderante para a continuidade do projeto no caminho certo. O Dicionário da EAP, descrito no subitem 7.4.1.3, tem papel importante nesse processo, uma vez que os critérios de aceitação das entregas devem ser explicitados por intermédio dele. Se esses critérios não estiverem claros, será grande a probabilidade de conflitos durante a entrega dos *deliverables*.

A figura a seguir apresenta entradas, técnicas, ferramentas e saídas desse processo, de acordo com o Guia PMBOK®.

FIGURA 8.1 Componentes do processo de validar o escopo

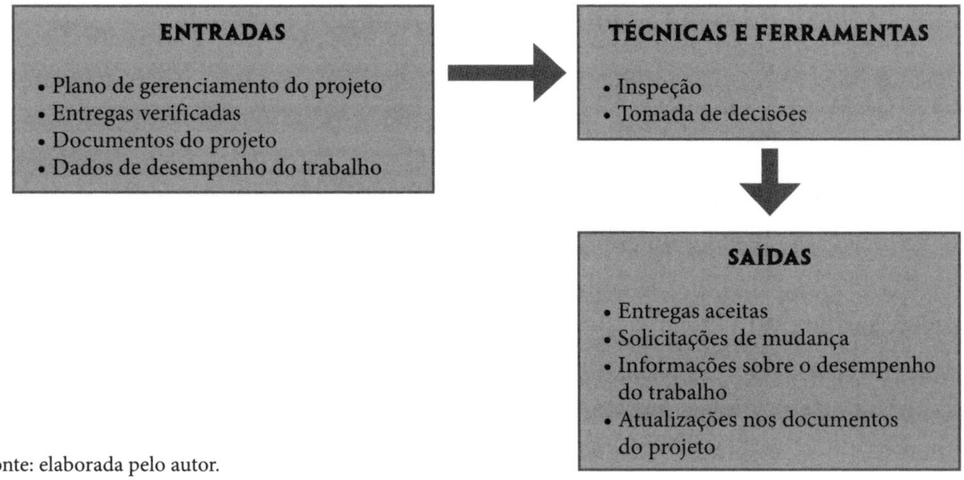

Fonte: elaborada pelo autor.

8.2 ENTRADAS PARA O PROCESSO DE VALIDAR O ESCOPO

8.2.1 PLANO DE GERENCIAMENTO DO PROJETO

O plano de gerenciamento do projeto contém, entre outros documentos, o plano de gerenciamento do escopo, o plano de gerenciamento dos requisitos e a linha de base de escopo. Ele especifica como será obtida a aceitação formal das entregas concluídas do projeto. A linha de base do escopo inclui a versão aprovada da declaração de escopo e da Estrutura Analítica do Projeto (EAP), bem como seu Dicionário de EAP associado, só podendo ser mudada por meio de procedimentos de controle formais, e usada como base de comparação.

8.2.2 ENTREGAS VERIFICADAS

As entregas são os resultados do trabalho do projeto. Quais foram concluídas? Quais estavam previstas e não estão prontas? Quais estão previstas para serem concluídas nos próximos dias?

Esses resultados podem ser obtidos durante as reuniões de acompanhamento (*walkthroughs*) ou por meio dos relatórios de andamento. Eles podem ser facilmente mensuráveis (como o término da construção de uma garagem) ou não (como o serviço de checagem da segurança lógica de uma rede de computadores). Antes de serem entregues ao cliente, os produtos e serviços devem ser verificados pelo controle de qualidade do projeto.

8.2.3 DOCUMENTOS DO PROJETO

Esta documentação, estudada detalhadamente no subitem 5.4.2, descreve os produtos, serviços e resultados que irão conduzir ao objetivo (ou objetivos) final do projeto. Faz parte dessa documentação a matriz de rastreabilidade dos requisitos, que é uma tabela que associa cada necessidade de produto, serviço ou resultado (escopo do cliente) ao *stakeholder* que deu origem a ela e foi estudada detalhadamente no subitem 5.4.1.

8.2.4 DADOS DE DESEMPENHO DO TRABALHO

Os dados de desempenho do trabalho podem incluir o grau de conformidade com os requisitos, o número de não conformidades, a gravidade das não conformidades ou o número dos ciclos de validação executados em um período.

8.3 TÉCNICAS E FERRAMENTAS PARA O PROCESSO DE VALIDAR O ESCOPO

8.3.1 INSPEÇÃO

A verificação do escopo é feita por meio de inspeções ou auditorias que examinam os resultados do trabalho e asseguram que eles foram completados, realizados correta e satisfatoriamente e estão de acordo com os requisitos definidos. Toda a documentação dos *deliverables*, como planos, especificações, documentos técnicos e desenhos, também deve estar completa, para que se possa, então, obter a aceitação formal por parte dos *stakeholders*.

8.3.2 TOMADA DE DECISÕES

Estas técnicas são usadas para se chegar a uma conclusão quando a validação é executada pela equipe do projeto e por outras partes interessadas.

8.4 SAÍDAS DO PROCESSO DE VALIDAR O ESCOPO

8.4.1 ENTREGAS ACEITAS

O que se pretende com a verificação do escopo é obter a aprovação formal desse procedimento por parte de seus interessados (*stakeholders*). A formalidade da aceitação tem dois objetivos principais, descritos a seguir.

- **Cuidado na aceitação**: a formalidade faz que o responsável pela aceitação (principalmente o cliente interno que não está desembolsando recursos financeiros para o recebimento dos *deliverables*) tenha maior cuidado na validação dos produtos e serviços que estão sendo entregues pelo projeto.

> Diz um velho ditado de Minas Gerais: "Se falado é bom, escrito é melhor ainda". Lembre-se sempre disto: quando tudo está indo bem, podemos ser levados a relaxar nossos cuidados. Mas, quando situações críticas ou extremadas ocorrerem, uma simples assinatura (ou a ausência dela) poderá ser o diferencial entre o amadorismo e o profissionalismo.

- **Documentação**: deixar registrado quem aceitou o *deliverable*, permitindo a continuidade do projeto, sobretudo a execução das atividades dependentes dessa aceitação.

8.4.2 SOLICITAÇÕES DE MUDANÇAS

Durante a validação do escopo podem ser detectadas necessidades de mudança no escopo do cliente.

8.4.3 INFORMAÇÕES SOBRE O DESEMPENHO DO TRABALHO

Trata-se de informações sobre o progresso do projeto, como quais entregas foram iniciadas e seu progresso, quais entregas foram concluídas e quais foram aceitas.

8.4.4 ATUALIZAÇÕES NOS DOCUMENTOS DO PROJETO

Os documentos do projeto que podem ser atualizados como resultado do processo de validação do escopo incluem quaisquer documentos que definam o produto ou relatem o progresso da sua conclusão. Os documentos validados podem exigir a aprovação do cliente ou do patrocinador, na forma de assinaturas ou aceitações formais.

CAPÍTULO 9

O PROCESSO DE CONTROLAR O ESCOPO

O escopo congelado em um projeto e o abominável homem das neves têm algo em comum: ambos são mitos e desaparecem quando calor suficiente é aplicado.

9.1 INTRODUÇÃO

Um planejamento adequado é o principal elemento para o sucesso de qualquer projeto. Para o desenvolvimento de um plano de projeto realista, é fundamental, conforme visto no Capítulo 7, o detalhamento do trabalho a ser realizado (escopo), por meio da elaboração de uma Estrutura Analítica do Projeto (EAP). Essa EAP e seu Dicionário, com o cronograma e o orçamento correspondentes, formam a linha de base (base de referência) do projeto, em relação à qual é realizado seu acompanhamento, permitindo a medição de desempenho.

Durante a execução do projeto, é praticamente inevitável ocorrerem solicitações de alteração no escopo, que podem implicar sua expansão ou redução. Um fator crítico de sucesso para o gerenciamento do escopo é a condução estruturada do processo de solicitação de mudanças, utilizando um procedimento formal, previamente definido e documentado.

O controle do escopo é o processo responsável por monitorar o *status* do escopo do projeto e controlar suas mudanças. De forma organizada e controlada, deve receber os pedidos de alteração, avaliar seu impacto no próprio projeto e em projetos interdependentes, obter sua autorização e, se autorizados, refletir as mudanças solicitadas na linha de base do projeto. Esse controle envolve procedimentos e padrões que são usados para gerenciar as alterações, os quais devem ter sido previstos no plano de gerenciamento do escopo, gerado durante o processo de planejamento do escopo (veja o subitem 4.4.1).

O controle do escopo consiste, portanto, em:

- influenciar os fatores que geram as alterações do escopo para assegurar que, ao serem solicitadas, haja concordância a respeito delas;
- detectar a ocorrência de alteração de escopo;
- administrar as alterações, se e quando ocorrerem.

A Figura 9.1 apresenta entradas, técnicas, ferramentas e saídas desse processo, de acordo com o Guia PMBOK®.

FIGURA 9.1 Componentes do processo de controlar o escopo

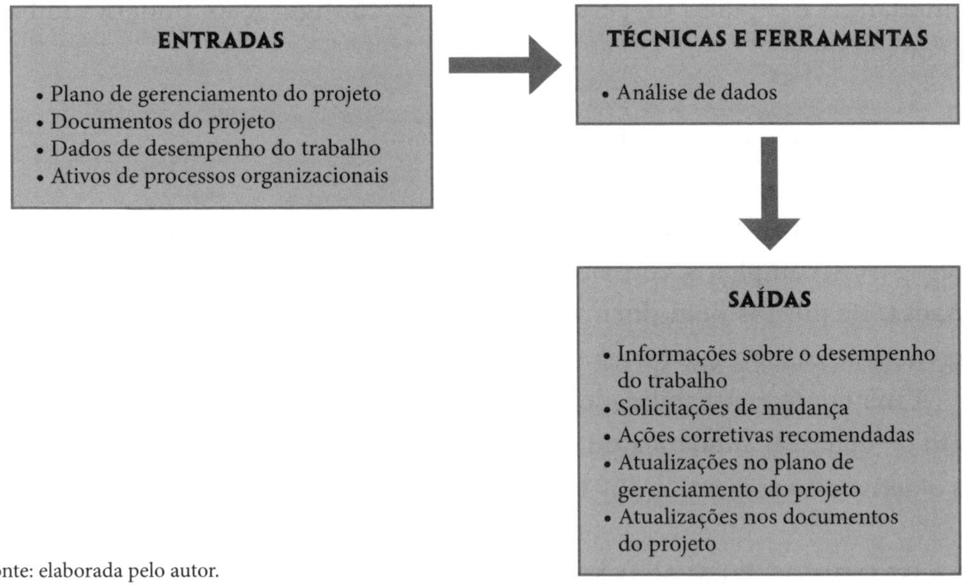

Fonte: elaborada pelo autor.

9.2 ENTRADAS PARA O PROCESSO DE CONTROLAR O ESCOPO

9.2.1 PLANO DE GERENCIAMENTO DO PROJETO

As seguintes informações do plano de gerenciamento do projeto são usadas para controlar o escopo:

- linha de base do escopo – a linha de base do escopo é comparada aos resultados reais para determinar se uma mudança, ação corretiva ou preventiva é necessária;
- plano de gerenciamento do escopo – seções do plano de gerenciamento do escopo descrevem como o projeto será monitorado e controlado, bem como o processo para gerenciar mudanças no projeto;
- plano de gerenciamento dos requisitos – esse plano descreve como os requisitos serão analisados, documentados e gerenciados.

Outros documentos de planejamento, como o plano de gerenciamento de mudanças e o plano de gerenciamento de configuração, podem também ser consultados.

9.2.2 DOCUMENTOS DO PROJETO

Os requisitos devem ser inequívocos (mensuráveis e passíveis de testes), investigáveis, completos, consistentes e aceitáveis para as principais partes interessadas. Requisitos bem documentados facilitam a detecção de qualquer divergência no escopo que foi acordado para o projeto ou produto.

A matriz de rastreabilidade dos requisitos também ajuda a detectar o impacto de qualquer mudança ou desvio da linha de base do escopo em relação aos objetivos do projeto.

9.2.3 DADOS DE DESEMPENHO DO TRABALHO

Os dados de desempenho do trabalho podem incluir a quantidade de solicitações de mudança recebidas, a quantidade de solicitações aceitas, a quantidade de entregas concluídas etc.

Os relatórios de desempenho, uma das saídas do gerenciamento das comunicações do projeto, organizam e resumem as informações coletadas, de maneira a fornecer aos interessados dados sobre como os recursos estão sendo utilizados, para que os objetivos do projeto sejam alcançados. Eles contêm informações sobre o que já foi realizado pela equipe do projeto, assim como as métricas que comparam o que foi realizado com o planejado e as previsões para o andamento e progresso futuros. O nível de detalhamento desses relatórios e o tipo de informação que eles contêm dependerão do grupo de interessados (*stakeholders*) para o qual serão divulgados.

Um relatório de desempenho pode ser elaborado com apoio da análise do valor do trabalho realizado, também denominada **análise do valor agregado** (*Earned Value Management* – EVM). O valor agregado tem foco na relação entre os custos reais incorridos e o trabalho realizado no projeto, dentro de determinado período, comparando o desempenho obtido com o que foi gasto para obtê-lo. Assim, por exemplo, na Figura 9.2, podemos ver uma curva S de um projeto em que o custo planejado é o orçamento do projeto; o valor agregado (*Earned Value*) é o trabalho efetivamente realizado; e o custo atual é o custo real do trabalho realizado. Uma análise rápida desse gráfico demonstra que o projeto está na pior condição: atrasado e gastando mais do que o previsto.[1]

FIGURA 9.2 Curva S de acompanhamento de um projeto

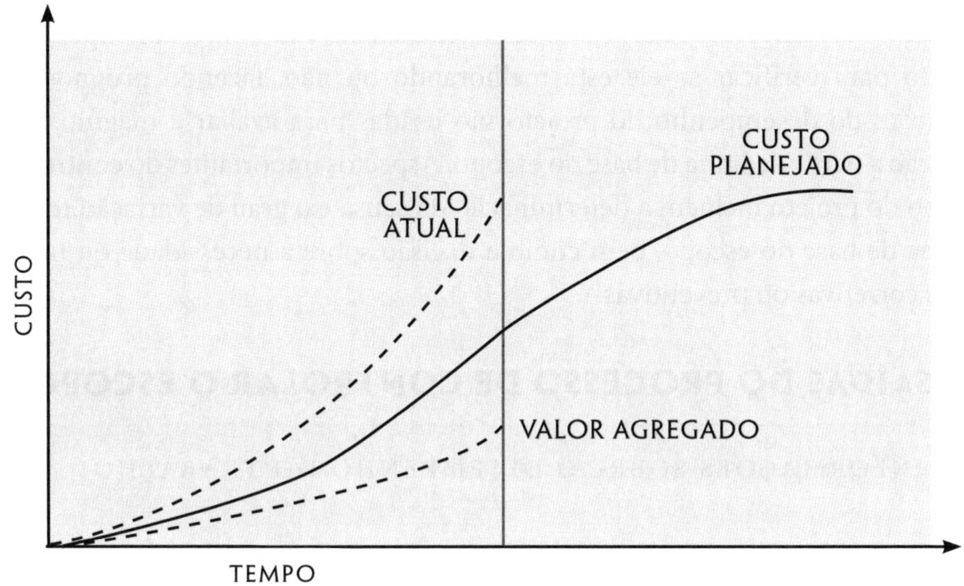

Fonte: elaborada pelo autor.

9.2.4 ATIVOS DE PROCESSOS ORGANIZACIONAIS

Os ativos de processos organizacionais que podem influenciar o processo de controlar o escopo incluem – embora não estejam limitados a –:

- escopo formal e informal existentes, políticas, procedimentos e diretrizes relacionados ao controle;
- métodos de monitoramento e relato e modelos a serem usados.

---

1 Mais detalhes sobre essa técnica podem ser verificados em: VARGAS, Ricardo V. *Manual prático do plano de projeto*. 5. ed. Rio de Janeiro: Brasport, 2014.

9.3 TÉCNICAS E FERRAMENTAS PARA O PROCESSO DE CONTROLAR O ESCOPO

9.3.1 ANÁLISE DE DADOS

Podemos usar a análise de variação e a análise das tendências. A análise de variação é uma técnica para determinar a causa e o grau de diferença entre a linha de base e o desempenho real. A análise das tendências examina o desempenho do projeto para verificar se ele está melhorando ou não, fazendo prognósticos. Medições do desempenho do projeto são usadas para avaliar a magnitude de variação a partir da linha de base do escopo. Aspectos importantes do controle do escopo do projeto incluem a determinação da causa e o grau de variação relativa à linha de base do escopo, bem como a decisão sobre a necessidade ou não de ações corretivas ou preventivas.

9.4 SAÍDAS DO PROCESSO DE CONTROLAR O ESCOPO

9.4.1 INFORMAÇÕES SOBRE O DESEMPENHO DO TRABALHO

As informações geradas sobre o desempenho do trabalho incluem informações correlacionadas e contextualizadas sobre o desempenho do escopo do projeto em comparação à linha de base do escopo. Elas podem incluir as categorias das mudanças recebidas, as variações do escopo identificadas e suas causas, o impacto que elas causam no cronograma ou no custo e a previsão de desempenho do escopo futuro. Essas informações fornecem uma base para a tomada de decisões sobre o escopo.

9.4.2 SOLICITAÇÕES DE MUDANÇA

A análise do desempenho do escopo pode resultar em uma solicitação de mudança da linha de base do escopo ou de outros componentes do plano de gerenciamento do projeto. Solicitações de mudança podem incluir ações preventivas ou corretivas, reparos de defeitos ou solicitações de aprimoramento.

9.4.3 AÇÕES CORRETIVAS RECOMENDADAS

É qualquer ação que vise ajustar o desempenho futuro esperado do projeto de acordo com o que está definido no plano correspondente. Ações corretivas frequentemente requerem análise da raiz do problema, para identificação da causa da variação, e uma mudança de atitude pode ser planejada e executada. No caso do gerenciamento do escopo, deve ser identificada a causa dos pedidos de alteração do escopo, objetivando influenciar para que ocorram em menor número e, caso sejam necessárias, identificando-as o mais cedo possível.

9.4.4 ATUALIZAÇÕES NO PLANO DE GERENCIAMENTO DO PROJETO

As alterações de escopo podem influenciar alterações em qualquer documento de planejamento do projeto, inclusive na base de referência (*baseline*).

O *baseline* do projeto é uma fotografia de seu planejamento, formado pela Estrutura Analítica do Projeto – EAP (escopo), pelo cronograma (tempo) e pelo orçamento (custo).

Vale ressaltar que o dicionário da EAP descreve o escopo dos pacotes de trabalho da EAP e, portanto, faz parte da base de referência. Se houver mudança de escopo autorizada, esse *baseline* deverá ser revisado e refeito para que reflita essa mudança. A nova base de referência será utilizada, a partir desse ponto, para as medições de desempenho do projeto. A título de histórico, para futuras comparações, devem ser guardados os *baselines* anteriores.

REPLANEJAMENTO *VERSUS* REPROGRAMAÇÃO

As solicitações de alteração do escopo normalmente resultam em alterações no planejamento do projeto. No que diz respeito ao escopo do projeto, alternativas de abordagem para o projeto devem ser simuladas/implementadas para a validação do impacto das mudanças. Muito raramente alterações do escopo não demandarão novas atividades de planejamento.

Vale ressaltar a diferença conceitual entre replanejamento e reprogramação. Nos dois casos, é alterada a programação do projeto, sendo o replanejamento consequência de uma mudança aprovada pelo cliente, que altere a base de referência.

Assim, um pedido de alteração no projeto pode ser uma evolução (também chamado tradicionalmente de mudança de escopo) ou uma correção. Considera-se evolução de escopo quando a mudança é no escopo solicitado pelo cliente/patrocinador. Nesse caso, é feito um replanejamento para implementação da mudança, podendo ser alterada a base de referência do projeto.

Caso seja uma correção (nesse caso, incluída uma alteração de estratégia para atender ao mesmo escopo do cliente), é feita uma reprogramação, sem alterar a base de referência do projeto.

9.4.5 ATUALIZAÇÕES NOS DOCUMENTOS DO PROJETO

Os documentos do projeto que podem ser atualizados incluem – embora não estejam limitados a –: documentação dos requisitos e matriz de rastreabilidade dos requisitos.

9.5 CONSIDERAÇÕES SOBRE O PROCESSO DE CONTROLAR O ESCOPO

9.5.1 *GOLD PLATTING*

A expressão *gold platting* é utilizada na literatura para o escopo não solicitado (adicional) que a equipe do projeto fornece ao cliente. Isso não significa que se está oferecendo um produto melhor, mas sim fora (ou além) das especificações do cliente, sob riscos de aumento de custos, prazos etc. Pela ótica do Project Management Institute (PMI), o gerente de projeto deve estar atento para não permitir o trabalho da equipe em um escopo não planejado. Tal visão é muito coerente, pois, como visto anteriormente, apenas a minoria dos projetos é entregue dentro do prazo e custo planejados. Sendo assim, não haveria justificativa para entregar mais do que foi combinado.

9.5.2 DÚVIDAS FREQUENTES EM RELAÇÃO AO CONTROLE DE ALTERAÇÕES DO ESCOPO

1. Uma alteração do escopo pode ser solicitada tanto pelo cliente como pela equipe do projeto?
   Resposta: Sim. A necessidade de alterar o escopo pode partir de qualquer lugar. O fundamental é que seja cumprido o plano de gerenciamento do escopo no que tange aos procedimentos a serem seguidos. Caso a equipe do projeto verifique que uma mudança no escopo possa beneficiar consideravelmente o cliente, ela deve, antes de elaborar um pedido de alteração, estimar os impactos da mudança, de forma a não gerar expectativas no cliente em relação a algo cujo custo-benefício não seja compensador.

2. Quem autoriza as alterações do escopo do projeto é o gerente de projeto?
   Resposta: Normalmente não, exceto quando ele recebe delegação para tal, ou no caso de projetos decorrentes de contrato em que, dentro do orçamento e do prazo estabelecidos, o gerente tenha alguma autonomia, desde que não modifique o escopo do produto a ser entregue ao cliente.

3. O cliente solicita que na piscina seja utilizado um revestimento azul com um desenho específico, porém ele não está disponível, mas há um verde com o mesmo desenho. Os dois modelos de revestimento garantiriam o mesmo produto, ou seja, a piscina. Essa mudança de cor é uma alteração do escopo?
   Resposta: Sim. Se o cliente definiu uma cor de revestimento, ela deve ter sido referenciada em algum lugar no Dicionário da EAP. Uma alteração no Dicionário deve ser considerada uma alteração do escopo, mesmo que, como aparentemente neste caso, não haja mudança de custos ou prazos. Se a equipe do projeto resolver somente alterar a cor, incorrerá no grande risco de diminuir a percepção da qualidade do projeto por parte do cliente.

4. Imagine a construção de uma casa para um cliente. Para passar uma ordem de grandeza em valores, para que ele analise se contrata ou não a

construção, um projeto preliminar é preparado. Se ele assinar o contrato, será elaborado um projeto executivo que seja mais detalhado que o preliminar e garanta as condições do trabalho ao cliente. Esse projeto executivo contém o escopo, que é validado pelo cliente. Para que o projeto possa ser implementado no campo, é elaborado outro, mais detalhado, com a lista de todos os materiais. Se houver, durante a execução da obra, uma alteração nesse projeto, sem impacto no projeto executivo que o cliente validou, é considerada alteração do escopo?
Resposta: A EAP que é apresentada ao cliente para validação é um subconjunto da EAP do projeto. Uma mudança não visível para o cliente exige uma reprogramação, e não um replanejamento, uma vez que não deve alterar a base de referência, mas devem ser diferenciadas a forma e a tramitação da solicitação de mudança. O formulário pode ser diferente e a autorização da mudança pode ficar limitada ao âmbito da empresa contratada.

5. Quem é o "guru" da falta de controle de alterações do escopo?
Resposta: Sempre que um usuário ou cliente quer burlar o controle do escopo, o "Jaques" é invocado. Os pedidos são do tipo:

- *Já que* você está terminando a construção da garagem, não dá para fazer um "puxadinho" e construir um quartinho para ferramentas, sem cobrar nenhum adicional?
- *Já que* você está mexendo nesse módulo do sistema, será que não poderia fazer um "programinha" para acrescentar uma nova opção no menu?
- *Já que* você está criando o banco de dados do sistema, não poderia colocar mais um "campinho" nesse arquivo?

6. Quem é o "guru" do controle de alterações do escopo?
Resposta: Sempre que algum usuário fizer um dos pedidos citados na pergunta 5, a equipe do projeto deve invocar o grande guru "Noé", respondendo: Isso "noé" comigo; temos de seguir o previsto no plano de gerenciamento do escopo.

APÊNDICE A

EXERCÍCIOS

A.1 QUESTÕES DE MÚLTIPLA ESCOLHA

1. O Comitê de Revisão do Projeto (CRP) da sua empresa reúne-se trimestralmente para revisar qualquer projeto cujo orçamento ultrapasse R$ 2 milhões. Você recentemente foi promovido a gerente de projeto sênior e designado para um desses grandes projetos: o desenvolvimento da próxima geração de um processo de manufatura computadorizado. O CRP solicitou-lhe que apresentasse, na próxima reunião, os objetivos do projeto, o escopo resumido, os *deliverables* principais, a estratégia de condução do projeto, as premissas e as restrições. De acordo com o solicitado, você precisa preparar qual dos seguintes documentos?

a) *Project Charter.*
b) Matriz de requisitos de rastreabilidade.
c) Declaração de escopo.
d) Estrutura Analítica do Projeto (EAP).

2. Enquadre as afirmativas a seguir como restrições (R) ou premissas (P) possíveis em um projeto. Em seguida, assinale a alternativa correta.

( ) Por se tratar de um local estritamente residencial, não poderá ser realizado nenhum serviço nos finais de semana e feriados.
( ) O orçamento para o projeto é de R$ 20 mil.
( ) O licenciamento da obra estará liberado 15 dias antes de seu início.
( ) A cliente, sra. Maria Else Figueira Leite, comparecerá ao nosso escritório duas vezes por semana para esclarecimento de dúvidas e tomadas de decisão do projeto.

a) Restrição, premissa, restrição e premissa.
b) Premissa, restrição, restrição e premissa.
c) Restrição, restrição, premissa e restrição.
d) Restrição, restrição, premissa e premissa.

3. Qual a função de um Termo de Abertura do Projeto para um gerente de projeto?

a) Descreve os detalhes do que precisa ser feito.
b) Descreve os nomes de todos os membros da equipe.

c) Dá autoridade ao gerente de projeto.
d) Descreve a história do projeto.

4. Assinale a assertiva falsa:
a) O *Project Charter* pode conter restrições e premissas para o projeto.
b) O *Project Charter* é assinado pelo gerente de projeto.
c) A técnica de *brainstorming* é útil na identificação de alternativas de abordagem em um projeto.
d) O Dicionário da EAP é um documento que faz parte do plano do projeto.

5. O processo de criação de uma Estrutura Analítica do Projeto (EAP) resulta em:
a) um cronograma do projeto.
b) pacotes de trabalho.
c) uma data de encerramento do projeto.
d) uma lista de riscos.

6. Um gerente de projeto acredita que modificando o escopo do projeto pode prover valor adicional ao produto do cliente. Qual deve ser a primeira atitude do gerente?
a) Mudar a *baseline* do escopo.
b) Verificar os procedimentos constantes do plano de gerenciamento de escopo.
c) Convocar uma reunião com o comitê que aprova as mudanças.
d) Adiar a modificação até que o escopo (*baseline*) do projeto seja completado.

7. O *Project Charter* (Termo de Abertura do Projeto) é criado durante qual grupo de processos de gerência de projetos?
a) Planejamento.
b) Monitoramento e controle.
c) Iniciação.
d) Execução.

8. Assinale a assertiva falsa:

a) A declaração de escopo pode incluir os objetivos do projeto.

b) A definição do escopo é o processo de desenvolvimento de uma declaração escrita, em nível macro, do escopo e da estratégia do projeto.

c) Se dois gerentes distintos forem detalhar o escopo de um mesmo projeto, gerarão EAPs identicamente organizadas, tendo em vista que o escopo é o mesmo.

d) Durante a elaboração da EAP, pode ser detectada a necessidade de atualização da declaração de escopo.

9. Um projeto necessita de modificações no Termo de Abertura do Projeto (*Project Charter*). Quem tem a responsabilidade de autorizar quais mudanças serão executadas é:

a) o gerente de projeto.

b) a equipe do projeto.

c) quem autoriza o projeto.

d) os *stakeholders*.

10. Sabe-se que determinada pessoa solicita muitas mudanças nos projetos de que participa. O que um gerente, que está iniciando um projeto, deve fazer nessa situação, se essa pessoa for um importante *stakeholder*?

a) Não permitir que essa pessoa solicite mudanças.

b) Obter o envolvimento do *stakeholder* desde a fase de planejamento.

c) Falar com o chefe do *stakeholder*.

d) Reclamar com a gerência sobre o comportamento do *stakeholder* no passado.

11. Bons objetivos de projeto devem ser:

a) gerais em vez de específicos.

b) estabelecidos sem considerar limitações de recursos.

c) realistas e tangíveis.

d) mensuráveis, intangíveis e verificáveis.

12. A EAP, como parte da linha de base do escopo, é entrada para os seguintes processos de planejamento, de acordo com o PMBOK®:

a) definição de atividades, estimativa de recursos, estimativa de custos, elaboração de orçamento e planejamento de resposta aos riscos.

b) estimativa de duração de atividades, estimativa de recursos, elaboração de orçamento e planejamento de resposta aos riscos.

c) definição de atividades, estimativa de custos, elaboração de orçamento e identificação de riscos.

d) definição de atividades, estimativa de recursos, estimativa de custos, elaboração de orçamento e controle de riscos.

13. Em qual dos seguintes processos é realizada a análise de custo-benefício para tomada de decisão entre alternativas de condução de um projeto?

a) Desenvolver o Termo de Abertura do Projeto.

b) Definir o escopo.

c) Coletar os requisitos.

d) Controlar o escopo.

14. Assinale a assertiva falsa:

a) A declaração de escopo é útil para desenvolver ou confirmar um entendimento comum do escopo entre os *stakeholders*.

b) Cada produto/serviço do escopo do projeto deve ser sempre decomposto em pacotes de trabalho que possam ser atribuídos somente a uma pessoa.

c) A EAP do projeto não é igual à EAP do contrato.

d) Cada elemento da EAP é identificado por um código único.

15. O Termo de Abertura do Projeto (*Project Charter*) deve conter qual dos seguintes itens?

a) Cronograma do projeto.

b) Lista de riscos do projeto.

c) Principais fases e *deliverables* do projeto.

d) Justificativa para autorização do projeto.

16. Ir do Nível 3 para o Nível 4 em uma EAP resulta em:

a) menor precisão de estimativa.
b) melhor controle do projeto.
c) menores custos de relatórios de *status*.
d) maior probabilidade de alguma coisa falhar.

17. Observe a estrutura analítica a seguir:

1. Projeto de concepção e lançamento imobiliário de empreendimento residencial
   - 1.1 Planejamento
     - 1.1.1 Plano do projeto
     - 1.1.2 Apresentação do plano do projeto
   - 1.2 Projeto
   - 1.3 Publicidade/lançamento
     - 1.3.1 *Stand*
     - 1.3.2 Material de venda
     - 1.3.3 Coquetel de lançamento

Para essa estrutura analítica, um típico pacote de trabalho seria:

a) planejamento.
b) projeto.
c) publicidade/lançamento.
d) nenhuma das alternativas anteriores.

18. Sua cliente assinou o documento de definição de requisitos e a declaração de escopo do seu projeto de *videogame* no mês passado. Hoje, ela requereu uma alteração do escopo do projeto: gostaria de fazer um jogo interativo que pudesse ser utilizado no aparelho de TV e também no computador. Isso representa um pedido de alteração do escopo, cujos procedimentos devem ter sido previstos de acordo com o PMBOK® em que documento?

a) Matriz de rastreabilidade de requisitos.
b) Plano de gerenciamento do escopo.
c) Manual de controle do escopo.
d) Plano de verificação do escopo.

19. Os três tipos mais comuns de organização de uma EAP são:

a) *top-down*, *bottom-up* e organizacional.
b) sistemas/subsistemas, *top-down* e *bottom-up*.
c) fases do ciclo de vida, sistemas/subsistemas e entregas.
d) fases do ciclo de vida, *bottom-up* e entregas.

20. O resultado do processo de validar o escopo é:

a) melhor qualidade dos produtos do projeto.
b) aceitação pelo cliente dos produtos do projeto.
c) estimativas aperfeiçoadas de cronograma.
d) um sistema de informação melhorado do gerenciamento do escopo do projeto.

21. Qual dos seguintes itens é um exemplo de um(a) adequado(a) objetivo (meta) estabelecido(a) para um projeto na declaração de escopo?

a) Construir um edifício.
b) Implementar um novo sistema de telecomunicações para Niterói (estado), que aumente o número de usuários no ano de 2016.
c) Concluir as fundações até 31 de maio de 2016.
d) Desenvolver um programa para prover a manutenção da rede de computadores.

22. Enquadre as afirmativas a seguir como restrições (R) ou premissas (P) possíveis em um *Project Charter*:

( ) Para reduzir os custos de desenvolvimento, deverá ser utilizada somente mão de obra local.
( ) O orçamento do projeto é limitado a US$ 500 mil.
( ) O cliente terá a infraestrutura pronta em 15/12/201X.
( ) Os laboratórios de testes estarão disponíveis para testes dos protótipos durante todo o projeto.

Agora, assinale a alternativa correta.

a) Restrição, premissa, restrição e premissa.
b) Premissa, restrição, restrição e premissa.

c) Restrição, restrição, premissa e restrição.
d) Restrição, restrição, premissa e premissa.

23. O que o gerente de projeto deve fazer, em um primeiro momento, ao verificar que um gerente funcional não está assumindo suas responsabilidades no escopo do projeto?
a) Enviar um *e-mail* formalizando o ocorrido.
b) Reclamar com o chefe do gerente funcional.
c) Conversar com o gerente funcional.
d) Reclamar com o patrocinador (*sponsor*).

24. Você foi indicado como gerente para um novo projeto na sua organização e deve preparar o plano do projeto. Decide preparar uma Estrutura Analítica do Projeto (EAP) para levantar a magnitude e a complexidade do trabalho envolvido. Nenhuma declaração de escopo ou modelo de EAP está disponível para auxiliá-lo. Para preparar esse documento, seu primeiro passo deve ser:
a) determinar as estimativas de custo e duração para cada *deliverable* do projeto.
b) identificar os mais importantes *deliverables* do projeto em cada fase.
c) estabelecer os componentes de cada *deliverable* do projeto.
d) determinar as tarefas-chave a serem realizadas.

25. Assinale a assertiva falsa:
a) EAP é uma estrutura de centros de custos do projeto.
b) Uma reunião de acompanhamento não pode ser considerada parte do escopo de um projeto.
c) A validação do escopo está relacionada à aceitação do resultado do trabalho.
d) No primeiro nível de uma EAP, podem ser colocadas as fases do ciclo de vida do projeto.

26. *Business case* é usado:
a) para comparar o desempenho atual com as lições aprendidas.
b) para preparar o plano de gerenciamento da qualidade.
c) para avaliar habilidades e competências dos membros da equipe.

d) como uma entrada para o processo de desenvolvimento do Termo de Abertura do Projeto.

27. Em qual dos seguintes processos de gerenciamento pode ser realizado um estudo de viabilidade para autorizar ou não um projeto?

a) Desenvolver o Termo de Abertura do Projeto.
b) Planejar o gerenciamento do escopo.
c) Definir o escopo.
d) Validar o escopo.

28. Observe a estrutura analítica a seguir:

1 Projeto computador
  1.1 Documentação
  1.2 Computador pessoal
    1.2.1 Estrutura
    1.2.2 Placa-mãe
    1.2.3 Disco rígido
    1.2.4 Fonte
    1.2.5 Montagem
  1.3 Teste sistema
  1.4 Sistema operacional

Para essa estrutura analítica, um típico pacote de trabalho seria:

a) documentação.
b) computador pessoal.
c) projeto computador.
d) nenhuma das alternativas anteriores.

29. Os elementos não decompostos em uma EAP são referidos pelo PMBOK® como:

a) tarefas.
b) código de contas.
c) pacotes de trabalho.
d) atividades.

30. Durante a execução do projeto, a equipe entrega um *deliverable* ao cliente. Todavia, ele não o aceitou nem respondeu às solicitações da equipe para a validação. Qual deve ser a primeira atitude do gerente de projeto?

a) Continuar com o projeto.

b) Documentar (formalizar) a situação.

c) Contatar a gerência para auxílio.

d) Conversar com o cliente.

GABARITO:

1 - C	2 - D	3 - C	4 - B	5 - B	6 - B	7 - C	8 - C	9 - C	10 - B
11 - C	12 - C	13 - B	14 - B	15 - D	16 - B	17 - B	18 - B	19 - C	20 - B
21 - C	22 - D	23 - C	24 - B	25 - A	26 - D	27 - A	28 - A	29 - C	30 - D

A.2 PALAVRAS CRUZADAS

PALAVRAS CRUZADAS 1

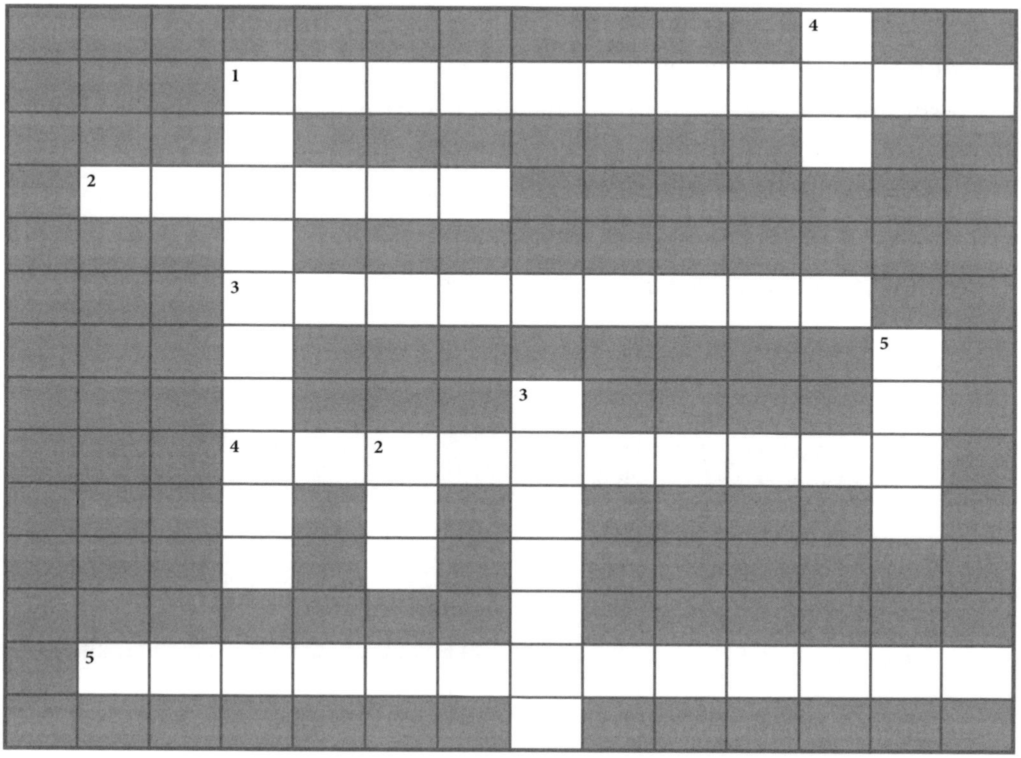

HORIZONTAIS

1. Qualquer resultado mensurável, tangível e verificável, que deve ser produzido para completar o projeto ou parte dele.
2. _________________ do projeto: conjunto dos produtos e serviços a serem gerados pelo projeto.
3. Critérios quantificáveis que devem ser obtidos no projeto para que ele seja considerado um sucesso.
4. Fatores que limitam as opções da equipe de gerenciamento do projeto.
5. Técnica de criatividade geral para levantar estratégias de condução do projeto, que usa um grupo formado pelos membros da equipe ou por especialistas no assunto.

VERTICAIS

1. ____________________ da EAP: documento que define e descreve cada pacote de trabalho da EAP.
2. A descrição do produto/serviço de um projeto fornecido por um vendedor ou prestador de serviço (sigla em inglês).
3. Especificações de ____________ detalham as características físicas do produto.
4. Representação utilizada para o detalhamento do escopo; é a base de referência do escopo do projeto (sigla em inglês).
5. Grupo de tarefas do projeto, relacionadas de forma lógica, que geralmente culmina com a conclusão de uma entrega importante.

PALAVRAS CRUZADAS 2

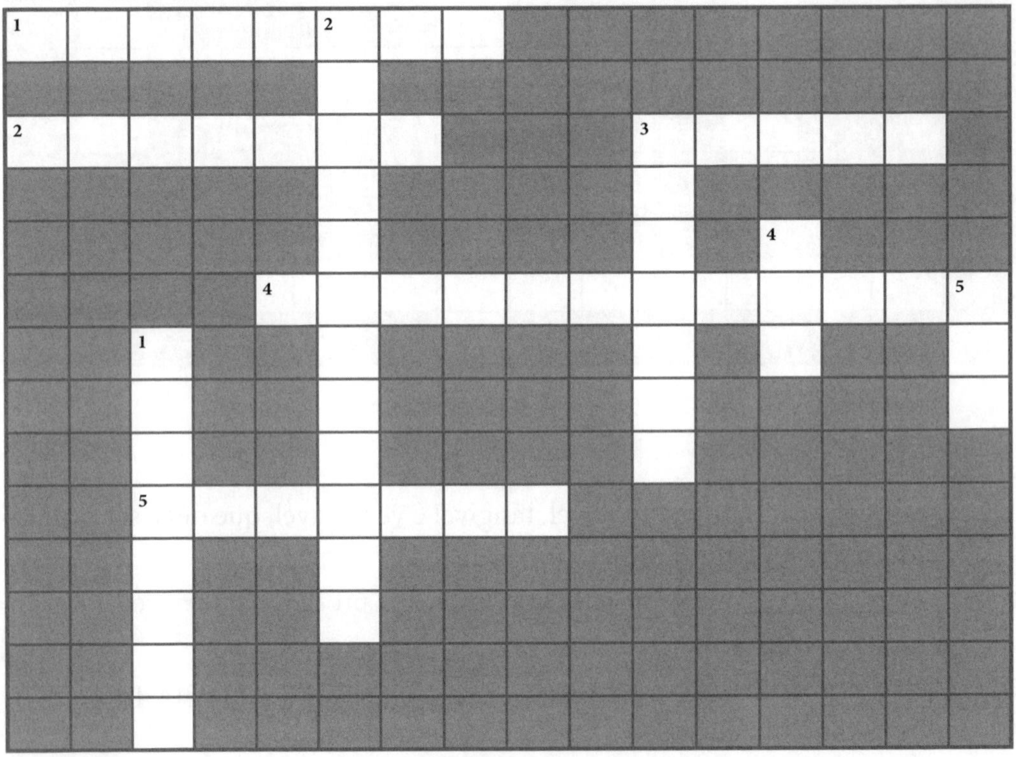

HORIZONTAIS

1. Base de referência para o acompanhamento do projeto (em inglês).
2. _______________ do projeto: um dos que devem assinar a declaração de escopo.

3. Guia do conjunto de conhecimentos em gerenciamento de projetos.
4. Técnica do processo de criação da EAP.
5. Escopo do ____________: características e funções que distinguem um produto ou serviço.

VERTICAIS

1. Técnica do processo de validar o escopo; verifica os resultados do trabalho e assegura que eles foram completados, realizados correta e satisfatoriamente, e estão conforme os requisitos definidos.
2. Pessoas e organizações que estejam ativamente envolvidas no projeto ou cujos interesses possam ser afetados de forma positiva ou negativa, como resultado da execução ou conclusão do projeto.
3. ____________ de trabalho: os elementos não decompostos de uma EAP.
4. Um dos possíveis critérios financeiros de seleção de projetos.
5. Descrição da organização do projeto, disposta de forma a relacionar o trabalho a ser realizado com as unidades da empresa executora (sigla em inglês).

PALAVRAS CRUZADAS 3

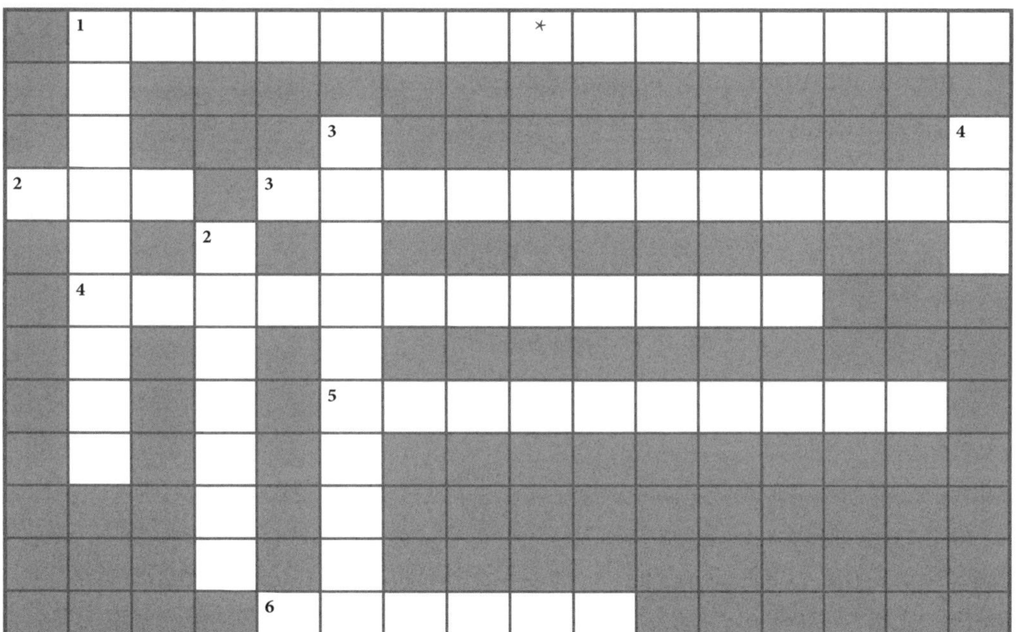

* = Espaço entre palavras.

HORIZONTAIS

1. Documento que autoriza formalmente o projeto (em inglês).
2. Organização norte-americana, referência mundial em gerenciamento de projetos.
3. Técnica do processo de criação da EAP.
4. Os principais ________________ devem assinar a declaração de escopo (em inglês).
5. Um dos modelos de comparação de projetos.
6. Código de ________: qualquer sistema de numeração utilizado para identificar cada um dos componentes da Estrutura Analítica do Projeto.

VERTICAIS

1. Fatores que, para fins de planejamento, são considerados verdadeiros, reais ou certos.
2. Um novo ________ é uma das principais origens das alterações no escopo.
3. Especificações de ______________ distinguem as características mensuráveis de *performance*, que devem ser atingidas durante a operação do produto final.
4. Subconjunto da descrição do produto/serviço de um projeto, que será fornecido por um vendedor ou prestador de serviço (sigla em inglês).

SOLUÇÃO DAS PALAVRAS CRUZADAS 1

											4 w		
			1 d	e	l	i	v	e	r	a	b	l	e
			i								s		
	2 e	s	c	o	p	o							
			i										
			3 o	b	j	e	t	i	v	o	s		
			n									5 f	
			á				3 p					a	
			4 r	e	2 s	t	r	i	ç	õ	e	s	
			i		o		o					e	
			o		w		j						
							e						
	5 b	r	a	i	n	s	t	o	r	m	i	n	g
							o						

SOLUÇÃO DAS PALAVRAS CRUZADAS 2

1 b	a	s	e	l	2 i	n	e								
					n										
2 g	e	r	e	n	t	e				3 p	m	b	o	k	
					e					a					
					r					c		4 t			
				4 d	e	c	o	m	p	o	s	i	ç	ã	5 o
		1 i			s					t		r			b
		n			s					e					s
		s			a					s					
		5 p	r	o	d	u	t	o							
		e			o										
		ç			s										
		ã													
		o													

SOLUÇÃO DAS PALAVRAS CRUZADAS 3

	1 p	r	o	j	e	c	t	*	c	h	a	r	t	e	r
	r														
	e				3 d										4 s
2 p	m	i		3 d	e	c	o	m	p	o	s	i	ç	ã	o
	i		2 m		s										w
	4 s	t	a	k	e	h	o	l	d	e	r	s			
	s		n		m										
	a		d		5 p	o	n	d	e	r	a	ç	ã	o	
	s		a		e										
			t		n										
			o		h										
				6 c	o	n	t	a	s						

APÊNDICE B

SUGESTÕES DE PROJETOS PARA EXERCÍCIOS

Projeto I: Concepção arquitetônica e lançamento imobiliário de empreendimento residencial

Com a crescente dificuldade de adquirir terrenos na zona sul do Rio de Janeiro e a baixíssima oferta de lançamentos de imóveis novos na Urca, a oportunidade de adquirir dois terrenos nesse bairro tornou-se irrecusável. Além disso, devido à sua localização privilegiada, o bairro exerce forte atratividade, fazendo que crescesse muito, nos últimos anos, a procura de imóveis nessa região.

Este projeto busca encontrar soluções de marketing, arquitetura e engenharia que garantam a lucratividade e o sucesso desse empreendimento residencial. É necessário, pois, fazer pesquisa de mercado, adquirir o terreno, construir, divulgar e vender os imóveis.

Projeto II: Pequena central hidrelétrica

Com a crise de energia elétrica no Brasil, surgiu nas empresas a preocupação de conseguir alternativas independentes e baratas de obtenção de energia elétrica. Dessa forma, a implantação de uma Pequena Central Hidrelétrica (PCH) passou a ser considerada uma possibilidade a ser analisada, tornando o mercado de fornecimento completo de PCH uma oportunidade promissora, a qual a empresa XPTO está buscando conquistar e, com isso, rapidamente consolidar sua posição como fornecedora confiável.

Este projeto deve prever o planejamento, o fornecimento, a montagem e o comissionamento de uma PCH de 10 MVA a 13,8 KV, com uma turbina tipo Francis, a ser instalada na usina XPTO. É um contrato modelo *Turn Key*, que inclui o gerenciamento e a execução de todas as etapas da instalação, estando inclusa a garantia de *performance* dentro dos parâmetros estabelecidos na fase de contratação.

Projeto III: Ampliação de aeroporto

A necessidade de ampliação do aeroporto da cidade XPTO deve-se aos seguintes fatores: o ruído aeronáutico, principal causador de incômodo à população das áreas próximas à atual pista de pouso e decolagem; o aumento da demanda de fluxo aéreo de passageiros e, em especial, de cargas; a saturação do atual TPS e limitações operacionais da pista.

O atual terminal de passageiros tem capacidade, com conforto moderado, para processar 560 mil passageiros por ano.

Este projeto deve elaborar os planos de engenharia para a construção do Terminal de Passageiros 2, torre de controle, pátio de aeronaves, pista, local para táxis, acessos viários e edificações complementares.

Projeto IV: Construção civil de um clube recreativo

A região sudoeste da cidade ABC apresenta crescente demanda por atividades de lazer e entretenimento, predominância de população de alto poder aquisitivo, terreno na região de propriedade de nossa organização, concentração de áreas verdes e fácil acesso viário. Dessa forma, verifica-se um grande potencial para implantação de um clube recreativo nessa região.

Este projeto tem como produto a construção civil de um clube recreativo em um terreno de dez hectares, em área já adquirida. O clube será composto de: estacionamento, restaurante, lanchonete, sauna e vestiário, academia de ginástica, piscinas (infantil e olímpica), quadras (futebol de salão, vôlei, peteca, basquete, tênis e *squash*), infraestrutura para *playground* e toboágua, sede social, reservatório de água, guaritas de segurança e portaria, salão de jogos, churrasqueiras, ginásio poliesportivo, campo de futebol, iluminação e paisagismo.

Projeto V: Contratação e implantação de pacote de *software* para controle fiscal de empresa

A empresa XPTO decidiu modernizar e agilizar o seu processo de controle fiscal, com a substituição do sistema atual, desenvolvido em plataforma Mainframe, por um pacote de gestão fiscal em ambiente *web*. Atualmente, existem vários sistemas alimentantes (comerciais, industriais e administrativos), cujas interfaces apresentam inúmeras deficiências, prejudicando a apuração e o recolhimento de impostos, bem como o atendimento de intimações da Receita Federal e das Secretarias Estaduais da Fazenda. Este projeto está alinhado com o planejamento estratégico da empresa, em particular com o objetivo de reduzir o volume de inconsistências e problemas decorrentes da falta de segurança nas informações.

Este projeto deverá contratar e implantar, no departamento de Controle Fiscal da empresa, um sistema documentado que tenha a aprovação do patrocinador e do chefe do citado departamento, sendo responsável também pelo treinamento dos usuários na sua utilização. Para tanto, será necessária a contratação de uma empresa especializada para implantação do pacote de gestão fiscal e apoio ao desenvolvimento de novas interfaces, as quais, entre os sistemas alimentantes e o pacote, deverão ser desenvolvidas pela empresa contratada, conforme o Processo de Desenvolvimento de Sistemas estabelecido pela XPTO. Serão necessários a compra de *hardware* e *software* e o treinamento da equipe no Processo de Desenvolvimento de Sistemas a ser utilizado, bem como nas ferramentas de apoio a esse processo.

Projeto VI: Treinamento de integração de novos funcionários, com a utilização de *e-learning*

A empresa Helma Chique verificou a necessidade de desenvolver um treinamento, no formato *e-learning*, para contar a seus funcionários a história da empresa, desde sua criação até os dias atuais, e explicar seus principais valores e o que ela espera de seus funcionários. O treinamento visa fazer que o funcionário, conhecendo melhor os projetos e os valores da empresa, sinta-se mais motivado e tenha orgulho em fazer parte do time da empresa Helma Chique.

O projeto deverá prover a criação de todo o conteúdo do treinamento (texto e imagens) em duas versões: CD-Rom e intranet. Ambas as versões terão o mesmo conteúdo, possuindo apenas as seguintes diferenças: a versão em CD-Rom conterá trechos de vídeos fornecidos pela empresa Helma Chique, e a versão intranet se comunicará com o gerenciador de treinamento utilizado pela empresa, a fim de que seja possível registrar informações sobre o acesso ao treinamento pelos funcionários. O projeto também prevê a criação de uma apresentação, no formato PowerPoint, com um resumo do conteúdo das versões CD-Rom e intranet.

Projeto VII: Organização do evento "Quarta Conferência Anual com os Presidentes"

A Quarta Conferência Anual com os Presidentes é um evento que acontece na cidade do Rio de Janeiro com o intuito de reunir os maiores investidores institucionais nacionais e internacionais. O objetivo é colocá-los em contato com os presidentes das empresas que possuem capital aberto para negociações na Bolsa de Valores de São Paulo, possibilitando uma possível alavancagem em seus negócios.

A organização desta conferência englobará não somente a própria conferência, como também logística de hospedagem, transporte, evento de boas-vindas, contratação de fornecedores, divulgação, execução, acompanhamento e avaliação. Não devem ser esquecidos: convites para os participantes, elaboração da agenda painel, conferencistas, locação do espaço, *welcome event*, transporte, seguro, hotel, recepcionistas, tradutores, decoração, crachás, material impresso, segurança, bufês, telefonistas, brindes, fotógrafo, manobrista, filmagem, assessoria de imprensa, cartas de agradecimento etc. Os cônjuges dos participantes serão convidados para uma programação turística paralela à conferência.

Projeto VIII: Desenvolvimento e lançamento de um novo produto

O propósito é desenvolver e lançar no mercado um produto que hipoteticamente seria produzido por uma empresa, na intenção de obter novos mercados e desenvolver nova tecnologia, conforme estabelecido no planejamento estratégico. Não devem ser esquecidos: estudo de viabilidade, pesquisa e desenvolvimento do produto, produção do protótipo, testes de *performance* e lançamento do produto.

Este projeto pode ser desenvolvido para qualquer tipo de produto. Um exemplo seria uma escova dental integrada com refil. Atualmente, existe uma conscientização cada vez maior das pessoas em fazer um tratamento bucal preventivo e adequado, havendo grande demanda por produtos práticos e eficientes no setor de higiene pessoal. Assim, uma organização, valendo-se dessa tendência comportamental que apresenta atraente oportunidade de negócio, identificou a necessidade de criar um produto prático, com base em conceitos já existentes, que facilite e estimule a cultura da higiene bucal. O produto é, portanto, o desenvolvimento e o lançamento de uma escova de dentes com recipiente acoplado para creme dental do tipo refil com dosagem, dispensando o uso de pasta externa (creme dental convencional). A escova representa uma solução de higiene bucal que busca prover facilidade, economia, higiene e praticidade ao usuário.

Projeto IX: Implantação de uma central de atendimento (*Help Desk*) corporativa

Devido ao crescente número de chamados e à flagrante insatisfação dos usuários com o atendimento, associado a um crescimento provável do *site* e consequente número de novos usuários, existe a necessidade de maior controle gerencial sobre esse processo, objetivando um atendimento eficaz e de melhor qualidade.

Este projeto visa implantar um modelo unificado de atendimento que sirva aos usuários das três operadoras da companhia XPTO (situadas em regiões distintas do país), por intermédio de um centro corporativo de *Help Desk*. A utilização de um sistema como esse tem por fim padronizar os processos de atendimento aos clientes internos, bem como aumentar a produtividade da equipe por meio de uma solução automatizada e de valor agregado. Tal projeto deve gerar os seguintes produtos: infraestrutura de atendimento, plano de comunicação dos usuários, treinamento técnico em sistemas corporativos e manuais técnicos de procedimentos para as áreas solucionadoras. O projeto deve também implantar uma solução de *software*, com interface simples e intuitiva, que permita a operação contínua da central de atendimento (*Help Desk*), tendo em vista um atendimento de suporte mais ágil, com melhor qualidade e gerenciamento das informações e solução de problemas. O sistema deve abranger, ainda, os seguintes aspectos: atendimento; registro e acompanhamento de chamados de primeiro, segundo e terceiro níveis, sendo a única forma de entrada para esse tipo de solicitação; emissão de relatórios com indicadores, para possibilitar ações preventivas, assim como melhorias em custo e prazo; classificação dos chamados por prioridade/prazo; consultas à base de conhecimento; geração de gráficos estatísticos e analíticos para avaliação do cenário; controle do inventário de *hardware* e *software*; interface *web*; controle dos chamados por meio dos serviços de mensagem com celular, *e-mail* ou *pager*; exportação de dados nos formatos texto, Access e Excel; controle de acesso. Será necessária a seleção do pessoal para operar o sistema, assim como seu treinamento.

Projeto X: Construção de uma garagem

O cliente adquiriu um segundo veículo, com a finalidade de presentear seu filho, que completou a maioridade. Sua casa de veraneio, localizada em condomínio de terrenos urbanizados, possui 900 m^2 de área, mas sem qualquer local específico que permita resguardar seu novo patrimônio, principalmente das intempéries e dos olhares de curiosos, sejam eles demais condôminos ou apenas visitantes.

Este projeto tem como objetivo planejar e construir uma garagem na propriedade do cliente, devendo o estacionamento comportar dois carros, cuja entrada será por meio de rampa, consequência da sua localização em relação à rua, possuindo instalações hidráulica (uma torneira para a pia e outra para utilização de mangueira) e elétrica (duas tomadas, um ponto para lâmpada e ligação para a porta automática), que possibilitem seu uso para lavagem e acesso com tempo nublado ou durante a noite. Certamente, deverá permitir ventilação e luminosidade natural, obtida por duas janelas e pela porta automática de acesso, mantendo o equilíbrio com o ambiente residencial, por intermédio de projeto de jardinagem, de acordo com o perfil designado pelo usuário. Todas as providências legais necessárias para a execução da obra devem ser tomadas.

Projeto XI: Desenvolvimento e lançamento de uma nova bicicleta

A busca por qualidade de vida faz que cada vez mais as pessoas se preocupem com a saúde física e mental, praticando esportes diversos. No Brasil, o ciclismo aparece como um dos principais esportes, e hoje conta com o apoio do governo de diversos estados que vêm investindo na construção de ciclovias e de infraestrutura de suporte para a sua prática. Com base na crescente demanda e visando aumentar o seu *market share* em 10%, a empresa XPTO pretende lançar uma nova linha de bicicletas.

Este projeto deve desenvolver estudos de mercado, identificando as demandas dos diversos segmentos: infantil, feminino, masculino, de competição etc. Para cada segmento identificado como economicamente viável, deve ser elaborado um protótipo para testes, atendendo aos requisitos técnicos e funcionais. O prazo para o lançamento da nova linha será de seis meses. O aumento do *market share* deve ser alcançado um ano após o término do projeto. A patente dos produtos não faz parte do escopo do projeto e será obtida um mês após a entrega dos desenhos. Fazem parte também do projeto a adaptação da linha de montagem para a nova bicicleta e a campanha de divulgação e lançamento do produto. Para preservar o sigilo deste projeto, não deverá ser contratada mão de obra externa para o seu desenho, devendo ser classificadas como "confidenciais" as comunicações com informações que possam colocar em risco o "segredo industrial". O *software* de gerenciamento de documentos da empresa estará apto, dentro de dez dias, a tratar documentos com o sigilo "confidencial".

Projeto XII: Lançamento de uma coletânea de livros

Uma editora quer lançar uma coletânea de livros de gerenciamento de projetos, abordando cada área de gerenciamento proposta pelo PMBOK®. Para tanto, ela pretende lançar um projeto que faça uma pesquisa de mercado, contrate autores para escrever os livros, imprima a primeira edição e faça a divulgação inicial de cada volume. Os livros não serão lançados simultaneamente.

Projeto XIII: Construção de nova unidade fabril na região Centro-Oeste

Conforme estudos realizados em conjunto pelos departamentos de Marketing e Logística da empresa XPTO, a distância máxima de transporte para que suas embalagens metálicas para alimentos continuem comercialmente atrativas é de aproximadamente 500 quilômetros. Isso se deve ao fato de ser um produto de baixo peso, grande volume "vazio" e baixo valor agregado, o que torna o custo de transporte um fator de grande impacto no preço final do produto para distâncias maiores. Com a crescente demanda por embalagens da cada vez mais forte indústria alimentícia da região Centro-Oeste, associada à existência de fornecedores locais de matéria-prima e à inexistência de outras fábricas de embalagens metálicas na região, a empresa vislumbrou uma grande oportunidade de negócio com a implantação de uma unidade fabril nos estados de Goiás ou Mato Grosso do Sul. Com a nova fábrica, além de os produtos ganharem competitividade nesse mercado com grande potencial de crescimento, a empresa poderá utilizar o espaço que vagará na unidade do Rio de Janeiro para a ampliação de sua linha de embalagens para tintas e vernizes.

Este projeto deve prover a implantação de uma nova unidade fabril – desde a escolha da localidade até a instalação de máquinas e equipamentos necessários para o início das operações – para produção de embalagens metálicas para alimentos, em localidade a ser definida entre os estados de Goiás e Mato Grosso do Sul. A capacidade produtiva da unidade deverá ser dimensionada para suprir a demanda dos produtos pelos próximos dez anos, com planos de expansão baseados nas análises prospectivas de mercado, que deverão ser realizadas pelo projeto.

Projeto XIV: Construção de uma montadora de automóveis

Em função dos altos custos e da baixa eficiência dos portos de São Paulo, além da forte presença sindical e política fiscal desfavorável, a montadora de automóveis XPTO decidiu transferir sua unidade de fabricação de carros para exportação para o estado do Paraná. Como fatores decisivos, podemos citar a excelência dos serviços portuários em Paranaguá, aliados às baixas tarifas.

Este projeto deve contemplar a instalação de uma fábrica dentro de um raio de 20 quilômetros de distância do Porto de Paranaguá, em área útil de 500.000 m^2, que contenha um edifício administrativo de quatro andares, cinco galpões industriais, estacionamento, área de armazenagem para automóveis acabados, com capacidade para 10 mil carros, uma casa de força com capacidade de 1 MW, incluindo subestação e geradores de emergência com capacidade de 100 KVA, uma estação de tratamento de água e esgoto com capacidade de 100 litros por minuto, um clube para os funcionários e segurança.

Projeto XV: Construção de uma unidade termoelétrica

A descoberta de um grande poço de gás natural na Bacia de Santos, pela Petrobras, aliada à crescente demanda do consumo de energia e ao esgotamento da possibilidade do aproveitamento dos recursos hídricos, está abrindo a oportunidade de negócio da geração de energia elétrica por meio da implantação de uma usina termoelétrica utilizando gás natural.

Este projeto (*design*) deve prover a construção de uma usina que permita a geração de energia elétrica e esteja localizada no máximo a dez quilômetros da cidade ABC, devendo utilizar as linhas de transmissão existentes e as malhas de gás natural disponíveis. A composição básica deve ser: duas turbinas de 100 MW a gás natural; uma turbina a vapor; uma caldeira de recuperação de calor; uma subestação 230 KV; um Sistema de Controle Distribuído (DCS); sistemas auxiliares.

Projeto XVI: Construção de um motel

A Algo Mais Empreendimentos (AME) identificou a entrada no ramo de operação de motéis como uma excelente oportunidade de negócio, por ser extremamente lucrativo e apresentar um curto período de *payback*, tendo em vista que a demanda vem apresentando crescimento significativo em relação a outras áreas de entretenimento, o que é decorrente do aumento da violência nas grandes capitais e do aumento da liberdade sexual.

O produto do projeto consiste em pesquisar o melhor local, adquirir o terreno, elaborar o projeto, construir, contratar e treinar o pessoal, obter licenças e preparar a primeira divulgação do empreendimento. O motel deve ter as seguintes características: prédio em dois pavimentos, com 30 suítes e garagens privativas; cozinha de nível internacional; edificação separada para apoio administrativo e de funcionários; área de lavanderia e armazenagem de material; guarita de acesso; localização próxima, a não mais que dez minutos do principal centro de lazer da cidade (boates e bares); serviços de acompanhante e massagem para ambos os sexos; butique com acessórios apropriados. O estabelecimento, a ser entregue pronto para funcionamento, deve ser de altíssimo luxo, padrão cinco estrelas, para atender às classes A e B. As suítes serão temáticas, atendendo aos mais variados clientes e gostos.

Projeto XVII: Planejamento e execução de uma viagem

A vida do executivo, empresário ou gerente de projetos moderno exige cada vez mais do profissional, fazendo que a pessoa exposta a esse ambiente desgastante para a saúde física e mental tenha necessidade de vivenciar experiências diferentes do cotidiano. Uma ótima forma de fazê-lo é viajando. Nessas oportunidades, aqueles executivos que forem criativos e bem estruturados poderão descobrir novidades da natureza ou do próprio comportamento, assim como novas aptidões pessoais, o que a vida restrita ao trabalho não oferece.

Este projeto consiste no planejamento e na execução de uma viagem, provendo um conjunto detalhado de informações prévias sobre a região a ser visitada, como: aspectos geológicos, históricos e curiosidades da flora e da fauna, de forma a despertar no executivo o interesse em participar da viagem. Portanto, é preciso um cronograma detalhado do roteiro de viagem, hospedagem na região, programa de excursões, tipos recomendáveis de vestuário, refeições nas excursões e um plano de contingência, antecipando as possíveis ocorrências imprevistas desde a viagem até o retorno. Um orçamento padrão para orientar quanto às despesas terá também de ser oferecido ao interessado.

Projeto XVIII: Desenvolvimento e implantação de um portal na internet para eventos

Uma empresa com tradição em desenvolvimento de *softwares* corporativos e em busca de diversificação de serviços, associada à evolução do uso da tecnologia *web*, pretende desenvolver um portal na internet que atenda à empresa XPTO Organização de Eventos do segmento de entretenimento.

O produto do projeto consiste em desenvolver e implantar um portal na internet que possua as seguintes funcionalidades: cadastro de clientes e fornecedores; leilão reverso; consultoria em organização de eventos parciais; consultoria em organização de eventos totais; idiomas (inglês, espanhol e português); segurança no tráfego de dados e de armazenamento da informação. O cliente poderá optar pela hospedagem do portal localmente ou por meio de um provedor.

Projeto XIX: Organização de uma maratona ciclística

A empresa XPTO resolveu organizar uma maratona ciclística ao redor da lagoa ABC, com os seguintes objetivos: divulgação do esporte; promoção do local para práticas esportivas; divulgação do patrimônio artístico e cultural do complexo da lagoa; revelação de novos desportistas; e inserção do evento no calendário anual da Confederação Brasileira de Ciclismo (CBC).

A maratona ciclística (90 km – cinco voltas) será realizada em torno da lagoa, para mil participantes, patrocinada pela iniciativa privada e com apoio de órgãos governamentais. Devem ser previstos no projeto: autorização da Secretaria Municipal de Turismo/Esporte; autorização e apoio da Secretaria de Transportes Urbanos; comunicado à Federação Estadual sobre a realização do evento; solicitação de destacamento do Corpo de Bombeiros e da Polícia Civil; divulgação do evento nos meios de comunicação; inscrição dos participantes; busca de patrocínio; logística para apoio aos atletas (hotéis, restaurante, transporte etc.); solicitação de apoio da Confederação Brasileira de Ciclismo (regras, pontuação, pontos de controle etc.); sinalização do local segundo normas da CBC; estabelecimento dos pontos de controle segundo normas da CBC; estipulação dos pontos de controle e distribuição dos fiscais; organização dos pontos de apoio; infraestrutura para o público (banheiros químicos, ambulantes etc.); reserva de área específica para patrocinadores; mídia de apoio durante a prova; definições de data, horário, largada e chegada; e premiação.

GLOSSÁRIO

Este glossário é um subconjunto do glossário do PMBOK®, em sua tradução oficial para o português.

Aceitação/*Acceptance*. *Veja também* Aceitar.

Aceitar/*Accept*. O ato de receber ou reconhecer formalmente alguma coisa e considerá-la verdadeira, em boas condições, adequada ou completa.

Ações corretivas/*Corrective action*. Orientação documentada para que o trabalho do projeto seja executado de modo que seu desempenho futuro fique de acordo com o plano de gerenciamento do projeto.

Atividade/*Activity*. Um componente de trabalho realizado durante o andamento de um projeto.

Aumento do escopo/*Scope creep*. Adição de recursos e funcionalidades (escopo do projeto) sem consideração dos efeitos sobre cronograma, custos e recursos, ou sem a aprovação do cliente.

Autoridade/*Authority*. O direito de aplicar recursos ao projeto, usar fundos, tomar decisões ou fornecer aprovações.

***Brainstorming*.** Técnica geral de coleta de dados e criatividade, que pode ser aplicada para identificar riscos, ideias ou soluções para problemas usando um grupo de membros da equipe ou especialistas no assunto.

Ciclo de vida do produto/*Product Life Cycle*. Conjunto de fases do produto que não se sobrepõem, normalmente em ordem sequencial, cujos nomes e quantidades são determinados pelas necessidades de fabricação e controle da organização. As últimas fases do ciclo de vida de um produto, em geral, são a deterioração e a morte do produto. O ciclo de vida do projeto costuma fazer parte de um ou mais ciclos de vida do produto.

Ciclo de vida do projeto/*Project Life Cycle*. Conjunto de fases do projeto, normalmente em ordem sequencial, cujos nomes e quantidades são determinados pelas necessidades de controle da organização, ou organizações, envolvida no projeto. Um ciclo de vida pode ser documentado com uma metodologia.

Cliente/*Customer*. Pessoa ou organização que utilizará o produto, serviço ou resultado do projeto. *Veja também* Usuário.

Código de contas/*Code of accounts*. Qualquer sistema de numeração utilizado para identificar, de modo exclusivo, cada componente da Estrutura Analítica do Projeto.

Comitê de Controle de Mudanças (CCM)/*Change Control Board* (CCB). Grupo formalmente constituído de partes interessadas, responsável por revisão, avaliação, aprovação, atraso ou rejeição de mudanças feitas no projeto, com registro de todas as decisões e recomendações.

Componente da Estrutura Analítica do Projeto/*Work Breakdown Structure Component*. Entrada na Estrutura Analítica do Projeto, que pode estar em qualquer nível.

Comprador/*Buyer*. Aquele que adquire produtos, serviços ou resultados de uma organização.

Conjunto de conhecimentos em gerenciamento de projetos/*Project Management Body of Knowledge* (PMBOK®). Expressão abrangente que descreve a soma dos conhecimentos contidos na profissão de gerenciamento de projetos. Assim como em outras profissões, como advocacia, medicina ou contabilidade, o conjunto de conhecimentos pertence aos profissionais e acadêmicos que o aplicam e o desenvolvem. O conjunto de conhecimentos em gerenciamento de projetos inclui práticas tradicionais comprovadas, amplamente aplicadas, e práticas inovadoras que estão surgindo na área. O conjunto de conhecimentos inclui materiais publicados e não publicados. O PMBOK® está em constante evolução.

Controlar o escopo/*Scope control*. Processo de controle das mudanças feitas no escopo do projeto.

Controle de mudanças/*Change control*. Identificação, documentação, aprovação ou rejeição e controle de mudanças feitas nas linhas de base do projeto.

Controle integrado de mudanças/*Integrated Change control*. Processo de revisão de todas as solicitações de mudança, aprovação e controle de mudanças em entregas e ativos de processos organizacionais.

Criar a Estrutura Analítica do Projeto (EAP)/*Create Work Breakdown Structure* (*WBS*). Processo de subdivisão das principais entregas do projeto e do trabalho do projeto em componentes menores e mais facilmente gerenciáveis.

Critérios/*Criteria*. Normas, regras ou testes em que uma opinião ou decisão pode se basear, ou pelos quais um produto, serviço, resultado ou processo pode ser avaliado.

Critérios de aceitação/*Acceptance criteria*. Os critérios, inclusive os requisitos de desempenho e as condições essenciais, devem ser atendidos antes que as entregas do projeto sejam aceitas.

Declaração/Especificação do escopo do projeto/*Project Scope Statement*. Descrição do escopo do projeto, que inclui as principais entregas, objetivos, suposições e restrições, além de uma declaração do trabalho, fornecendo uma base documentada para suas futuras decisões e para confirmar ou desenvolver um entendimento comum do seu escopo entre as partes interessadas – definição do escopo, o que precisa ser realizado.

Declaração/Especificação do trabalho (DT)/*Statement of Work* (SOW). Descrição dos produtos, serviços ou resultados a serem fornecidos.

Decomposição/*Decomposition*. Técnica de planejamento que subdivide o escopo do projeto e suas entregas em componentes menores e mais facilmente gerenciáveis, até que o trabalho do projeto associado à realização do seu escopo e ao fornecimento das entregas seja definido em detalhes suficientes para dar suporte à execução, ao monitoramento e ao controle do trabalho.

Definição do escopo/*Scope definition*. Processo de desenvolvimento de uma declaração/especificação do escopo detalhada do projeto como base para futuras decisões do projeto.

Descrição do escopo do produto/*Product scope description*. Descrição documentada do escopo do produto.

Desenvolver o Termo de Abertura do Projeto/*Develop Project Charter*. Processo de desenvolvimento do Termo de Abertura do Projeto, que formalmente o autoriza.

Dicionário da Estrutura Analítica do Projeto/*Work Breakdown Structure Dictionary*. Documento que descreve cada componente da Estrutura Analítica do Projeto (EAP). Para cada um deles, o Dicionário da EAP inclui uma breve definição do escopo ou declaração do trabalho, entrega(s) definida(s), uma lista de atividades associadas e outra de marcos. Outras informações podem incluir: organização responsável, datas de início e de conclusão, recursos necessários, estimativa de custos, número de cobrança, informações do contrato, requisitos de qualidade e referências técnicas para facilitar o desempenho do trabalho.

Elaboração progressiva/*Progressive elaboration*. Melhoria e detalhamento contínuos de um plano à medida que informações mais pormenorizadas e específicas, além de estimativas mais exatas, ficam disponíveis ao longo do desenvolvimento do projeto. Assim, a elaboração progressiva trata-se da produção de planos mais exatos e completos que resultam de sucessivas iterações do processo de planejamento.

Entrega/*Deliverable*. Qualquer produto, resultado ou capacidade para realizar um serviço exclusivo e verificável, que deve ser produzido para terminar um processo, fase ou projeto. Muitas vezes utilizado mais especificamente em relação a uma entrega externa, sujeita à aprovação do patrocinador ou do cliente do projeto.

Escopo/*Scope*. Soma dos produtos, serviços e resultados a serem fornecidos na forma de projeto. *Veja também* Escopo do produto *e* Escopo do projeto.

Escopo do produto/*Product scope*. Características e funções que descrevem um produto, serviço ou resultado.

Escopo do projeto/*Project scope*. Trabalho que deve ser realizado para entregar um produto, serviço ou resultado com as características e funções especificadas.

Especificação/*Specification*. Documento que especifica, de maneira completa, precisa e verificável, os requisitos, o projeto, o comportamento ou outras características de um sistema, componente, produto, resultado ou serviço e, com frequência, os procedimentos para determinar se essas cláusulas foram satisfeitas (por exemplo, especificações de requisitos, de projeto, de produto e de testes).

Estrutura Analítica do Projeto (EAP)/*Work Breakdown Structure* (WBS). Decomposição hierárquica orientada à entrega do trabalho a ser executado pela equipe do projeto para atingir seus objetivos e criar as entregas necessárias. Ela organiza e define o escopo total. Cada nível descendente representa uma definição cada vez mais detalhada do trabalho do projeto. A EAP é decomposta por pacotes de trabalho. A orientação da hierarquia para a entrega inclui entregas internas e externas. *Veja também* Pacote de trabalho *e* Estrutura Analítica do Projeto Contratado.

Estrutura Analítica do Projeto Contratado (EAPC)/*Contract Work Breakdown Structure* (CWBS). Parte da Estrutura Analítica do Projeto desenvolvida e mantida por um fornecedor, que assina contrato para fornecer um subprojeto ou um componente do projeto.

Fase do projeto/*Project phase*. Conjunto de atividades do projeto relacionadas de forma lógica, que geralmente culminam com o término de uma entrega importante. Na maioria dos casos, as fases do projeto são executadas sequencialmente, mas podem se sobrepor em algumas situações. Elas podem ser subdivididas em subfases e, depois, em componentes; se o projeto ou parte dele estiver dividido em fases, essa hierarquia fará parte da sua estrutura analítica. Uma fase dele é um componente do seu ciclo de vida, não um grupo de processos de gerenciamento de projetos.

Gerente de projetos (GP)/*Project Manager* (PM). Pessoa designada pela organização executora para atingir os objetivos do projeto.

Influenciador/*Influencer*. Pessoas ou grupos que não estão diretamente relacionados à aquisição ou ao uso do produto do projeto, mas, devido à sua posição na organização do cliente, podem influenciar, positiva ou negativamente, no seu andamento.

Informações históricas/*Historical information*. Documentos e dados sobre projetos anteriores, que incluem arquivos de projetos, registros, correspondências, contratos e projetos encerrados.

Iniciação do projeto/*Project initiation*. Lançamento de um processo que pode resultar na autorização e na definição do escopo de um novo projeto.

Iniciador/*Initiator*. Pessoa ou organização que possui capacidade e autoridade para iniciar um projeto.

Inspeção/*Inspection*. Exame ou medida para verificar se uma atividade, componente, produto, resultado ou serviço está de acordo com os requisitos especificados.

Lições aprendidas/*Lessons learned*. Aprendizagem obtida no processo de realização do projeto. As lições aprendidas podem ser identificadas a qualquer momento. Também são consideradas um registro do projeto, que será incluído na base de conhecimento de lições aprendidas.

Linha de base/*Baseline*. Planejamento aprovado para um projeto, um componente da sua estrutura analítica, um pacote de trabalho ou uma atividade do cronograma. Em geral, refere-se à linha de base atual, mas pode se referir à original ou a alguma outra linha de base. Normalmente usada com um modificador (por exemplo, linha de base dos custos, do cronograma, da medição de desempenho ou da técnica). *Veja também* Linha de base da medição de desempenho.

Linha de base da medição de desempenho/*Performance Measurement Baseline*. Plano aprovado para o trabalho do projeto, em relação ao qual é comparada a sua execução e ao qual são medidos os desvios para o controle do gerenciamento. A linha de base da medição de desempenho normalmente integra parâmetros de escopo, cronograma e custo de um projeto, mas também pode incluir parâmetros técnicos e de qualidade.

Marco/*Milestone*. Ponto ou evento significativo no projeto. *Veja também* Marco do cronograma.

Marco do cronograma/*Schedule Milestone*. Evento significativo no cronograma do projeto, como um evento que limita o trabalho futuro ou finaliza uma entrega importante. Um marco do cronograma possui duração nula. Às vezes, é chamado de atividade-marco.

Modelo/*Template*. Documento parcialmente completo, em um formato predefinido, que fornece uma estrutura predeterminada para coletar, organizar e apresentar informações e dados. Os modelos, geralmente baseados em documentos criados durante projetos anteriores, podem reduzir o esforço necessário para realizar um trabalho e aumentar a consistência dos resultados.

Mudança solicitada/*Requested change*. Solicitação de mudança formalmente documentada, submetida à aprovação para o processo de controle integrado de mudanças.

Mudanças do escopo/*Scope change*. Qualquer mudança no escopo do projeto quase sempre exige um ajuste nos custos ou no cronograma do projeto.

Objetivo/*Objective*. Algo em cuja direção o trabalho deve ser orientado, uma posição estratégica a ser alcançada ou um objetivo a ser atingido, um resultado a ser obtido, um produto a ser gerado ou um serviço a ser realizado.

Pacote de trabalho/*Work package*. Entrega ou componente do trabalho do projeto no nível mais baixo de cada ramo da Estrutura Analítica do Projeto. O pacote de trabalho inclui as atividades e os marcos do cronograma necessários para terminar a entrega do pacote de trabalho ou do componente do trabalho do projeto.

Partes interessadas/*Stakeholders*. Pessoas e organizações, como clientes, patrocinadores, organizações executoras e o público, que estão ativamente envolvidas no projeto ou cujos interesses possam ser afetados de forma positiva ou negativa pela execução e término do projeto. Elas podem também exercer influência sobre o projeto e suas entregas.

Patrocinador/*Sponsor*. Pessoa ou grupo que fornece os recursos financeiros, em dinheiro, para o projeto.

Planejamento em ondas sucessivas/*Rolling Wave Planning*. Forma de planejamento de elaboração progressiva em que o trabalho que será realizado em curto prazo é planejado detalhadamente, em um nível baixo da Estrutura Analítica do Projeto, enquanto o trabalho distante, futuro, é planejado em um nível relativamente alto da Estrutura Analítica do Projeto. Porém, o planejamento detalhado do trabalho a ser realizado dentro de mais um ou dois períodos no futuro próximo é feito conforme o trabalho estiver sendo finalizado no período atual.

Plano de gerenciamento do projeto/*Project Management Plan*. Documento formal e aprovado que define como o projeto será executado, monitorado e controlado. Ele pode ser resumido ou detalhado, e ser formado por um ou mais planos auxiliares de gerenciamento e outros documentos de planejamento.

Portfólio/*Portfolio*. Conjunto de projetos ou programas e outros trabalhos, agrupados para facilitar o gerenciamento eficaz desse trabalho, a fim de atender aos objetivos de negócios estratégicos. Os projetos ou programas do portfólio podem não ser necessariamente interdependentes ou diretamente relacionados.

Premissas/*Assumptions*. Fatores, para fins de planejamento, que são considerados verdadeiros, reais ou certos, sem prova ou demonstração. As premissas afetam todos os aspectos do planejamento do projeto e fazem parte de sua elaboração progressiva. Frequentemente, as equipes do projeto identificam, documentam e validam as premissas durante o processo de planejamento. Em geral, as premissas envolvem certo grau de risco.

Programa/*Program*. Grupo de projetos relacionados, gerenciados de modo coordenado para a obtenção de benefícios e controle que não estariam disponíveis se eles fossem gerenciados individualmente. Programas podem incluir elementos de trabalho relacionado fora do escopo dos projetos distintos no programa.

Projeto/*Project*. Esforço temporário empreendido para criar um produto, serviço ou resultado exclusivo.

Relatórios de desempenho/*Performance reports*. Documentos e apresentações que fornecem informações organizadas e resumidas sobre o desempenho do trabalho, cálculos e parâmetros de gerenciamento de valor agregado e análises de andamento e progresso do trabalho do projeto. Formatos comuns de relatórios de desempenho incluem gráficos de barras, curvas S, histogramas, tabelas e diagramas de rede do cronograma do projeto, mostrando a situação atual do cronograma.

Requisito/*Requirement*. Condição ou capacidade que deve ser atendida ou possuída por um sistema, produto, serviço, resultado ou componente para satisfazer um contrato, uma norma, uma especificação ou outros documentos impostos formalmente. Os requisitos incluem necessidades, desejos e expectativas quantificados e documentados do patrocinador, do cliente e de outras partes interessadas (*stakeholders*).

Restrição/*Constraint*. O estado, a qualidade ou o sentido de estar restrito a determinada ação ou inatividade. Restrição ou limitação aplicável, interna ou externa ao projeto, que afetará o desempenho do projeto ou de um processo. Por exemplo, uma restrição do cronograma é qualquer limitação ou condição colocada em relação ao cronograma do projeto, que afeta o momento em que uma atividade pode ser agendada, estando geralmente na forma de datas fixas impostas. Uma restrição de custos é qualquer limitação ou condição colocada em relação ao orçamento do projeto, como fundos disponíveis ao longo do tempo. Uma restrição de recursos do projeto é qualquer limitação ou condição colocada em relação à utilização de recursos, como quais habilidades ou disciplinas do recurso estão acessíveis e a quantidade disponível de determinado recurso durante um prazo especificado.

Resultado/*Result*. Saída dos processos e atividades de gerenciamento de projetos. Os resultados podem incluir efeitos (por exemplo, sistemas integrados, processo revisado, organização reestruturada, testes, pessoal treinado etc.) e documentos (por exemplo, políticas, planos, estudos, procedimentos, especificações, relatórios etc.). *Veja também* Entrega.

Serviço/*Service*. Trabalho útil executado, que não produz um produto ou resultado tangível, mas gera o exercício de uma das funções de negócios que dão suporte à produção ou à distribuição. *Compare com* Resultado. *Veja também* Entrega.

Sistema de controle de mudanças/*Change Control System*. Conjunto de procedimentos formais e documentados que define como as entregas e a documentação do projeto serão controladas, alteradas e aprovadas. Na maior parte das áreas de aplicação, o sistema de controle de mudanças é um subconjunto do sistema de gerenciamento de configuração.

Sistema de gerenciamento de configuração/*Configuration Management System*. Subsistema do sistema de gerenciamento de projetos global. É um conjunto de procedimentos formais documentados, usados para aplicar orientação e supervisão técnicas e administrativas a fim de identificar e documentar as características funcionais e físicas de um produto, resultado, serviço ou componente; controlar quaisquer mudanças feitas nessas características; registrar e relatar cada mudança e o andamento de sua implementação; dar suporte à auditoria dos produtos, resultados ou componentes, para verificar a conformidade com os requisitos. Ele inclui a documentação, os sistemas de acompanhamento e os níveis de aprovação definidos e necessários para a autorização e o controle das mudanças. Na maior parte das áreas de aplicação, o sistema de gerenciamento de configuração inclui o sistema de controle de mudanças.

Solicitação de mudança/*Change request*. Solicitações para aumentar ou reduzir o escopo do projeto, modificar políticas, processos, planos ou procedimentos, alterar custos ou orçamentos e revisar cronogramas. As solicitações de mudança podem ser feitas de forma direta ou indireta, por iniciativa externa ou interna, impostas por lei ou contrato, ou opcionais. Somente as mudanças solicitadas formalmente e documentadas são processadas, e somente as solicitações de mudança aprovadas são implementadas.

Subfase/*Subphase*. Subdivisão de uma fase.

Subprojeto/*Subproject*. Parte menor do projeto total, criada quando um projeto é subdividido em componentes ou partes mais facilmente gerenciáveis. Os subprojetos são geralmente representados na Estrutura Analítica do Projeto. Um subprojeto pode ser chamado de projeto, gerenciado como tal e adquirido de um fornecedor. Pode ser chamado de sub-rede em um diagrama de rede do cronograma do projeto.

Tarefa/*Task*. Termo usado para trabalho, cujo significado e colocação dentro de um plano estruturado de um trabalho do projeto variam de acordo com a área de aplicação, o setor e a marca do *software* de gerenciamento de projetos.

Termo de Abertura do Projeto/*Project Charter*. Documento publicado pelo iniciador ou patrocinador do projeto, que autoriza formalmente a existência de um projeto e concede ao gerente de projetos autoridade para aplicar os recursos organizacionais às atividades do projeto.

Trabalho/*Work*. Esforço, empenho ou exercício físico ou mental sustentado de habilidade para superar obstáculos e atingir um objetivo.

Usuário/*User*. Pessoa ou organização que utilizará o produto ou serviço do projeto. *Veja também* Cliente.

ÍNDICE REMISSIVO

E

F

G

I

J

L

M

S

T

U

V

REFERÊNCIAS

DEMING, William Edwards. *American Society for Quality*. ASQ Handbook, [S.l.]: 13-14, 1999.

DINSMORE, Paul (coord.). *Como se tornar um profissional em gerenciamento de projetos*: livro-base de preparação para certificação PMP. Rio de Janeiro: QualityMark, 2011.

FERREIRA, Aurélio Buarque Holanda. *Novo dicionário Aurélio da língua portuguesa*. 3. ed. São Paulo: Positivo, 2004.

HAUGAN, Gregory T. *Effective Work Breakdown Structures*: Management Concepts. [S.I.]: [s.n.], 2002.

KERZNER, Harold. *Project Management*: a System Approach to Planning Scheduling and Controlling. [S.I.]: John Wiley & Sons, 2006.

MUENCH, Dean. *The Sybase Development Framework*. Sybase, CA, 1994.

PMI – Project Management Institute (ed.). *PMBOK® (Project Management Body of Knowledge) Guide – Sixth Edition – PMI*. 2017.

PMI. *Project Management Institute Practice Standard for Work Breakdown Structures – PMI*. 2. ed. 2006.

PMI. *Um guia do conhecimento em gerenciamento de projetos (Guia PMBOK®)*. 5. ed. São Paulo: Saraiva, 2014.

VARGAS, Ricardo V. *Análise de valor agregado em projetos*. 6. ed. Rio de Janeiro: Brasport, 2013.

______. *Manual prático do plano de projeto*. 5. ed. Rio de Janeiro: Brasport, 2017.

XAVIER, Carlos Magno et al. *Gerenciamento de aquisições em projetos*. Rio de Janeiro: FGV Editora, 2013.

______. *Metodologia de gerenciamento de projetos – Methodware®*. 3. ed. Rio de Janeiro: Brasport, 2014.

______. *Gerenciamento de projetos de mapeamento e redesenho de processos*. Rio de Janeiro: Brasport, 2017.